建设项目甲方工作管理宝典

——建设单位基建管理部门
报批报建与工程管理指南

余源鹏 主编

化学工业出版社

·北京·

本书按项目建设的流程，共分为5章对建设项目报批报建与工程管理的相关内容进行详细的说明。具体内容包括：建设项目选址立项与土地获取阶段工作指南，建设项目规划设计阶段工作指南，建设项目施工准备阶段工作指南，建设项目施工阶段工作指南，建设项目竣工验收与移交保修阶段工作指南。

本书是从事建设项目报批报建与工程管理的从业人员的必读书籍，是建设项目基建管理部门领导的必备参考用书，是广大项目建设从业人士提高工作能力的实用读本。

图书在版编目（CIP）数据

建设项目甲方工作管理宝典：建设单位基建管理部门报批报建与工程管理指南/余源鹏主编．—北京：化学工业出版社，2015.12（2025.1重印）
ISBN 978-7-122-25340-8

Ⅰ.①建… Ⅱ.①余… Ⅲ.①基本建设项目-项目管理-指南 Ⅳ.①F284-62

中国版本图书馆CIP数据核字（2015）第240402号

责任编辑：徐　娟　　　　　　　　　　装帧设计：关　飞
责任校对：吴　静

出版发行：化学工业出版社（北京市东城区青年湖南街13号　邮政编码100011）
印　　刷：北京云浩印刷有限责任公司
装　　订：三河市振勇印装有限公司
787mm×1092mm　1/16　印张14¾　字数371千字　2025年1月北京第1版第17次印刷

购书咨询：010-64518888　　　　　　　售后服务：010-64518899
网　　址：http://www.cip.com.cn

凡购买本书，如有缺损质量问题，本社销售中心负责调换。

定　价：58.00元　　　　　　　　　　　　　　　　　　　　　版权所有　违者必究

编写人员名单

主　　编：余源鹏
策划顾问：广州市智南投资咨询有限公司
参编人员：陈秀玲　梁嘉恩　蔡燕珊　杨秀梅　谭嘉媚
　　　　　黄　颖　陈思雅　刘雁玲　刘俊琼　黎敏慧
　　　　　朱嘉蕾　张家进　余鑫泉　唐璟怡　李苑茹
　　　　　李惠东　杨逸婷　陈晓冬　奚　艳　王旭丹
　　　　　陈小哲　夏　庆　邓祝庆　罗宇玉　杜志杰
　　　　　罗　艳　马新芸　林旭生　林敏玲　叶志兴
　　　　　莫润冰　黄志英　胡银辉　谭玉婵　蒋祥初
　　　　　肖文敏　刘丹霞　林达愿　罗慧敏　崔美珍
　　　　　张　纯　黄佳萍　曾秀丰　郑敏珠　齐　宇
　　　　　黎淑娟　方坤霞　陈　铠　林煜嘉　吴丽锋
　　　　　聂翠平　何彤欣　罗鹏诗　魏玲玲　陈若兰
　　　　　段　萍　吴东平　余杰锐　李琴英　陈丽琴
　　　　　王意莞　王昌耿　黄林通　方月娇　黄智高
　　　　　许佳纯　谢诗敏　胡坚伟　梁丽华　蓝海媚
　　　　　佘沐环　张杰鹏
信息支持：智地网 www.eaky.com
　　　　　房地产基础知识网 www.eakyfa.com
　　　　　房地产培训课程网 www.eakypx.com

前 言

近几年，我国的建设投资规模在不断增长，工程建设随处可见。工程建设是一项涉及建设单位、设计单位、施工单位、监理单位等多个主体参与的系统工程，每一个单位的工作质量都影响着最终建筑产品的质量。而建设单位作为对建设项目进行管理的主体，是建设项目的投资者（也称为业主），其不仅需要做好单位内部的管理工作，对外还需要到众多的政府行政管理部门进行建设项目的报批报建，同时也要做好对设计单位、施工单位、监理单位等的管理工作。

由此可见，建设单位担负着繁重而艰巨的任务。一方面，一个项目的建设，建设单位需要到很多的政府行政管理部门办理各种报建报批手续，这些手续环环相扣，如果其中一项办不好，将影响其他工作的顺利进行，从而影响项目整体的建设进度；另一方面，建设单位对工程管理水平的高低也影响着项目建设的进度、质量。因此，建设单位基建管理部门有必要重点做好建设项目的报批报建与工程管理工作。

由于项目建设需要办理的手续非常多，而且很烦琐，就算是业内从业多年的人士也未必能完全清楚了解其操作的全流程，同时市面上也很少有专门介绍建设项目报批报建与工程管理工作指南的相关图书。为了使建设单位基建管理部门（基建处、基建科）的相关管理人员对建设项目的报批报建与工程管理有更深入的了解，明确报批报建各事项办理的先后顺序，提高报批报建效率，优化报批报建流程，并且提高工程管理水平，使广大的建设单位基建管理人员能顺利开展工作，经过多年的研究探索，我们特别策划编写了本书。

需要说明的是，建设项目在报批报建的过程中，所涉及的政府行政管理部门众多，包括国土局、规划局、建设局、房管局、发改委、环保局、人防办、消防局、园林局、地震局、水务局、供电局、市政局、卫生局、民政局、气象局、交通局、公安局等。在不同的城市，上述政府行政管理部门的名称会有所不同，此外，由于不同的建设单位其内部组织架构的设置会有所差异，我们在编写此书时，为了方便读者阅读，对各政府行政管理部门以及建设单位内部各部门的名称进行统一称谓，读者在阅读参考本书时要根据当地的实际情况和建设单位组织设置的具体情况进行操作。

本书按项目建设的流程，共分5章对建设项目报批报建与工程管理的相关内容进行详细的说明，这5章的内容如下。

第1章，建设项目选址立项与土地获取阶段工作指南，主要讲述建设项目规划选址与土地获取的相关概念与工作流程、《项目建议书》的编制与审批、《选址意见书》的办理、招标拍卖挂牌与《国有土地使用权出让合同》的签订、建设项目节能审查、建设项目用地预审、建设项目环境影响评价、建设项目的审批、核准或备案、《建设用地规划许可证》的办理、土地勘测定界与征地补偿结案、《建设用地批准书》的办理、《房屋拆迁许可证》的办理、契税及土地出让金缴纳凭证与《国有土地使用证》的办理等内容。

第 2 章，建设项目规划设计阶段工作指南，主要讲述建设工程设计招标核准与备案、建设工程设计方案审查、建设工程初步设计审查与概算审批、建设项目日照分析审查与地名命名、更名的办理、《建设工程规划许可证》的办理等内容。

第 3 章，建设项目施工准备阶段工作指南，主要讲述建设工程施工图审查与备案、建设工程施工与监理招标、建设工程施工组织设计与监理规划的编制与审查、建设工程质量安全监督登记与施工安全措施备案、建设工程施工许可阶段相关费用的缴纳、《建筑工程施工许可证》的办理、建设工程施工现场的准备、建设工程放线与验线、建设工程开工报告的审批等内容。

第 4 章，建设项目施工阶段工作指南，主要讲述建设工程施工进度管理、质量管理、安全文明施工管理、变更与签证管理、结算与工程款支付管理、施工其他管理以及建设工程永久设施的报批等内容。

第 5 章，建设项目竣工验收与移交保修阶段工作指南，主要讲述建设工程验收与竣工决算管理、有关押金核退的办理、移交管理以及保修管理等内容。

本书是一本理论与实操相结合的内容全面的有关建设单位基建管理部门报批报建与工程管理的工作指南图书，具有以下特点。

第一，专业性。本书有别于一般的理论图书，它是针对于建设项目报批报建与工程管理而"量身订做"的一本针对性极强的书。同时，本书中的流程、概念和操作要点都是经过严谨的推敲而得出来的。与市面上其他图书相比，本书更具有专业性和针对性。

第二，实操性。本书的编写人员全部来自多年从事建设项目报批报建与工程管理的一线专家，实操经验丰富，力求通过全面实用的操作流程和全国各地的实际案例范本，使读者可以在最短的时间内学习借鉴到全国各地建设项目报批报建的操作流程。同时，本书一如既往地保持了我们编写房地产图书的实操性风格，力求体现现实工作的内容、要求和深度，并尽量使每一位读者在仔细阅读本书后能对建设项目报批报建与工程管理的管理工作内容有更深入的了解。

第三，时效性。本书以我们的工作经验为基础，总结了近几年全国各大城市和地区建设项目报批报建办理手续的要求，能体现目前办理各种手续的最新要求。

第四，全面性。本书针对建设项目报批报建的全流程与工程管理的各项工作而编写，这些内容覆盖面广且全面到位。

第五，流程性和工具性。本书按照项目建设各项工作的时间先后顺序来分节编写，具有流程化和模块化的特征，读者在实际工作中遇到问题时，可以直接找到本书中相应的章节进行参考借鉴。

第六，范本性。本书对建设项目各项报批报建手续的办理要求引用北京、上海、天津、郑州、广州、百色、青岛、东莞、中山等城市的政府行政规范为范本。读者可以直接对其进行参考借鉴和修改使用。

第七，易读性。本书在语言表达上尽量做到通俗易懂，即使是刚进入这个行业的人员也能充分理解编者想表达的意思，从而更好地掌握建设项目报批报建与工程管理的工作要求。

本书是所有政府机关、国有企业、事业单位、房地产开发公司从事建设项目报批报建与工程管理的从业人员的必读书籍，是建设项目基建管理部门领导的必备参考用书，是广大项目建设从业人士提高工作能力的实用读本。

本书适合建设单位基建管理部门规划管理科、工程管理科、预决算科等部门的管理人士和从业人员参考阅读；也适合建设单位基建管理部门财务科、办公室等部门的科长、主管和从业人士阅读；还适合计划、建设、规划、国土、市政、交通、环卫、文化、人防、消防、供水、供电、供气、供暖等与建设项目报批报建相关的政府行政主管单位和事业单位的管理工作人士了解阅读。

  本书在编写过程中，得到了广州市智南投资咨询有限公司相关同仁以及业内部分专业人士的支持和帮助，在此表示感谢。书中涉及的部分表格、范本等，读者可登录化学工业出版社网站（资源下载/配书资源）下载电子文件。有关房地产其他相关实操性知识，请读者参阅我们陆续编写出版的书籍，也请广大读者们对我们所编写的书籍提出宝贵建议和指正意见。另外，为感谢广大读者的长期支持，请购买过余源鹏主编的房地产和物业管理图书的读者关注我们微信公众号"余源鹏房地产大讲堂"，我们将每天为您推送最新的房地产政策法规和市场动态，也请读者登录我们的网站（www.eaky.com）免费下载最新房地产一手资料和《中国房地产情报》。

编者

2015 年 10 月

目 录

第1章 建设项目选址立项与土地获取阶段工作指南 /1

1.1 建设项目规划选址与土地获取的相关概念与工作流程 1
    1.1.1 土地使用权获取的相关概念 1
    1.1.2 建设项目规划选址与土地获取阶段的工作流程 5
1.2 《项目建议书》的编制与审批 8
    1.2.1 《项目建议书》的编制 8
    1.2.2 《项目建议书》审批的办理手续 9
1.3 《选址意见书》的办理 10
    1.3.1 《选址意见书》的办理手续 10
    1.3.2 《选址意见书》办理的注意事项 11
1.4 招标拍卖挂牌与《国有土地使用权出让合同》的签订 12
    1.4.1 招标拍卖挂牌出让国有土地使用权的范围与程序 12
    1.4.2 招标拍卖挂牌的资格申请与审查 12
    1.4.3 招标拍卖挂牌活动的实施 14
    1.4.4 《中标通知书》或《成交确认书》的签订 17
    1.4.5 《国有土地使用权出让合同》的签订 17
1.5 建设项目节能审查 18
1.6 建设项目用地预审 20
    1.6.1 建设项目用地预审的办理手续 21
    1.6.2 建设项目用地预审办理的注意事项 23
1.7 建设项目环境影响评价 23
1.8 建设项目的审批、核准或备案 26
    1.8.1 建设项目可行性研究报告的编制与审批 26
    1.8.2 建设项目核准申请报告的编制与项目核准 30
    1.8.3 建设项目备案申请报告的编制与项目备案 32
1.9 《建设用地规划许可证》的办理 32
    1.9.1 《建设用地规划许可证》的办理手续 32
    1.9.2 《建设用地规划许可证》办理的注意事项 34
1.10 土地勘测定界与征地补偿结案 34
    1.10.1 土地勘测定界的办理手续 34
    1.10.2 征地补偿结案的办理手续 35
1.11 《建设用地批准书》的办理 38
    1.11.1 《建设用地批准书》的办理手续 38

  1.11.2 《建设用地批准书》办理的注意事项 … 42
1.12 《房屋拆迁许可证》的办理 … 42
1.13 契税及土地出让金缴纳凭证与《国有土地使用证》的办理 … 44
  1.13.1 契税及土地出让金缴纳凭证的办理 … 44
  1.13.2 《国有土地使用证》的办理 … 45

第2章 建设项目规划设计阶段工作指南 /49

2.1 建设工程设计招标核准与备案 … 49
  2.1.1 建设工程设计招标的范围与分类 … 50
  2.1.2 建设工程设计招标方案核准的办理手续 … 51
  2.1.3 建设工程设计招标备案的办理手续 … 53
2.2 建设工程设计方案审查 … 55
  2.2.1 建设工程设计方案的内容与审查要点 … 55
  2.2.2 建设工程规划设计方案审查的办理手续 … 56
  2.2.3 建设工程建筑设计方案审查的办理手续 … 59
  2.2.4 建设工程设计方案审查的办理手续与注意事项 … 61
  2.2.5 建设工程设计方案专项审查 … 66
2.3 建设工程初步设计审查与概算审批 … 70
  2.3.1 建设工程初步设计的审查条件与审查要点 … 70
  2.3.2 建设工程初步设计审查的办理手续 … 71
  2.3.3 建设工程初步设计专项审查的办理手续 … 76
  2.3.4 建设工程概算审批的办理手续 … 79
2.4 建设项目日照分析审查与地名命名、更名的办理 … 81
  2.4.1 建设项目日照分析审查的办理手续 … 81
  2.4.2 建设项目地名命名、更名的办理手续 … 82
2.5 《建设工程规划许可证》的办理 … 83
  2.5.1 《建设工程规划许可证》的办理手续 … 84
  2.5.2 《建设工程规划许可证》办理的注意事项 … 86

第3章 建设项目施工准备阶段工作指南 /87

3.1 建设工程施工图审查与备案 … 87
  3.1.1 建设工程施工图审查的要求 … 87
  3.1.2 建设工程施工图会审与设计交底 … 88
  3.1.3 建设工程施工图审查的办理手续 … 89
  3.1.4 建设工程施工图审查情况备案的办理手续 … 94
3.2 建设工程施工与监理招标 … 97
  3.2.1 建设工程施工与监理招标登记和招标情况备案 … 97
  3.2.2 建设工程施工与监理合同备案 … 101
3.3 建设工程施工组织设计与监理规划的编制与审查 … 103
  3.3.1 建设工程施工组织设计的编制与审查 … 103

3.3.2　建设工程监理规划与监理实施细则的编制与审查 ……………………… 107
3.4　建设工程质量安全监督登记与施工安全措施备案 ……………………………… 109
　　　3.4.1　建设工程质量安全监督登记 ……………………………………………… 109
　　　3.4.2　建设工程施工安全措施备案 ……………………………………………… 113
3.5　建设工程施工许可阶段相关费用的缴纳 ………………………………………… 115
3.6　《建筑工程施工许可证》的办理 ………………………………………………… 118
　　　3.6.1　《建筑工程施工许可证》办理的条件与注意事项 ……………………… 118
　　　3.6.2　《建筑工程施工许可证》的办理手续 …………………………………… 119
3.7　建设工程施工现场的准备 ………………………………………………………… 122
　　　3.7.1　建设工程施工现场准备的工作内容 ……………………………………… 122
　　　3.7.2　建设工程临时施工设施的报批 …………………………………………… 123
　　　3.7.3　建设工程《余泥渣土排放证》的办理 …………………………………… 127
3.8　建设工程放线与验线 ……………………………………………………………… 128
　　　3.8.1　建设工程放线管理 ………………………………………………………… 128
　　　3.8.2　建设工程放线与验线的办理手续 ………………………………………… 128
3.9　建设工程开工报告的审批 ………………………………………………………… 130

第 4 章　建设项目施工阶段工作指南　/132

4.1　建设工程施工进度管理 …………………………………………………………… 132
　　　4.1.1　建设工程施工进度管理的依据 …………………………………………… 132
　　　4.1.2　建设工程进度管理的工作流程 …………………………………………… 133
　　　4.1.3　建设工程施工进度管理的工作要点 ……………………………………… 134
　　　4.1.4　建设工程进度控制的主要措施 …………………………………………… 140
　　　4.1.5　建设工程进度管理的常用表格 …………………………………………… 141
4.2　建设工程质量管理 ………………………………………………………………… 142
　　　4.2.1　建设工程质量管理的主要工作方式 ……………………………………… 142
　　　4.2.2　建设工程的质量管理流程 ………………………………………………… 143
　　　4.2.3　建设工程质量问题及事故处理 …………………………………………… 147
　　　4.2.4　合作单位质量行为管理 …………………………………………………… 148
4.3　建设工程安全文明施工管理 ……………………………………………………… 150
　　　4.3.1　建设工程安全文明施工的监督管理制度与管理程序 …………………… 150
　　　4.3.2　建设工程安全文明施工的评分标准 ……………………………………… 151
4.4　建设工程变更与签证管理 ………………………………………………………… 154
　　　4.4.1　建设工程变更管理 ………………………………………………………… 154
　　　4.4.2　建设工程签证管理 ………………………………………………………… 158
4.5　建设工程结算与工程款支付管理 ………………………………………………… 161
　　　4.5.1　工程量计算管理 …………………………………………………………… 161
　　　4.5.2　工程结算管理 ……………………………………………………………… 163
　　　4.5.3　工程款支付管理 …………………………………………………………… 164
4.6　建设工程施工其他管理 …………………………………………………………… 168
　　　4.6.1　建设工程施工现场用水用电与建筑垃圾管理 …………………………… 168

		4.6.2 建设工程混凝土施工管理 ……………………………………………… 170
		4.6.3 建设工程施工阶段监理管理 …………………………………………… 172
		4.6.4 建设工程施工日志填写管理 …………………………………………… 176
		4.6.5 建设工程工地检查管理 ………………………………………………… 177
		4.6.6 建设工程停工与复工管理 ……………………………………………… 178
		4.6.7 零星与特急项目工程管理 ……………………………………………… 181
	4.7	建设工程永久设施的报批 …………………………………………………… 182
		4.7.1 建设工程永久设施报批的办理手续 …………………………………… 182
		4.7.2 建设工程永久设施报批的注意事项 …………………………………… 188

第5章 建设项目竣工验收与移交保修阶段工作指南 / 190

5.1 建设工程验收与竣工决算管理 ……………………………………………… 190
    5.1.1 分项工程验收管理 ……………………………………………………… 190
    5.1.2 建设工程竣工验收管理 ………………………………………………… 204
    5.1.3 建设工程竣工专项验收的办理手续与注意事项 …………………… 207
    5.1.4 建设工程竣工验收备案管理 …………………………………………… 214
    5.1.5 建设工程竣工决算的审批 ……………………………………………… 217
5.2 建设工程有关押金核退的办理 ……………………………………………… 218
5.3 建设工程移交管理 …………………………………………………………… 220
5.4 建设工程保修管理 …………………………………………………………… 224

第1章 建设项目选址立项与土地获取阶段工作指南

获取国有土地使用权是建设单位进行项目建设的第一步，其获取的方式一般包括划拨、出让（招拍挂、协议出让）、转让、租赁等。

以划拨方式取得国有土地使用权的，在申请建设用地规划许可之前，需要进行项目选址，涉及集体土地的，还需办理征地补偿安置手续，之后再由国土局划拨土地。

以出让方式取得国有土地使用权的，则无需经过规划选址，规划部门在土地出让前已提出出让地块的规划条件，并作为出让合同的组成部分，建设单位在签订合同并完成项目的立项之后，便可申领《建设用地规划许可证》。

1.1 建设项目规划选址与土地获取的相关概念与工作流程

1.1.1 土地使用权获取的相关概念

（1）土地

土地是一种基本的自然资源，是由气候、地貌、岩石、土壤植物和水文组成的一个独立的自然综合体。从管理和利用的角度看，土地就是国土，是一个国家所有的地球上的陆地和水域及其向上或向下的空间。土地是一种有限的资源。

（2）土地所有权

土地所有权是指土地所有者在法律规定的范围内，对其拥有的土地享有占有、使用、收益和处分的权利。在我国，土地所有权是国家或集体经济组织对国家土地和集体土地依法享有的占有、使用、收益和处分的权能。土地可以分为国有土地和集体土地两类。

国有土地是指属于国家所有即全民所有的土地。国家是国有土地所有权的唯一主体，用地单位或个人对国有土地只有使用权，没有所有权。

集体土地是指属于农村居民集体经济组织所有的土地。集体土地所有权的主体是农村居民集体经济组织。

（3）土地使用权

土地使用权是指土地使用权拥有者对土地使用的权限，包括开发权、收益权、处置权。政府以拍卖、招标、协议的方式，将国有土地使用权在一定年限内出让给土地使用者。土地使用权期满后，如该土地用途符合当时城市规划要求的，土地使用者可以申请续用，经批准并补清地价后可以继续使用。

（4）土地使用权出让

土地使用权出让是指国家将一定年限内的国有土地使用权出让给土地使用者，由土地使用者向政府支付土地使用权出让金的行为。

通过出让方式获得土地使用权是建立在有偿有限期的基础上的，该土地使用权可以在法律规定的范围内转让、出租或抵押，其合法权益受国家法律保护。

（5）土地使用权出让年限

土地使用权的出让年限是指土地使用权受让人在出让地块上享有土地使用权的总年限。

凡与国土局签订《国有土地使用权出让合同》的用地，其土地使用年限按国家规定执行：居住用地70年；工业用地50年；教育、科技、文化、卫生、体育用地50年；商业、旅游、娱乐用地40年；综合用地或者其他用地50年。

（6）协议出让国有土地使用权

协议出让国有土地使用权是指国家以协议方式将国有土地使用权在一定年限内出让给土地使用者，由土地使用者向国家支付土地使用权出让金的行为。

（7）招标出让国有土地使用权

招标出让国有土地使用权是指市、县国土资源管理部门发布招标公告或者投标邀请书，邀请特定或者不特定的法人、自然人和其他组织参加国有土地使用权投标，根据投标结果确定土地使用者的行为。

招标出让的一般程序有招标、投标、定标、签约、履约五个阶段。目前，招标是土地使用权出让方式中最常用的一种，一般由各级土地储备中心负责办理招标的相关事宜。投标人中标后获得其土地使用权。

（8）拍卖出让国有土地使用权

拍卖出让国有土地使用权，是指市、县国土资源管理部门发布拍卖公告，由竞买人在指定时间、地点进行公开竞价，根据出价结果确定土地使用者的行为。

拍卖的一般程序是：出让人发出拍卖公告，将土地使用权拍卖事宜向社会公布；竞买，即在拍卖场所，竞投人以拍卖方式向拍卖人做出应价；签约，应价高者与出让人签订土地使用权出让合同；履约，受让人交付土地使用权出让金，出让人向受让人交付土地，并领取土地使用权证书，获得其土地使用权。

（9）挂牌出让国有土地使用权

挂牌出让国有土地使用权，是指市、县国土资源管理部门发布挂牌公告，按公告规定的期限将拟出让宗地的交易条件在指定的土地交易场所挂牌公布，接受竞买人的报价申请并更新挂牌价格，根据挂牌期限截止时的出价结果确定土地使用者的行为。

（10）土地使用权划拨

土地使用权划拨，是指有批准权的人民政府依法批准，在用地者缴纳补偿、安置等费用后将该幅土地交其使用，或者将土地使用权无偿交给土地使用者使用的行为。土地使用权的划拨是计划经济的产物，其逐渐地为土地使用权出让或转让所取代。

划拨土地使用权的范围包括国家机关用地和军事用地，城市基础设施和公用事业用地，国家重点扶持的能源、交通、水利等项目用地，经济适用房项目建设用地，法律、行政法规规定的其他用地。

(11) 土地使用权转让

土地使用权转让，是指土地使用权出让后，土地使用权的受让人将土地使用权转移的行为，包括出售、交换和赠与等。

(12) 土地使用权租赁

土地使用权租赁是指国家将国有土地在一定年限内直接出租给土地使用者，由土地使用者向国家按年交付租金的行为。以租赁方式取得的土地使用权不得转让、转租和抵押。

(13) 征地

征地是指项目选址用地为集体土地，按照法定的程序报请有批准权限的政府机关审批以后，对集体土地及地上物等依法补偿，将集体土地转为国有土地的一种行为。

(14) 拆迁

拆迁，是指经城市规划、土地管理机关批准，将原土地合法使用者及房屋合法使用者迁到其他地方安置，并拆除清理原有建筑或其他妨碍项目实施的地上物，为新的建设项目施工创造条件的行为。拆迁可简单理解为人的搬迁和建筑物的拆除。

根据国土资源部第11号令，房地产开发经营性用地均由土地储备中心以招标、拍卖、挂牌等方式出让，出让的地块均为熟地，不需要土地受让方进行征地拆迁。若因特殊原因，必须进行征地拆迁的，该工作原则上是在国土资源局取得建设拆迁临时用地许可证或土地使用权证即可提出申请。实际操作中只要与土地出让方达成协议，即可进行拆迁。征地、拆迁都是项目开工前的重要工作。征地、拆迁工作的完成是申请项目开工的必备条件之一。

(15) 土地储备

土地储备是指市、县人民政府国土资源管理部门为实现调控土地市场、促进土地资源合理利用目标，依法取得土地，进行前期开发、储存以备供应土地的行为。

(16) 生地

生地是指可能为房地产开发与经常活动所利用，但尚未开发的农地和荒地，即待开发的国有土地，离城镇较远、无市政基础设施、未开发利用的土地。

(17) 毛地

毛地主要是指城市中需要拆迁而尚未拆迁的土地，即已有地上建筑物及附属设施的建筑物，将被改建的土地。

(18) 熟地

熟地是指已完成市政基础设施建设的土地，达到"三通一平"或"七通一平"施工条件的土地。

(19) 三通一平

三通一平是指水通、电通、路通和场地平整。

（20）七通一平

七通一平是指给水通、排水通、电力通、通信通、燃气通、路通、供热通和场地平整。

（21）地籍

地籍是指反映土地的位置（地界、地号）、数量、质量、权属和用途（地类）等基本状况的簿籍（或清册），也称土地的户籍。

（22）宗地

宗地是地籍的最小单元，是指以权属界线组成的封闭地块。城市的土地，以宗地为基本单位统一编号，叫宗地号，又称地号。它有四层含义：区、带、片、宗，从大范围逐级体现其所在的地理位置。例如，B107-24 这个地号表示 B 区第 1 带 07 片第 24 宗地。

（23）宗地图

宗地图是土地使用合同书附图及房地产登记卡附图。它反映了一宗地的基本情况，包括宗地权属界线、界址点位置，宗地内建筑物位置与性质，与相邻宗地的关系等。证书附图即房地产证后面的附图，是房地产证的重要组成部分，主要反映权利人拥有的房地产情况及房地产所在宗地情况。

（24）净地

净地是指国家在土地出让时，已经完成拆除平整，不存在需要进一步拆除的建筑物、构建物等设施的土地。

（25）土地一级开发

土地一级开发是指由政府或其授权委托的企业，对一定区域范围内的城市国有土地（毛地）或农村集体土地（生地）进行统一的征地、拆迁、安置、补偿，并进行适当的市政配套设施建设，使该区域范围内的土地达到"三通一平"、"五通一平"或"七通一平"建设条件（熟地），再对熟地进行有偿出让或转让的过程。

（26）土地使用权出让金

在土地国有的情况下，国家以土地所有者的身份将土地使用权在一定年限内让与土地使用者，土地使用者一次性或分次支付的一定数额的货币款称为土地使用权出让金。

（27）地价

地价即土地使用权受让人获取土地使用权所需的全部费用，也称为土地费用、地价款或土地出让金。

地价包括土地使用权出让金、城市建设配套费、拆迁安置补偿费和土地开发费。

（28）熟地价

熟地价是指政府出让已经具备"七通一平"、"五通一平"、"三通一平"建设条件的土地（俗称熟地）时所收取的金额，或土地使用权人将已经具备建设条件的熟地转让时收取的金额。

熟地价包括土地使用权出让金、城市建设配套费和土地开发费。

（29）毛地价

毛地价，是指政府在出让未经拆迁补偿的旧城区土地（俗称毛地）或未进行征地补偿的新区土地（生地）时所收取的金额。毛地价包括土地使用权出让金和城市建设配套费，不包括土地开发费。

(30) 土地交易价格

土地交易价格是指房地产开发商或其他建设单位在进行商品房开发之前,为取得土地使用权而实际支付的价格,不包括土地的后续开发费用、税费、各种手续费和拆迁费等。

1.1.2 建设项目规划选址与土地获取阶段的工作流程

由于建设项目获取国有土地使用权的方式和项目本身类型的不同,建设单位在该阶段需要报批报建的事项及其先后顺序也会有所差异。

建设项目可以分为政府投资项目和企业投资项目,不同投资主体的项目在立项阶段(立项是指国家为了对经济发展实施有效调控,要求具备一定规模的固定资产投资项目到发改委申报立项,具体包括备案、核准和审批三种方式,每个项目只适应其中一种方式。根据《国务院关于投资体制改革的决定》,除了政府投资建设的项目需要到发改委进行审批之外,企业投资项目区别于不同情况实行备案和核准。其中,政府仅对重大项目和限制类项目进行核准,其他项目只需备案。比如像房地产项目,除了像别墅等高档房地产项目、政策性建房项目等发改委规定需要核准的,其他房地产项目均实行备案)的报批报建流程会有所不同。

图1-1~图1-3分别是以划拨方式取得国有土地使用权的审批项目、核准项目和备案项目的工作流程。

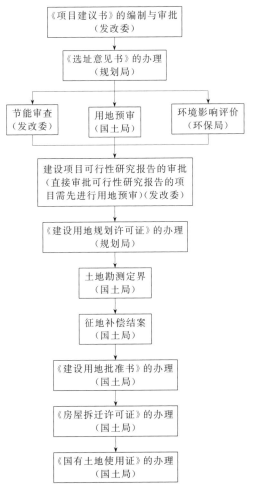

图1-1 以划拨方式取得国有土地使用权的审批项目的工作流程

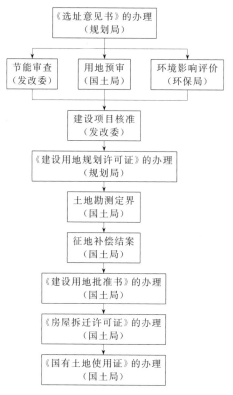

图 1-2 以划拨方式取得国有土地使用权的核准项目的工作流程

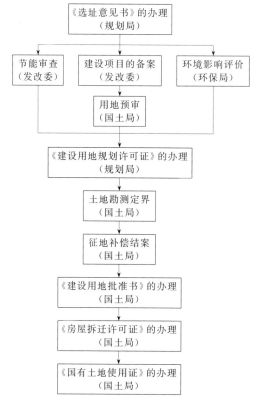

图 1-3 以划拨方式取得国有土地使用权的备案项目的工作流程

图 1-4～图 1-6 分别是以出让方式取得国有土地使用权的审批项目、核准项目和备案项目的工作流程。

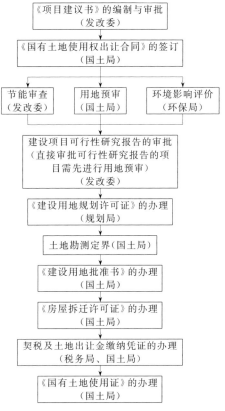

图 1-4 以出让方式取得国有土地使用权的审批项目的工作流程

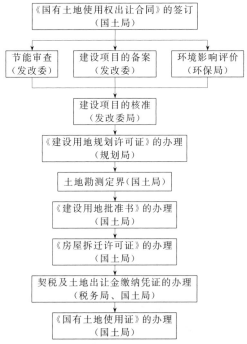

图 1-5 以出让方式取得国有土地使用权的核准项目的工作流程

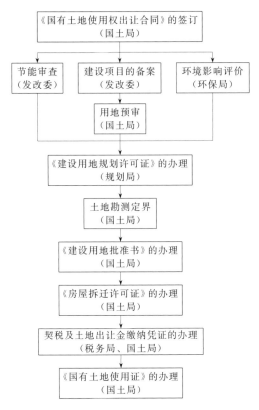

图 1-6 以出让方式取得国有土地使用权的备案项目的工作流程

1.2 《项目建议书》的编制与审批

《项目建议书》是建设单位根据国民经济和社会发展的长远规划、行业规划、地区规划的要求，结合各项目自然资源、市场预测与分析，在基本条件成熟后向国家、地区项目主管部门推荐的建设性材料。《项目建议书》的形成，是基本建设程序中最初的阶段，是工程项目准备阶段的开始，《项目建议书》不仅是确定项目建设的依据，也是具体设计的依据。

根据《国务院关于投资体制改革的决定》，对于政府投资项目，建设单位需要编制《项目建议书》，并将其报送当地发改委审批，取得项目建议书批复文件。该批复文件是建设单位到规划局办理建设项目《选址意见书》必备的申请材料。

1.2.1 《项目建议书》的编制

(1)《项目建议书》的编制单位

① 主管部门编制。建设单位提出项目建议后报主管部门，由主管部门组织专门人员按有关要求编制项目建议书，其基本程序是：建设单位提出的项目设想，所请主管部门编制项目建议书，主管部门完成编制任务书并报请有关部门审批。

② 建设单位编制。建设单位编制是指由建设单位负责人指令本单位专业机构编制项目建议书，其程序是：专业机构提出设想，建设单位负责人决策认可后由专业机构编制建议书

并报有关部门批准。

③ 专业设计单位编制。建设单位提出设想后，提交专业设计单位编制建议书，专业设计单位完成建议编制书后报有关部门审批。这一方式适用于规模大、技术要求较高的民用建设项目。

(2)《项目建议书》的主要内容

① 项目名称、建设单位、主管部门。

② 项目提出的必要性和依据，主要写明建设单位的现状、拟建项目的名称、拟建的性质、拟建成地点及建设的必要性和依据。

③ 项目建设方案，主要是指项目的初步建设方案、建设规模、主要内容和功能分布。

④ 建设条件，是指项目建设的各项内容的进度和建设周期。

⑤ 初步建设计划，是指项目建设和各项内容的进度安排和建设周期。

⑥ 项目建设后的经济效益和社会效益。

⑦ 项目建设投资概算及资金来源，是指项目投资总额及主要建设的资金安排情况，筹措资金的办法和计划。

1.2.2 《项目建议书》审批的办理手续

(1) 重庆市《项目建议书》审批的办理手续

① 申办程序：受理；审核；办结。

② 申报材料

a. 项目单位主管部门或所在地县（市）区发展改革部门的申请文件。

b. 相关行业主管部门出具的项目建设审查意见。

c.《项目建议书》。

d. 新征地项目的征地协议或土地证复印件。

e. 市政府同意项目建设的有关文件或会议纪要。

f. 企业营业执照副本复印件或事业单位法人证书副本复印件。

③ 承诺办结时间：6个工作日。

④ 收费标准：不收费。

(2) 北京市《项目建议书》审批的办理手续

① 办理依据/设定依据

a.《国务院关于投资体制改革的决定》。

b.《北京市人民政府贯彻实施国务院关于投资体制改革决定的意见》。

② 收费标准及依据：本审批事项不收费。

③ 申请材料目录

a. 建设项目属地区县发展改革部门、市属各部门或计划单列单位的报批函或请示。

b. 由具备符合相关规定的工程咨询资质的中介机构编制的，符合国家规定内容与深度要求的项目建议书。

c. 规划部门的规划意见。

d. 建设项目需取水的，需要提交水资源论证报告及水行政主管部门审查意见。

e. 国家和本市规定应当提交的其他文件。

此外，工业生产性项目实行许可证管理的，应提供生产许可证；新设立学校的教育项目需提供教育行政主管部门的批复文件；医疗机构项目需提供卫生行政主管部门的批复文件；新设立殡葬机构需提供民政部门批复文件；农业生产、濒危植物和动物资源生产等需要取得相应许可的，应当提供相关的许可证件。

注：信息化项目的申请材料应当提供上述申请材料中的 a、b、e，重大信息化工程项目还需要提供市信息办等相关部门审查意见。

④ 审批条件

a. 符合市政府投资范围。

b. 符合国家和本市的产业政策。

c. 符合本市经济和社会发展的需要，符合国民经济和社会发展规划、城市总体规划。

d. 符合本市区域布局。

e. 符合土地利用规划。

f. 项目列入政府投资项目储备库。

g. 实行生产许可证管理的工业生产性项目，取得生产许可证。

h. 教育、医疗机构和重大信息化项目等，取得相应行业行政主管部门的同意。

i. 符合国家及本市规定的其他条件。

注：信息化项目应当符合上述审批条件中的 a、b、c、f、h、i。

⑤ 审批程序

a. 接收。受理窗口统一接收建设单位提交的申请材料。

b. 补正。申请材料不齐全或者不符合法定形式的，应当当场或者在 5 日内一次告知申请人需要补正的全部内容。

c. 受理。申请材料齐全、符合规定形式的，当场受理；接收申请材料后逾期未告知补正的，自收到申请材料之日起即为受理。

d. 审查与决定。自受理之日起 20 个工作日内依法组织审查、咨询评估、征求公众意见、听证、专家评议等，并做出决定。上述时间内不能做出决定的，经本机关负责人批准，可以延长 10 个工作日。项目核准机关委托咨询评估、征求公众意见和进行专家评议，以及征求相关部门意见的，所需时间不计算在前款规定的期限内。其中，城市基础设施项目使用政府投资 2 亿元以上的，其他项目使用政府投资 5000 万元以上的，项目建议书需报市政府批准，市政府审批时间不计算在内。

e. 送达。做出决定后 5 个工作日内送达申请人。

⑥ 审批决定。能够批准的，做出予以批准的书面决定；不予批准的，书面告知。

1.3 《选址意见书》的办理

《选址意见书》是城市规划行政主管部门依法核发的建设项目选址和布局的法律凭证。根据《城乡规划法》，对于国家规定的需要审批或核准的建设项目，以划拨方式取得国有土地使用权，建设单位在报送发改委审批或核准前，需要向规划局申请核发《选址意见书》，而规定以外的其他项目则不需要申请《选址意见书》。

1.3.1 《选址意见书》的办理手续

（1）郑州市《选址意见书》的办理手续

① 所需材料（复印件均需核对原件并加盖报建单位公章，建设单位经办人签名）

a. 建设项目选址意见书申请表。
b. 建设项目选址意见书申请书。
c. 建设单位委托书。
d. 被委托人身份证明。
e. 建设单位组织机构代码证。
f. 建设单位营业执照。
g. 开发企业资质证明（非开发企业除外）。
h. 法定代表人证明。
i. 征地协议。
j. 拟建工程的相关证明文件。
k. 公示材料。
l. 1∶1000 地形图（需划定用地范围红线）。
m. 跨区域重大基础设施及市重点项目，由县（市）、区出具选址初审意见。
n. 法律、法规、规章规定的其他材料。
② 审批环节：受理→审批→办结。
③ 承诺办理时限：6 个工作日。

（2）长沙市《选址意见书》的办理手续
① 工作任务：获取《选址意见书》。
② 审查部门：规划局选址处。
③ 工作周期：10 个工作日。
④ 所需文件/流程
a. 申请书及项目基本情况说明。
b. 项目建议书批复文件（需要计划前置批复的项目）。
c. 土地证明材料（附图）。
d. 相关部门审查意见（如果有规划要求的）。
e. 长沙市统一坐标和高程系统的 1∶500 现状地形图 2 份（地形图原则不小于用地界线外 50m 范围，大型管线工程可用 1∶1000 或 1∶2000 现状地形图）。
f. 重新申领《选址意见书》，需提交原审查意见。

1.3.2 《选址意见书》办理的注意事项

① 如建设项目选址与城市总体规划不一致的，需提供建设项目规划选址论证报告。
② 建设用地需符合国家产业政策，符合行业用地定额标准和投资强度，符合国家供地政策、用地标准和总规模的有关规定。
③ 如属工业项目或其他对周围环境有特殊要求的项目，在向规划管理部门申请建设项目《选址意见书》的同时，应征询消防、环保、卫生防疫等相关管理部门的选址意见。
④ 改建、扩建、拼建项目用地存在两个或两个以上权利人的，应征得所有权利人同意。
⑤ 凡已（在）建的建设项目需补办规划手续的，应先到当地勘测院实测竣工图。
⑥ 加、更名建设项目，建设单位应持当地国土管理部门的土地批文及相关文件重新申请"一书两证"的相关手续，报建时应退还原已取得所有审批的文件及图纸。因遗失等原因

无法全部退还时，应登报声明。

⑦ 建设单位在收到当地勘测院的勘测放线资料后，应及时向规划管理部门申请办理规划设计条件（或规划设计要求）和《建设用地规划许可证》。

⑧ 涉及规划地铁控制线的建设项目，应征求当地地铁管理部门意见。

⑨ 涉及规划紫线范围内的建设项目，应征求当地文化部门意见。

⑩ 涉及土地整合的建设用地，应征求当地国土部门意见。

1.4 招标拍卖挂牌与《国有土地使用权出让合同》的签订

1.4.1 招标拍卖挂牌出让国有土地使用权的范围与程序

(1) 招标拍卖挂牌出让国有土地使用权的范围

根据2006年试行的《招标拍卖挂牌出让国有土地使用权规范》规定，以下六类情形必须纳入招标拍卖挂牌出让国有土地范围。

① 工业、商业、旅游、娱乐和商品住宅等经营性用地，其中工业用地包括仓储用地，但不包括采矿用地。

② 其他土地供地计划公布后同一宗地有两个或两个以上意向用地者的。

③ 划拨土地使用权改变用途，《国有土地划拨决定书》或法律、法规、行政规定等明确应当收回土地使用权，实行招标拍卖挂牌出让的。

④ 划拨土地使用权转让，《国有土地划拨决定书》或法律、法规、行政规定等明确应当收回土地使用权，实行招标拍卖挂牌出让的。

⑤ 出让土地使用权改变用途，《国有土地使用权出让合同》约定或法律、法规、行政规定等明确应当收回土地使用权，实行招标拍卖挂牌出让的。

⑥ 依法应当招标拍卖挂牌出让的其他情形。

(2) 招标拍卖挂牌出让国有土地使用权的程序

招标拍卖挂牌出让国有土地使用权的程序如下。

① 编制供地方式。

② 编制、确定出让方案。

③ 地价评估，确定底价。

④ 编制出让文件。

⑤ 发布出让公告。

⑥ 申请和资格审查。

⑦ 招标拍卖挂牌活动实施。

⑧ 签订《国有土地使用权出让合同》，结果公布。

⑨ 颁发《建设用地批准书》，交付土地，办理土地登记。

1.4.2 招标拍卖挂牌的资格申请与审查

建设单位一般可以从国土局等网站发布的土地出让公告获取出让土地的基本情况和相关规划指标，在进行信息的初步分析和地价估算之后，确定要取得该块土地的，需要到国土局办理招标拍卖挂牌登记，并缴纳相应的保证金，在通过审查之后，才有资格参加招标拍卖挂牌活动。

（1）招标拍卖挂牌的资格申请

根据 2006 年国土资源部发布的《招标拍卖挂牌出让国有土地使用权规范》，国有土地使用权招标拍卖挂牌出让的申请人，可以是中华人民共和国境内外的法人、自然人和其他组织，但法律法规对申请人另有限制的除外。申请人可以单独申请，也可以联合申请。

申请人需要在公告规定期限内交纳出让公告规定的投标、竞买保证金，并根据申请人类型，持相应文件向出让人提出竞买、竞投申请。

① 法人申请的，应提交下列文件：
a. 申请书；
b. 法人单位有效证明文件；
c. 法定代表人的有效身份证明文件；
d. 申请人委托他人办理的，应提交授权委托书及委托代理人的有效身份证明文件；
e. 保证金交纳凭证；
f. 招标拍卖挂牌文件规定需要提交的其他文件。

② 自然人申请的，应提交下列文件：
a. 申请书；
b. 申请人有效身份证明文件；
c. 申请人委托他人办理的，应提交授权委托书及委托代理人的身份证明文件；
d. 保证金交纳凭证；
e. 招标拍卖挂牌文件规定需要提交的其他文件。

③ 其他组织申请的，应提交下列文件：
a. 申请书；
b. 表明该组织合法存在的文件或有效证明；
c. 表明该组织负责人身份的有效证明文件；
d. 申请人委托他人办理的，应提交授权委托书及委托代理人的身份证明文件；
e. 保证金交纳凭证；
f. 招标拍卖挂牌文件规定需要提交的其他文件。

④ 境外申请人申请的，应提交下列文件：
a. 申请书；
b. 境外法人、自然人、其他组织的有效身份证明文件；
c. 申请人委托他人办理的，应提交授权委托书及委托代理的有效身份证明文件；
d. 保证金交纳凭证；
e. 招标拍卖挂牌文件规定需要提交的其他文件。

上述文件中，申请书必须用中文书写，其他文件可以使用其他语言，但必须附中文译本，所有文件的解释以中文译本为准。

⑤ 联合申请的，应提交下列文件：
a. 联合申请各方共同签署的申请书；
b. 联合申请各方的有效身份证明文件；
c. 联合竞买、竞投协议，协议要规定联合各方的权利、义务，包括联合各方的出资比例，并明确签订《国有土地使用权出让合同》时的受让人；
d. 申请人委托他人办理的，应提交授权委托书及委托代理人的有效身份证明文件；

e. 保证金交纳凭证；

f. 招标拍卖挂牌文件规定需要提交的其他文件。

申请人竞得土地后，拟成立新公司进行开发建设的，应在申请书中明确新公司的出资构成、成立时间等内容。出让人可以根据招标拍卖挂牌出让结果，先与竞得人签订《国有土地使用权出让合同》，在竞得人按约定办理完新公司注册登记手续后，再与新公司签订《国有土地使用权出让合同变更协议》；也可按约定直接与新公司签订《国有土地使用权出让合同》。

（2）招标拍卖挂牌的资格审查

出让人对出让公告规定的时间内收到的申请进行审查。

① 经审查，申请人有下列情形之一的，为无效申请：

a. 申请人不具备竞买资格的；

b. 未按规定交纳保证金的；

c. 申请文件不齐全或不符合规定的；

d. 委托他人代理但委托文件不齐全或不符合规定的；

e. 法律法规规定的其他情形。

② 经审查，符合规定条件的，申请人具有投标或竞买资格，可以参加招标拍卖挂牌活动。

③ 申请人对招标拍卖挂牌文件有疑问的，可以书面或者口头方式向出让人咨询，出让人应当为申请人咨询以及查询出让地块有关情况提供便利。根据需要，出让人可以组织申请人对拟出让地块进行现场踏勘。

（3）投标（竞买）申请书范本

见本书电子文件。

（4）投标（竞买）资格确认书范本

见本书电子文件。

1.4.3 招标拍卖挂牌活动的实施

当申请人通过资格审查，符合投标或竞买资格，并受到资格确认书后，应详细了解此次活动的规定与细则，并组织好标书、报价单等相关材料参加招标拍卖挂牌活动。

（1）招标活动的实施

招标人按照国有土地使用权出让公告规定的时间和地点参加国土局组织的投标活动，其基本流程如下。

① 投标

投标开始前，招标主持人应当现场组织开启标箱，检查标箱情况后加封。

a. 投标人在规定的时间将标书及其他文件送达指定的投标地点，经招标人登记后，将标书投入标箱。

b. 招标公告允许邮寄投标文件的，投标人可以邮寄，但以招标人在投标截止时间前收到的方为有效。招标人登记后，负责在投标截止时间前将标书投入标箱。

c. 投标人投标后，不可撤回投标文件，并对投标文件和有关书面承诺承担责任。投标人可以对已提交的投标文件进行补充说明，但应在招标文件要求提交投标文件的截止时间前书面通知招标人并将补充文件送达至投标地点。

② 开标

a. 投标人按照招标出让公告规定的时间、地点参加。开标由土地招标拍卖挂牌主持人主持进行。招标主持人邀请投标人或其推选的代表检查标箱的密封情况，当众开启标箱。

b. 标箱开启后，招标主持人应当组织逐一检查标箱内的投标文件，经确认无误后，由工作人员当众拆封，宣读投标人名称、投标价格和投标文件的其他主要内容。

c. 开标过程应当记录。

③ 评标。按照价高者得的原则确定中标人的，可以不成立评标小组。按照综合条件最佳者得的原则确定中标人的，招标人应当成立评标小组进行评标。

a. 评标小组由出让人、有关专家组成，成员人数为 5 人以上的单数。有条件的地方，可建立土地评标专家库，每次评标前随机从专家库中抽取评标小组专家成员。

b. 招标人应当采取必要的措施，保证评标在严格保密的情况下进行。

c. 评标小组可以要求投标人对投标文件中含义不明确的内容做出必要的澄清或者说明，但澄清或者说明不得超出投标文件的范围或者改变投标文件的实质性内容。

d. 评标小组对投标文件进行有效性审查。有下列情形之一的，为无效投标文件：

ⅰ. 投标文件未密封的；

ⅱ. 投标文件未加盖投标人印鉴，也未经法定代表人签署的；

ⅲ. 投标文件不齐备、内容不全或不符合规定的；

ⅳ. 投标人对同一个标的有两个或两个以上报价的；

ⅴ. 委托投标但委托文件不齐全或不符合规定的；

ⅵ. 评标小组认为投标文件无效的其他情形。

e. 评标要求。评标小组应当按照招标文件确定的评标标准和方法，对投标文件进行综合评分，根据综合评分结果确定中标候选人。

评标小组应当根据评标结果，按照综合评分高低确定中标候选人排序，但低于底价或标底者除外。同时有两个或两个以上申请人的综合评分相同的，按报价高低排名，报价也相同的，可以由综合评分相同的申请人通过现场竞价确定排名顺序。投标人的投标价均低于底价或投标条件均不能够满足标底要求的，投标活动终止。

④ 定标。招标人应当根据评标小组推荐的中标候选人确定中标人。招标人也可以授权评标小组直接确定中标人。

按照价高者得的原则确定中标人的，由招标主持人根据开标结果，直接宣布报价最高且不低于底价者为中标人。有两个或两个以上申请人的报价相同且同为最高报价的，可以由相同报价的申请人在限定时间内再行报价，或者采取现场竞价方式确定中标人。

（2）拍卖活动的实施

竞买人按照出让公告规定的时间、地点参加拍卖活动。拍卖活动由土地招标拍卖挂牌主持人主持进行，其基本流程如下。

① 拍卖主持人宣布拍卖会开始。

② 拍卖主持人宣布竞买人到场情况。设有底价的，出让人应当现场将密封的拍卖底价交给拍卖主持人，拍卖主持人现场开启密封件。

③ 拍卖主持人介绍拍卖地块的位置、面积、用途、使用年限、规划指标要求、建设时间等。

④ 拍卖主持人宣布竞价规则。拍卖主持人宣布拍卖宗地的起叫价、增价规则和增价幅度，并明确提示是否设有底价。在拍卖过程中，拍卖主持人可根据现场情况调整增价幅度。

⑤ 拍卖主持人报出起叫价，宣布竞价开始。

⑥ 竞买人举牌应价或者报价。

⑦ 拍卖主持人确认该竞买人应价或者报价后继续竞价。

⑧ 拍卖主持人连续三次宣布同一应价或报价而没有人再应价或出价，且该价格不低于底价的，拍卖主持人落槌表示拍卖成交，拍卖主持人宣布最高应价者为竞得人。成交结果对拍卖人、竞得人和出让人均具有法律效力。最高应价或报价低于底价的，拍卖主持人宣布拍卖终止。

(3) 挂牌活动的实施

竞买人按照出让公告规定的时间、地点参加挂牌活动。挂牌活动由土地招标拍卖挂牌主持人主持进行，其基本流程如下。

① 公布挂牌信息。在挂牌公告规定的挂牌起始日，挂牌人将挂牌宗地的位置、面积、用途、使用年期、规划指标要求、起始价、增价规则及增价幅度等，在挂牌公告规定的土地交易地点挂牌公布。挂牌时间不得少于10个工作日。

② 竞买人报价。符合条件的竞买人应当填写报价单报价。有条件的地方，可以采用计算机系统报价。

竞买人报价有下列情形之一的，为无效报价：

a. 报价单未在挂牌期限内收到的；

b. 不按规定填写报价单的；

c. 报价单填写人与竞买申请文件不符的；

d. 报价不符合报价规则的；

e. 报价不符合挂牌文件规定的其他情形。

③ 确认报价。挂牌主持人确认该报价后，更新显示挂牌价格，继续接受新的报价。有两个或两个以上竞买人报价相同的，先提交报价单者该挂牌价格的出价人。

④ 挂牌截止。挂牌截止应当由挂牌主持人主持确定。设有底价的，出让应当在挂牌截止前将密封的挂牌底价交给挂牌主持人，挂牌主人现场打开密封件。在公告规定的挂牌截止时间，竞买人应当席挂牌现场，挂牌主持人宣布最高报价及其报价者，并询问竞买是否愿意继续竞价。

a. 挂牌主持人连续三次报出最高挂牌价格，没有竞买人示愿意继续竞价的，挂牌主持人宣布挂牌活动结束，并按下列规确定挂牌结果。

ⅰ. 最高挂牌价格不低于底价的，挂牌主持人宣布挂牌出让成交，最高挂牌价格的出价人为竞得人。

ⅱ. 最高挂牌价格低于底价的，挂牌主持人宣布挂牌出让不成交。

b. 有竞买人表示愿意继续竞价的，即属于挂牌截止时有两个或两个以上竞买人要求报价的情形，挂牌主持人应当宣布挂牌出让转入现场竞价，并宣布现场竞价的时间和地点，通过现场竞价确定竞得人。

⑤ 现场竞价。现场竞价由土地招标拍卖挂牌主持人主持进行，取得该宗地挂牌竞买资格的竞买人均可参加现场竞价。现场竞价按下列程序举行。

a. 挂牌主持人宣布现场竞价的起始价、竞价规则和增价幅度，并宣布现场竞价开始。

现场竞价的起始价为挂牌活动截止时的最高报价增加一个加价幅度后的价格。

b. 参加现场竞价的竞买人按照竞价规则应价或报价。

c. 挂牌主持人确认该竞买人应价或者报价后继续竞价。

d. 挂牌主持人连续三次宣布同一应价或报价而没有人再应价或出价，且该价格不低于底价的，挂牌主持人落槌表示现场竞价成交，宣布最高应价或报价者为竞得人。成交结果对竞得人和出让人均具有法律效力。最高应价或报价低于底价的，挂牌主持人宣布现场竞价终止。

在现场竞价中无人参加竞买或无人应价或出价的，以挂牌截止时出价最高者为竞得人，但低于挂牌出让底价者除外。

（4）国有土地使用权招标出让投标书范本

见本书电子文件。

1.4.4 《中标通知书》或《成交确认书》的签订

（1）《中标通知书》的签订

建设单位采取招标方式获取国有土地使用权的，在确定为中标人后，会收到招标人发出的《中标通知书》，代表成交。同时，中标人之前缴纳的投标保证金将自动转为所获取地块的定金。

《中标通知书》包括招标人与中标人的名称，出让标的，成交时间、地点、价款，以及双方签订《国有土地使用权出让合同》的时间、地点等内容。《中标通知书》对招标人和中标人具有法律效力，招标人改变中标结果，或者中标人不按约定签订《国有土地使用权出让合同》、放弃中标宗地的，应当承担法律责任。

（2）《成交确认书》的签订

建设单位采取拍卖或挂牌的方式获取国有土地使用权的，在确定为竞得人后，需要与拍卖人或挂牌人签订《成交确认书》，不按规定签订《成交确认书》的，应当承担法律责任。竞得人拒绝签订《成交确认书》也不能对抗拍卖成交结果的法律效力。

《成交确认书》应包括拍卖人与竞得人的名称，出让标的，成交时间、地点、价款，以及双方签订《国有土地使用权出让合同》的时间、地点等内容。《成交确认书》对拍卖人和竞得人具有法律效力，拍卖人改变拍卖结果的，或者竞得人不按约定签订《国有土地使用权出让合同》、放弃竞得宗地的，应当承担法律责任。

（3）《中标通知书》范本

见本书电子文件。

（4）《成交确认书》范本

见本书电子文件。

1.4.5 《国有土地使用权出让合同》的签订

招标拍卖挂牌出让活动结束后，中标人或竞得人应按照《中标通知书》或《成交确认书》的约定，与出让人签订《国有土地使用权出让合同》。

中标人、竞得人支付的投标、竞买保证金，在中标或竞得后转作受让地块的定金。受让人逾期不签订合同的，终止供地，不得退还定金。其他投标人、竞买人交纳的投标、竞买保证金，出让人应在招标拍卖挂牌活动结束后 5 个工作日内予以退还，不计利息。

《国有土地使用权出让合同》的主要条款、格式由出让方提出，受让方很少有修改的余地。一般来说，出让合同主要包括以下的内容：

① 出让地块的基本情况，包括地理位置、面积、界限等；

② 土地出让金额的数量、支付方式和支付期限；

③ 土地使用权的出让期限；

④ 地块的规划设计条件由城市规划部门依据城市规划确定，包括建筑密度、容积率等控制指标，以及工程管线、竖向规划、配建停车场或其他公共设施的要求。

《国有土地使用权出让合同》的范本见本书电子文件，供读者参考借鉴。

1.5 建设项目节能审查

建设项目节能审查，是指根据节能法规、标准，对项目节能评估报告书、节能评估报告表进行审查并形成审查意见，或对节能登记表进行登记备案的行为。

根据《固定资产投资项目节能评估和审查暂行办法》，实行审批或核准的建设项目，建设单位在到发改委报送可行性研究报告或项目申请报告时，一同报送节能评估文件或节能登记表；实行备案的建设项目，按当地的相关规定进行节能审查。

（1）南昌市建设项目节能审查的办理手续

① 审批依据

a.《节约能源法》。

b.《固定资产投资项目节能评估设审查暂行办法》（国家发展和改革委员会令第 6 号）。

② 审批类型：行政许可、一审一核事项（部分）。

③ 申报材料

a. 申请节能评估审查的请示。

b. 根据国家发展和改革委员会 2010 年第 6 号令提出的要求，视项目用能情况，填写固定资产投资项目节能登记表或编制固定资产投资项目节能报告表或报告书（由相应资质单位编制）。

④ 办理流程：窗口接收申报材料后受理→经办人审查→视项目用能情况组织评估论证或评审→业务处长审核→报分管领导审批→窗口出件。

⑤ 办理时限：3.5 个工作日。

⑥ 收费标准及依据：不收费。

（2）北京市建设项目节能审查的办理手续

① 设定依据

a.《中华人民共和国节约能源法》（2007 年修订）。

b.《国务院关于加强节能工作的决定》（国发［2006］28 号）。

c.《北京市实施＜中华人民共和国节约能源法＞办法》。

d.《固定资产投资项目节能评估和审查暂行办法》（2010 年国家发改委 6 号令）。

e.《北京市固定资产投资项目节能评估和审查管理办法（试行）》（京发改［2007］286 号）。

f.《关于进一步简化规范固定资产投资项目节能评估和审查工作的通知》（京发改规[2013] 9号）。

g.《国务院关于印发"十二五"控制温室气体排放工作方案的通知》。

h.《北京市人民代表大会常务委员会关于北京市在严格控制碳排放总量前提下开展碳排放权交易试点工作的决定》。

② 审批条件。本市固定资产投资审批、核准或备案权限内符合下列条件之一的项目应进行节能评估和审查。

a. 建筑面积（包括地上和地下建筑面积的总和）在2万平方米以上（含）的公共建筑项目。

b. 建筑面积在20万平方米（包括地上和地下建筑面积的总和）以上（含）的居住建筑项目。

c. 其他年耗能2000吨标准煤以上（含）的项目。

凡属于节能评估范围内的固定资产投资项目，建设单位应编制独立的固定资产投资项目节能专篇。

凡不在上述三条所述的节能评估范围内的固定资产投资项目，实行节能登记管理，节能登记备案审批管理权限全部下放给各区县发展和改革委员会。

③ 收费依据及标准：不收费。

④ 受理方式：现场受理。

⑤ 办理时限：受理之日起12个工作日做出许可决定（不含征求相关部门意见及专家评估论证的时间）；因特殊情况需要延长办理时限的，由主管负责人批准，可以延长办理10个工作日。

⑥ 申请材料

a. 项目属地区县发展改革部门、有关市属部门或计划单列单位的申请文件（一式一份）。

申请文件中应至少包括以下内容：项目建设地点、建设内容及规模、项目总投资；项目主要用能方案、年综合能耗、年二氧化碳排放量；项目已取得的相关批复文件及实际进展情况；区县发展和改革委员会或行业主管部门对项目的初审意见等。

b. 具有甲级工程咨询资质单位编制的固定资产投资项目节能专篇（一式两份）。节能专篇封面加盖项目建设单位和节能专篇编制单位公章，节能专篇扉页为编制单位资质证书复印件。

c. 涉及规划、国土的项目应提供规划部门批准文件（规划函复、规划选址条件或规划意见书等）、国土部门批准文件（项目用地预审意见、土地出让合同或国有土地使用权证书等）（一式一份）。

d. 核准类项目提供项目申请报告，审批类项目提供可行性研究报告或项目建议书（代可行性研究报告），备案类项目提供项目建设情况说明（内容同项目申请报告，如编制了项目申请报告或可行性研究报告，请提交项目申请报告或可行性研究报告）（一式一份）。

e. 企业/事业法人营业执照或组织机构代码证书（一式一份）。

f. 项目申报材料真实性承诺（一式一份）。

g. 其他需要补充说明的材料。

注：上述b至g项需加盖项目建设单位公章。

⑦ 审批流程：申请→接收→补正→受理→审查→批复。

⑧ 审查内容

a. 建设项目基本情况是否与规划、可研报告（申请报告、建设情况说明）等内容一致。

b. 项目建设方案及用能方案是否符合国家及本市的法规、政策及标准、规范等要求。包括主要技术方案、工艺流程、设备选型是否合理适用符合国家、行业、北京市的节能、低碳设计规范及标准，是否达到国内先进水平，有无采用明令禁止或淘汰的落后工艺、设备，是否选用《节能低碳产品推荐目录》中的产品和技术。

c. 项目拟选用的能源品种是否符合所在地能源供应条件。包括项目使用能源品种的选用原则；项目所在地能源供应条件分析；以及燃料、种类及性能数据；燃料供应范围；燃料消耗量及储存量；燃料供应方式；燃料、灰渣储存及运输方式。

d. 项目能耗计算是否正确。包括项目能源消耗种类、来源及年消耗量；单项工程能源消耗种类、来源及年消耗量；主要耗能设备的技术参数；能源转换和利用情况。基础数据的选择是否合理；计算方法及过程是否正确；用能总量及单位建筑面积（产品/生产能力）能耗是否处于合理水平。

e. 项目二氧化碳排放计算是否正确。包括化石燃料识别是否全面，活动水平数据和排放因子的选择是否合理；计算方法及过程是否正确；二氧化碳排放总量是否处于合理水平，单位建筑面积（产品/生产能力）二氧化碳排放是否处于先进水平。

f. 项目节能低碳技术措施和节能低碳管理措施是否合理可行。包括是否按照国家及地方的法规、政策及标准规范等选用了适用可行、适度先进的节能低碳措施，是否满足强制性标准规范规定，是否根据项目情况选择提高能效、降低能耗与二氧化碳排放的推荐性节能低碳措施。

g. 项目的绿色建筑方案设计是否合理。包括是否按照《北京市发展绿色建筑推动生态城市建设实施方案》（京政办发〔2013〕25号）、《绿色建筑评价标准》（DB11/T 825—2011）、《绿色建筑设计标准》（DB 11/938—2012）等要求积极发展绿色建筑，项目拟达到的星级标准和相应的技术措施。

h. 项目建设是否有利于节能低碳目标的实现。包括项目年能源消耗量是否符合所在区域的能源消耗总量（增量）控制要求，项目能源利用效率是否符合当地能源利用状况及节能指标任务完成要求，项目年二氧化碳排放量对项目建设单位或关联单位的二氧化碳排放的影响是否符合本市碳排放控制与管理的要求。

i. 国家及本市节能低碳管理要求的其他内容。

⑨ 审查标准：涉及暖通、建筑结构、电气、给排水、生产工艺等方面近百项节能标准。

⑩ 批准形式：审查意见。

⑪ 有效时限：两年。

1.6 建设项目用地预审

建设项目用地预审，是指国土资源管理部门在建设项目审批、核准、备案阶段，依法对建设项目涉及的土地利用事项进行的审查。

根据《建设项目用地预审管理办法》，对于需要审批的建设项目在取得项目建议书批复文件、需备案的建设项目在办理备案手续后，由建设单位提出用地预审申请；对于需核准的建设项目与直接审批可行性研究报告的建设项目，则需要在取得用地预审报告书后，再进行项目申请报告的核准与可行性研究报告的审批。

1.6.1 建设项目用地预审的办理手续

（1）广州市建设项目用地预审的办理手续

① 收件资料见表 1-1。

表 1-1 广州市建设项目用地预审的收件资料

序号	资料名称	份数	是否原件	条件	备注
1	申请单位法人资格证明	1	复印件	必备	组织机构代码证或工商企业营业执照
2	法定代表人身份证明书和法定代表人授权委托书	1	原件	必备	法定代表人签章，加盖公章，1～2名代理人，明确委托内容、权限、期限
3	受委托经办人身份证明	1	复印件	必备	身份证、军官证、警官证、护照或其他身份证明
4	预审申请报告	1	原件	必备（国家级审批、核准、备案项目，需报国土资源部预审，建设单位还应出具直接向国土资源部申请用地预审的请示文件2份）	内容包括：(1)拟建项目基本情况、拟选址情况、拟用地总规模和拟用地类型、补充耕地初步方案；(2)项目的申报类型（审批、核准、备案），核准、备案项目还应注明核准、备案计划部门所属具体级别（国家、省、市、区或县级市），如与实际不符，预审意见无效；(3)若是工业项目，需注明项目的投资总额并明确具体建设项目
5	建设项目用地预审申请表	3	原件	必备	各申请单位加盖公章，说明项目基本情况、功能分工有关情况、详细联系方式
6	建设项目基本情况表	1	原件	必备	
7	规划局出具的《选址意见书》及附图	1	复印件	必备	
8	附图及红线坐标的电子文件	1	电子文件	必备	红线图采用 AutoCad 格式，坐标列表采用 Excel 或 TXT 格式
9	已描绘用地界址的地形图	4	原件	必备	1：500 或 1：2000 蓝晒地形图（应与《选址意见书》附图及坐标一致），描绘红色用地界址线，附坐标列表
10	项目建议书的批复文件和项目可行性研究报告	1	复印件	审批项目必备	
11	作为该项目用地规模确定依据的相关技术规范文件	1	复印件	非必备	
12	银行或验资机构出具的一个月内的资金证明	1	原件	核准、备案项目必备	
13	关于建设项目用地预审的初审意见	3	原件	凡在番禺区、花都区、从化市、增城市行政范围内选址，且需由我局或上级土地行政主管部门预审的项目	项目选址是否符合土地利用总体规划；是否符合土地管理法律、法规规定的条件；建设项目是否符合国家供地政策；建设项目用地标准和总规模是否符合有关规定；占用耕地的，补充耕地初步方案是否可行，资金是否有保障；属《土地管理法》第二十六条规定情形，建设项目用地需修改土地利用总体规划的，规划的修改方案、建设项目对规划实施影响评估报告等是否符合法律、法规的规定
13	1：10000 土地利用总体规划图	2	原件		
13	最新 1：10000 土地利用现状图	2	原件		

续表

序号	资料名称	份数	是否原件	条件	备注
14	项目用地范围内或邻近地块的岩土工程勘察报告	1	复印件	非必备资料	岩土工程勘察报告由有相关资质的地质勘查、设计单位出具
15	历史用地权属证明文件	1	复印件	非必备资料,涉及各单位原有历史用地的可提交	原有同意使用土地通知书、《建设用地批准书》、《国有土地使用证》、《房地产权证》、《集体土地使用证》、土地权属证明书等土地权属证明文件

注:1. 提交文件资料复印件时须加盖提交单位印鉴,同时提供原件供核对。

2. 申请用地预审单位负责保证所提供的资料属实,否则用地预审意见无效。

3. 根据广东省人民政府第 98 号令《广东省第一批扩大县级政府管理权限事项目录》的有关规定,对于省管权限建设项目用地预审,对于仅涉及增城或从化行政界限内的项目用地,可由其直接报省审批,报市备案即可。

② 办理部门:土地利用规划处。

③ 办理时限:自受理申请之日起 20 个工作日,经本局负责人批准,可延长 10 个工作日(依法需要听证、评估和专家评审的,听证、评估和专家评审在上述期限内;国家发改委和省发改委立项的项目,许可权限在国土资源部和省国土资源厅,自受理申请之日起 20 个工作日内提出初审意见)。

④ 办理结果:取得《建设项目用地预审报告书》及附图。

⑤ 办理流程见图 1-7。

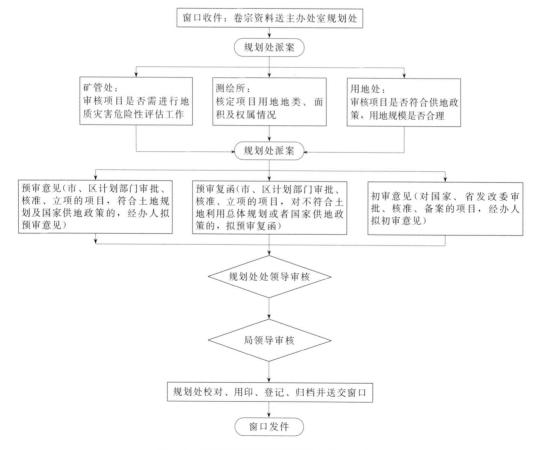

图 1-7 广州市建设项目用地预审的办理流程

(2) 青岛市建设项目用地预审的办理手续

① 审查部门：国土资源与房屋管理局。
② 工作周期：20个工作日。
③ 所需文件/流程

a. 建设项目用地预审申请表。
b. 预审的申请报告，内容包括拟建设项目基本情况，拟选情况、拟用地总规模和拟用地类型，补充耕地初步方案（新增用地需要）。
c. 需审批的建设项目应提供项目建议书批复文件/项目可行性研究报告。项目建议书批复与项目可行性研究报告合一的，只提供项目可行性研究报告。
d. 土地使用证复印件（存量用地项目）。
e. 拟用地范围1∶500现状地形图2张（新增用地需测坐标）。
f. 标注项目用地范围的县级以上土地利用总体规划图（新增用地项目）。
g. 建设项目用地依法需修改土地利用总体规划的，应出具相关部门如专家认证的规划修改方案，建设项目对规划实施影响评估报告如修改规划听证会纪要（新增用地项目）。

1.6.2 建设项目用地预审办理的注意事项

① 占用耕地的，需补充耕地初步方案是否可行，资金是否有保障。
② 不需要进行地质灾害危险性评估的，建设单位凭市国土局发出的确认答复意见申请用地预审；需要进行地质灾害危险性评估的，由建设单位委托具备地质灾害防治工程勘查甲级资质的单位开展评估工作后，持评估报告和审查认定意见申请用地预审。
③ 有关内容经审查符合规定并在建设项目可行性研究报告（或项目申请报告）中予以落实后，方可通过建设项目用地预审和报投资行政主管部门批准（核准、备案）。
④ 建设项目用地预审会审中，建设项目选址不合理和不符合建设用地控制指标、达不到土地投资强度等要求的建设项目，必须调整选址、重新上报选址方案和相应核减其用地规模、重新确定用地四至范围。

1.7 建设项目环境影响评价

环境影响评价简称环评，是项目建设必须进行的一项重要工作，由取得相应资格证书的单位承担，主要是调查研究项目周边的环境，分析周边环境对项目的影响和建设项目对周边环境的影响。

根据《中华人民共和国环境评价法》，所有可能对环境造成影响的建设项目，必须进行环境影响评价。按照其对环境的影响程度，实行分类管理：

① 可能造成重大影响的，编制环境影响报告书；
② 可能造成轻度影响的，编制环境影响报告表；
③ 影响很小的，填报环境影响登记表（具体分类方式依据《建设项目环境影响评价分类管理名录》确定）。

建设单位必须在项目可行性研究阶段（不需要进行可行性研究的，在项目开工前）向环境保护行政主管部门报批环境影响报告书、报告表或登记表。

（1）东莞市编制环境影响报告书类项目环境影响评价的办理手续

① 办理条件

a. 建设项目符合国家和地方的有关法律、法规、政策。

b. 建设项目的选址、布局符合城市规划和环保规划的要求，同时考虑拟建地区整体环境质量的保护和改善。

c. 建设项目符合产业发展导向。

d. 满足主要污染物总量控制要求。

e. 环境影响评价表明建设项目符合环保要求。

② 所需材料

a. 建设项目环境影响报告书纸质原件（一式三份），含专家评审意见原件1份。

b. 建设项目环境影响报告书电子件，电子件包括环评文件、附表、附图，不包括部门意见、复函、专家意见、修改清单等附件。

c. 公开环评全本信息时需删除的涉及国家秘密、商业秘密、个人隐私等内容及删除依据和理由说明报告原件1份。

d. 建设单位或当地政府根据需要所做出的相关环境保护措施承诺文件原件1份。

e. 申请人委托他人办理的，还需提供委托书原件1份。

③ 窗口办理流程

a. 申请人提交有关资料。

b. 窗口收集并审核资料。

c. 符合受理条件的，打印受理回执；不符合受理条件的，现场退件并告知。

d. 分发相关业务科室处理。

e. 短信告知领取批复。

④ 网上办理流程：登录东莞市环保公众网网上办事大厅环境影响评价文件审批栏目，进行在线申报，填写对应表单信息和上载带星号的申报材料项。其中在线申报信息的有效时间为5个工作日，逾期需重新填写和上载。

⑤ 办理时限说明

a. 法定期限说明：60个工作日。

b. 承诺期限说明：20个工作日。

⑥ 办事窗口：项目所在镇（街）环保分局。

⑦ 工作时间：法定工作时间。

⑧ 收费标准：不收取费用。

（2）东莞市编制环境影响报告表类项目环境影响评价的办理手续

① 办理条件

a. 建设项目符合国家和地方的有关法律、法规、政策。

b. 建设项目的选址、布局符合城市规划和环保规划的要求，同时考虑拟建地区整体环境质量的保护和改善。

c. 建设项目符合产业发展导向。

d. 满足主要污染物总量控制要求。

e. 环境影响评价表明建设项目符合环保要求。

② 所需材料

a. 建设项目环境影响报告表纸质原件（一式四份），涉及专项评价的，需提供专家评审意见原件 1 份。

b. 建设项目环境影响报告表电子件,电子件包括环评文件、附表、附图,不包括部门意见、复函、专家意见、修改清单等附件。

c. 公开环评全本信息时需删除的涉及国家秘密、商业秘密、个人隐私等内容及删除依据和理由说明报告原件 1 份。

d. 建设单位或当地政府根据需要所做出的相关环境保护措施承诺文件原件 1 份。

e. 申请人委托他人办理的,还需提供委托书原件 1 份。

③ 窗口办理流程

a. 申请人提交有关资料。

b. 窗口收集并审核资料。

c. 符合受理条件的,打印受理回执;不符合受理条件的,现场退件并告知。

d. 分发相关业务科室处理。

e. 短信告知领取批复。

④ 网上办理流程:登录东莞市环保公众网网上办事大厅环境影响评价文件审批栏目,进行在线申报,填写对应表单信息和上载带＊的申报材料项。其中在线申报信息的有效时间为 5 个工作日,逾期需重新填写和上载。

⑤ 办理时限说明

a. 法定期限说明:30 个工作日。

b. 承诺期限说明:15 个工作日。

⑥ 办事窗口:项目所在镇(街)环保分局。

⑦ 工作时间:法定工作时间。

⑧ 收费标准:不收取费用。

(3) 东莞市填报环境影响登记表类项目环境影响评价的办理手续

① 办理条件

a. 建设项目符合国家和地方的有关法律、法规、政策。

b. 建设项目的选址、布局符合城市规划和环保规划的要求,同时考虑拟建地区整体环境质量的保护和改善。

c. 建设项目符合产业发展导向。

d. 满足主要污染物总量控制要求。

e. 环境影响评价表明建设项目符合环保要求。

② 所需材料:建设项目环境影响登记表原件(一式三份)。

③ 窗口办理流程

a. 申请人提交有关资料。

b. 窗口收集并审核资料。

c. 符合受理条件的,打印受理回执;不符合受理条件的,现场退件并告知。

d. 分发相关业务科室处理。

e. 短信告知领取批复。

④ 网上办理流程。群众登录网站进入具体办理事项,点击在线申报办理网上预约申请,待部门受理预约并发出预约回执后,备齐相关资料到窗口提交资料办理。

⑤ 办理时限说明

a. 法定期限说明:15 个工作日。

b. 承诺期限说明：7个工作日。
⑥ 办事窗口：项目所在镇（街）环保分局。
⑦ 工作时间：法定工作时间。
⑧ 收费标准：不收取费用。

（4）环境影响登记表范本

见本书电子文件。

1.8 建设项目的审批、核准或备案

1.8.1 建设项目可行性研究报告的编制与审批

根据《国务院关于投资体制改革的决定》，对于政府投资项目，采用直接投资和资本金注入方式的，从投资决策角度只审批项目建议书和可行性研究报告，除特殊情况外不再审批开工报告，同时应严格政府投资项目的初步设计、概算审批工作；采用投资补助、转贷和贷款贴息方式的，只审批资金申请报告。本部分重点讲述政府投资项目可行性研究报告的审批，其他审批工作将在本书对应章节中再做详细的说明。

（1）建设项目可行性研究报告的编制

项目可行性研究，是指对工程项目建设投资决策前进行技术经济分析、论证的科学方法和合理的手段。它以保证项目建设以最小的投资耗费取得最佳的经济效果，是实现项目技术在技术上先进、经济上合理和建设上可行的科学方法。

① 可行性研究报告编制的委托。在项目建议书被有关部门批准以后，建设单位即可着手组织对建设项目进行可行性研究。

a. 委托专业设计单位承担。专业技术性较强的建设项目，一般可委托国家批准的具有相应研究资格的大、中型设计单位来承担。

b. 委托工程咨询公司承担。工程咨询公司是近年来随着我国经济技术改革不断深化，为适应基本建设形势和投资环境要求而建立起来的专门从事工程项目建设过程中专业技术咨询、管理和服务的机构，以承担民用建筑和一般性工业建设项目的技术咨询为主。在委托工程咨询公司承担可行性研究时，建设单位必须对其能力，包括专业技术人员的构成、承担研究项目的能力、主要承担完成的研究项目及准确性等进行充分的调查。

c. 委托专业银行承担。各种专业银行在基本建设和技术改造贷款项目的管理中，积累了一定的项目可行性研究经验，也是承担项目可行性研究可供选择的单位。

建设单位在选择了委托研究单位并确定了委托研究的内容以后，应当与承担可行性研究的单位签订委托协议。

② 可行性研究报告的主要内容。在选定了承担项目研究单位之后，要将项目可行性研究的内容按有关要求确定下来，作为项目研究委托协议的主要内容。按照目前国家有关规定，民用建设项目可行性研究内容如下。

a. 总论：项目建设背景及其必要性。

b. 建设条件及项目选址：拟建项目选址规划的合理程度，建设区地理位置、地质、水文、气象状况，水、电、气保障情况；土地征用、拆迁及居民安居方案；费用估算，环境影响情况。

c. 工程设计方案：拟建项目总体规划方案，主体与单项工程布置方案；项目设计的外部选型及使用功能合理程度；建设技术的保证程度。

d. 项目实施计划与组织：项目建设组织管理方式的论证；工程建设总工期及各阶段进度安排。

e. 投资计划与资金来源：项目建设总体投资概算及各阶段、各单项投资概算；建设总费用估算，资金来源及保证程度，筹措资金的方式及可行性。

f. 项目经济效果：项目投资效果，贷款偿还期；经营、财务成本计算；社会效益评价。

g. 结论：在多项论证基地上，提出可行性结论。

③ 可行性研究报告的模板

a. 封面：项目编号、项目名称、承担单位、主持人、主管部门、年、月、日。

b. 大纲

- 项目简介。
- 项目目标、任务、主要内容及课题分解情况（技术路线及指标）。
- 工作基础。
- 主要负责人及队伍。
- 项目经费情况：申请国家拨款（贷款）、配套资金落实情况、主要支出年度预算（包括培训计划）。
- 项目管理体制及运行机制。
- 成果及效益分析。
- 推广及应用前景。
- 专家论证意见。
- 主管部门意见。

c. 附件

- 规划部门关于工程设计方案审查意见通知书和审定的总平面图复印件。
- 建设用地预审报告或土地出让合同复印件。
- 项目联合建设（或合资、合作）合同书。
- 拆迁安置方案审查意见。
- 行业主管部门关于工程可行性研究报告的行业审查意见书。
- 除市级和中央财政性资金外的建设资金已落实来源的有效证明文件，其中对项目业主的自有资金由有资格的审计事务所或会计师事务所出具验资报告，对信贷资金需有关商业银行市分行以上机构出具的承贷意向书。
- 招标基本情况表；招标初步方案。
- 项目环境影响评价报告书。
- 有资质的投资咨询机构或专家评估论证意见。
- 项目建议书批准文件复印件。
- 其他特殊规定必备的材料。

（2）北京市建设项目可行性研究报告审批的办理手续

① 办理依据

a.《国务院关于投资体制改革的决定》。

b.《北京市人民政府贯彻实施国务院关于投资体制改革决定的意见》。

② 收费标准及依据：本审批事项不收费。

③ 申请材料目录

a. 建设项目属地区县发展改革部门、市属各部门或计划单列单位的报批函或请示。

b. 项目建议书的批复。

c. 规划部门出具的规划设计方案审查意见。

d. 国土资源部门出具的项目用地预审意见。

e. 环境保护部门的环境影响评价意见。

f. 对交通产生较大影响的项目，提供交通部门出具的交通影响评价意见。

g. 政府投资以外的资金筹措平衡方案说明材料。

h. 按国家规定内容和要求编制的可行性研究报告。

i. 需区县政府配套资金的市政府投资的农林、水利、小城镇建设项目，承诺资金已落实的证明。

j. 固定资产投资项目节能专篇审查批准意见或节能登记表。

k. 国家和本市规定的其他申请材料。

注：信息化项目应提供上述材料的 a、b、f、g、j、k。

④ 审批条件

a. 取得项目建议书批复，并提供符合国家规定内容和要求的可行性研究报告。

b. 取得规划部门出具的规划设计方案审查批准意见。

c. 政府投资以外的资金筹措平衡方案成熟。

d. 需区县政府配套资金的市政府投资的农林、水利、小城镇等建设项目，承诺资金已落实。

e. 重大政府投资项目通过专家评估。

f. 需征地的项目初步完成征地、拆迁安置方案。

g. 国家和本市规定的其他审批条件。

注：信息化项目应当符合上述条件中的 a、c、d、e、g。

⑤ 审批程序

a. 接收。受理窗口统一接收项目单位提交的申请材料。

b. 补正。申请材料不齐全或者不符合法定形式的，应当当场或者在 5 日内一次告知申请人需要补正的全部内容。

c. 受理。申请材料齐全、符合规定形式的，当场受理；接收申请材料后逾期未告知补正的，自收到申请材料之日起即为受理。

d. 审查与决定。自受理之日起 20 个工作日内依法组织审查、咨询评估、征求公众意见、听证、专家评议等，并做出决定。上述时间内不能做出决定的，经本机关负责人批准，可以延长 10 个工作日。项目核准机关委托咨询评估、征求公众意见和进行专家评议，以及征求相关部门意见的，所需时间不计算在前款规定的期限内。其中，城市基础设施项目使用政府投资 2 亿元以上的，其他项目使用政府投资 5000 万元以上的，项目建议书需报市政府批准，市政府审批时间不计算在内。

e. 送达。做出决定后 5 个工作日内送达申请人。

⑥ 审批决定。能够批准的，做出予以批准的书面决定；不能批准的，书面告知。

(3) 长沙市建设项目可行性研究报告审批的办理手续

① 审批对象：机关、事业单位、企业、社会组织。

② 审批依据：《国务院关于投资体制改革的决定》第三部分第 4 条。

③ 法定期限：20 个工作日。

④ 承诺期限：5 个工作日。

⑤ 审批条件

a. 符合国家法律法规。

b. 符合国民经济和社会发展规划、土地利用总体规划、城乡规划和专项规划。

c. 符合国家宏观调控政策。

d. 生态环境和自然文化遗产得到有效保护。

e. 未对公众利益，特别是项目建设地的公众利益产生重大不利影响。

⑥ 申请材料

a. 可研批复申请报告文件。

b. 项目法人的营业执照副本（或法人证书或项目法人组建文件）。

c. 具有相应咨询资质单位编制的可研报告及评估评估意见。

d. 城乡规划行政主管部门出具的选址意见书（仅指划拨方式提供国有土地使用权的项目）或规划设计要点。

e. 国土资源行政主管部门出具的用地预审意见（不涉及新增用地，在已批准的建设用地范围内进行改扩建的项目，可以不进行用地预审）或土地权属证明材料。

f. 环境保护行政主管部门出具的环境影响评价审批文件。

g. 节能审查机关出具的节能审查意见。

h. 根据有关法律法规的规定应当提交的其他文件。

⑦ 审批程序

a. 受理

ⅰ. 岗位责任人：市政务服务中心发改委窗口负责人。

ⅱ. 岗位职责与权限

● 申请材料齐全、符合受理条件要求，出具《非行政许可审批受理通知书》。

● 申请材料不齐全或者不符合法定形式的，当场一次性告知申请人需要补正的全部内容，对做出不予受理申请决定的，告知不予受理的理由。

ⅲ. 时限：1 个工作日。

b. 审查

ⅰ. 岗位责任人：市发改委对口处室承办人和处室负责人。

ⅱ. 岗位职责及权限

● 承办人按照审批条件对申请人提交的申请材料进行适法性和真实性审查，需要补正材料的，应在 1 个工作日内告知申请人需要补正的全部内容。

● 对符合审批条件的，提出初审意见，交处室负责人审核。

● 处室负责人对符合审批条件的提出处室同意意见，对不符合审批条件的提出不同意见及理由，报分管委领导审定。

ⅲ. 时限：2 个工作日。

c. 决定

ⅰ. 岗位责任人：市发改委对口处室分管委领导和常务副主任。

ⅱ. 岗位职责及权限

● 符合法定条件的，签发同意申请的批复。

● 不符合法定条件的，不予审批，并说明理由。

ⅲ. 时限：1个工作日。
d. 办结与告知
ⅰ. 岗位责任人：市政务服务中心发改委窗口负责人。
ⅱ. 岗位职责及权限
- 对审批程序的合法性进行确认。
- 及时准确告知、送达申办人员审核结果并在窗口公示。
- 对未通过审批而退回的资料，及时转给申办人并告知原因，告知申请人享有依法申请行政复议或提起行政诉讼的权利。
ⅲ. 时限：1个工作日。
⑧ 是否收费：不收费。

1.8.2 建设项目核准申请报告的编制与项目核准

根据《国务院关于投资体制改革的决定》，政府仅对重大项目和限制类项目从维护社会公共利益的角度进行核准（详见《政府核准的投资项目目录》）。对于实行核准的项目，建设单位仅需向发改委提交项目申请报告，不再经过批准项目建议书、可行性研究报告和开工报告的程序。

(1) 建设项目核准申请报告的编制

建设单位投资建设实行核准制的项目，应按国家有关要求编制项目申请报告，报送项目核准机关。项目申请报告主要包括以下内容。
① 项目申报单位情况。
② 拟建项目情况。
③ 建设用地与相关规划。
④ 资源利用和能源耗用分析。
⑤ 生态环境影响分析。
⑥ 经济和社会效果分析。

(2) 郑州市建设项目核准的办理手续

建设单位在办理项目核准手续时，除了向发改委报送项目申请报告之外，还应根据法律规定提供国土局出具的用地预审报告书、环保局出具的环境影响评价文件的审批意见等材料，由发改委审查通过后领取批复文件。下面是郑州市建设项目核准的办理手续。
① 许可事项：重大和限制类企业投资项目核准。
② 许可对象：法人和其他组织。
③ 许可条件
a. 申请人为具有独立民事责任能力的法人和其他组织。
b. 符合国民经济和社会发展规划，有利于经济、社会和环境的协调、可持续发展，有利于扩大就业，有利于经济结构优化。
c. 符合国家产业政策、发展建议规划、技术规范、环境保护、土地使用、资源利用、安全生产、城市规划和项目建设强制性标准等规定。
④ 申请材料
a. 项目核准申请报告，包括以下主要内容：项目申请单位基本情况；拟建项目基本情况；资源条件评价；节能和节水措施；生态和环境影响评价；国民经济评价；社会评价；招

投标情况。

b. 城市规划部门出具的规划审查意见。

c. 国土资源部门出具的项目用地初审意见。

d. 环境保护部门确认的环境影响初步分析报告。

e. 资信证明。

f. 其他有关材料。

⑤ 许可收费：不收费。

⑥ 许可期限：15个工作日。

⑦ 许可程序

a. 受理

ⅰ. 岗位责任人：市政务服务中心发改委窗口工作人员。

ⅱ. 岗位职责及权限：按照《行政许可法》第三十二条规定做出处理。

● 申请事项依法不需要取得行政许可的，应当及时告知申请人不受理。

● 申请事项依法不属于本行政机关职权范围的，应当及时做出不予受理的决定，并告知申请人向有关行政机关申请。

● 申请材料存在可以当场更正的错误的，应当允许申请人当场更正。

● 申请材料不齐全或者不符合法定形式的，应当当场或者在5日内一次告知申请人需要补正的全部内容，逾期不告知的，自收到申请材料之日起即为受理。

● 申请事项属于本行政机关职权范围，申请材料齐全，符合法定形式，或者申请人按照本行政机关的要求提交全部补正申请材料的，应当受理行政许可申请。

● 受理或者不予受理行政许可申请，应当出具加盖本行政机关专用印章和注明日期的书面凭证。

ⅲ. 时限：1个工作日。

b. 审查

ⅰ. 岗位责任人：市发改委各业务处工作人员。

ⅱ. 岗位职责及权限

● 按照许可条件对申请人提交的申请材料进行适法性和真实性审查。

● 对符合许可条件的，提出书面核准意见，交处室负责人审核。

ⅲ. 时限：5个工作日。

c. 决定

ⅰ. 岗位责任人：主管委领导。

ⅱ. 岗位职责及权限：根据核准的意见做出是否准予许可的决定。

● 符合法定条件、标准的，提出予以许可意见，做出行政许可决定。

● 不符合法定条件、标准的，不予许可，将申请材料退回窗口，并以书面形式说明理由。

ⅲ. 时限：5个工作日。

d. 颁证与告知

ⅰ. 岗位责任人：市发改委各业务处工作人员、市政务服务中心发改委窗口工作人员。

ⅱ. 岗位职责及权限

● 市发改委各业务处承办人制作许可证件或批文后交市政务服务中心发改委窗口。

● 市政务服务中心发改委窗口工作人员通知申请人领取许可证件或批文并办理有关手

续,并将许可结果在窗口公示。
- 窗口工作人员对不予许可的申请,书面说明理由,将申请材料退回申请人,并告知申请人享有依法申请行政复议或提起行政诉讼的权利。

ⅲ. 时限:4个工作日。

1.8.3 建设项目备案申请报告的编制与项目备案

除了《政府核准的投资项目目录》以外的不属于投资建设的项目,均实行备案制,由建设单位编制项目申请报告之后向当地发改委申请项目备案。

(1) 建设项目备案申请报告的编制

建设项目备案申请报告的主要内容如下。

① 企业基本情况、主要投资业绩。

② 项目基本情况:项目名称;拟选地址;建设内容;建设规模(生产规模);主要生产技术及产品名称;项目总投资额及投资计划。

③ 项目投资意愿及资本金筹措情况。

(2) 郑州市建设项目备案的办理手续

① 办事程序。申请人填写企业投资项目备案申请表→主管部门负责人审签→省投资主管部门审批→网上公示。

② 所需材料:企业投资项目备案申请表;委托书;身份证复印件;企业营业执照复印件;组织机构证复印件加盖公章;资质证书;成交确认书;土地出让合同;评估出的土地界址图;设计条件通知书。

③ 办理时限:15个工作日。

④ 办理地点:市发改委。

(3) 建设项目备案申请表范本

见本书电子文件。

1.9 《建设用地规划许可证》的办理

《建设用地规划许可证》是由规划局核发的确认建设项目位置和范围符合城市规划的法定凭证,载明了建设用地的位置、性质、规模、容积率以及建筑面积等内容,其附件包括建设用地红线图和规划条件。

建设单位在取得《选址意见书》(划拨土地)、《用地预审报告书》(划拨土地)、《国有土地使用权出让合同》(出让土地)以及建设项目审批、核准、备案文件等材料之后,可以到规划局申请《建设用地规划许可证》的办理。取得《建设用地规划许可证》是办理征地补偿手续和国土局同意批准用地的前提条件。

1.9.1 《建设用地规划许可证》的办理手续

(1) 郑州市《建设用地规划许可证》的办理手续

① 办事程序。建设项目的用地单位应按规定程序申请办理建设用地的规划审批手续,在取得建设用地规划许可证后,方可按程序办理以出让方式取得国有土地使用权、以划拨方

式取得国有土地使用权或征用集体土地的各项审批工作。

a.《建设用地规划许可证》办理的申请。用地单位需要办理《建设用地规划许可证》的，应向审批行政主管部门提交规定的申请文件、资料、填报建设项目审批申报表，提出审批申请。

b.《建设用地规划许可证》申请的受理

ⅰ.审批行政主管部门接受用地单位提交的申请文件、资料，对于符合要求的即时予以受理，制作建设用地规划许可证立案表。

ⅱ.行政主管部门接受用地单位提交的申请文件、资料，对于不符合要求的不予受理，将所需补齐补正的全部内容等相关情况告知用地单位。

c.《建设用地规划许可证》申请的审核

ⅰ.审批行政主管部门对用地单位提交的文件、资料，按照初审的标准进行初步审查。

ⅱ.审批行政主管部门根据初审意见及审核标准对用地单位提出的申请进行审核，对符合要求的制定《建设用地规划许可证》文稿，对不符合要求的终结审批。

d.《建设用地规划许可证》申请的审定

ⅰ.审批行政主管部门的相关主管人员根据审核意见及复审标准对用地单位提出的申请进行复审，做出同意或不同意的复审意见。

ⅱ.审批行政主管部门的相关主管人员根据复审意见及审定标准对用地单位提出的申请进行审定，做出同意或不同意的审定意见。

e.《建设用地规划许可证》申请的批准

ⅰ.审批行政主管部门对符合标准的办理申请制作《建设用地规划许可证》。

ⅱ.审批行政主管部门根据审批结论向用地单位核发《建设用地规划许可证》或《退件通知书》。

② 流程见图1-8。

③ 所需材料：申请书；营业执照；组织机构代码证；委托书；代理人身份证复印件；航测图（1∶500或1∶1000）；政府批准的相关文件；国有土地使用权出让合同；成交确认书；设计条件通知书；公示审批表；公示图片；建设用地规划许可证审批表；建设用地规划许可证申请表。

④ 办理时限：15个工作日（不含工作时间）。

⑤ 办理地点：郑州市城市规划局规划审批大厅——用地处。

（2）天津市《建设用地规划许可证》的办理手续

① 应具备的条件

a. 以出让方式供地

ⅰ.取得国有土地使用权出让合同。

ⅱ.取得建设项目批准、核准或备案文件。

b. 以划拨方式供地

ⅰ.取得选址意见书并审定修建性详细规划（含总平面设计方案）。

ⅱ.取得建设项目批准、核准或备案文件。

c. 以划拨方式供地和以出让方式供地以外（含临时用地）

ⅰ.取得规划条件，根据规划条件的审批意见办理。

ⅱ.取得建设项目批准、核准或备案文件。

图1-8 郑州市《建设用地规划许可证》的办理流程

ⅲ．审定的修建性详细规划（含总平面设计方案）。
② 应提交的全部申请材料
a．以出让方式供地
ⅰ．建设用地规划许可证申报表（建筑工程）。
ⅱ．国有土地使用权出让合同；涉及国有土地使用权转让的，提交转让合同。
ⅲ．建设项目批准，核准或备案文件。
ⅳ．申报单位（人）委托代理的，提交授权委托书及被委托人身份证复印件，同时交验原件。
ⅴ．其他需要提供的材料。
b．以划拨方式供地
ⅰ．建设用地规划许可证申报表（建筑工程）。
ⅱ．标明拟建项目用地范围的 1∶500、1∶2000 或 1∶10000 现势地形图 2 份和电子文件；核定用地图纸质文件和电子文件（包括 dwg 和 shp 两种格式）。
ⅲ．涉及占用农用地的提供建设用地预审文件或土地征转文件。
ⅳ．建设项目批准、核准或备案文件。
ⅴ．申报单位（人）委托代理的，提交授权委托书及被委托人身份证复印件，同时交验原件。
ⅵ．其他需要提供的材料。
c．以划拨方式供地和以出让方式供地以外（含临时用地）
ⅰ．建设用地规划许可证申报表（建筑工程）。
ⅱ．核定用地图纸质文件和电子文件（包括 dwg 和 shp 两种格式），标明拟建项目用地范围的 1∶500、1∶2000 或 1∶10000 现势地形图 2 份和电子文件。
ⅲ．建设项目批准、核准或备案文件。
ⅳ．申报单位（人）委托代理的，提交授权委托书及被委托人身份证复印件，同时交验原件。
ⅴ．其他需要提供材料。

1.9.2 《建设用地规划许可证》办理的注意事项

① 以出让方式取得国有土地使用权的建设项目，办理《建设用地规划许可证》的前提条件之一是根据《国有土地使用权出让合同》及有关土地出让金缴款证明。因涉及土地出让金巨大，应注意提前做好资金计划或是否可争取分期支付土地出让金。
② 核发的用地面积是总用地面积（包括净用地面积、道路面积、绿化面积）。所包含的市政道路用地及公共绿化用地虽不属于该地块国土证核发的权属用地范围，但属于该项目的建设用地范围，因此若有外单位出于修建公共交通等需要占用部分绿化用地的情况可要求对方给予补偿。
③ 该证的附件包括：建设用地规划红线图；规划设计条件。
④ 注意附加说明事项，防止在有效期内未申请用地导致该证自行失效。

1.10 土地勘测定界与征地补偿结案

1.10.1 土地勘测定界的办理手续

土地勘测定界是根据土地征收、征用、划拨、出让等的工作需要，实地界定土地适用范围、测定界止位置、调绘土地利用现状、计算用地面积，为国土资源管理部门用地审批和地籍管理等提供科学、准确的基础资料而进行的技术服务性工作。

建设单位在取得《建设用地规划许可证》后,在办理征地补偿手续之前,需要到国土局申请土地勘测定界。下面是广州市土地勘测定界的办理手续。

收件资料见表 1-2。

表 1-2 广州市办理土地勘测定界的收件资料

序号	资料名称	份数	是否原件	备注
1	勘测定界测绘申请书	1	原件	
2	《建设用地规划许可证》及附图,界址点坐标	1	复印件	提供原件核对
3	建设项目用地预审报告书及附图,界址点坐标	1	复印件	提供原件核对
4	《地籍调查土地登记审批表》及附图	1	复印件	
5	《集体土地所有证》及附图、坐标的电子文档	1	复印件	涉及集体土地的提供
6	权属界线指界图	1	原件	

办理费用见表 1-3。

表 1-3 广州市土地勘测定界的办理费用

费用名称	收费标准	收费依据
地籍测绘	1：2000 Ⅰ级 182037.48 元/km² Ⅱ级 227142.79 元/km² Ⅲ级 292223.77 元/km² 1：1000 Ⅰ级 204733.62 元/km² Ⅱ级 255367.63 元/km² Ⅲ级 328166.44 元/km² 1：500 Ⅰ级 227527.11 元/km² Ⅱ级 284264.50 元/km² Ⅲ级 372196.76 元/km²	国测财字[2002]3 号
建设用地拨地定桩测量	每宗(4 个桩)2594.32 元	国测财字[2002]3 号
1：500 地籍图蓝晒	65 元/幅	国测发[1993]082 号文
1：1000 地籍图蓝晒	92 元/幅	
1：2000 地籍图蓝晒	120 元/幅	

办理流程见图 1-9。

1.10.2 征地补偿结案的办理手续

如果建设项目选址用地为集体土地,建设单位在向国土局申请核发《建设用地批准书》之前,需要到国土局办理征地补偿结案手续,缴纳征地补偿费、征地管理费、耕地占用税等税费。

(1) 顺德市征地补偿结案的办理手续

① 征(使)用农村集体所有土地程序

a. 在被征(使)用土地所在地的村发布征(使)用地公告。

b. 市规划国土局、镇规划建设办公室会同被征(使)用地的村委会、股份社做好征

（使）用地补偿的调查、登记和核实工作。

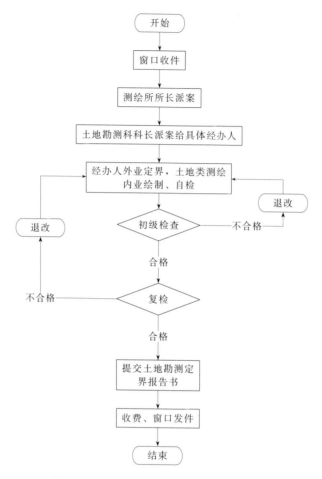

图 1-9 广州市土地勘测定界的办理流程

c. 市规划国土局、镇规划建设办公室根据调查登记核实的结果和规定的征（使）用地补偿标准，会同村委会、股份社和有关单位，拟订征地（使）用补偿安置方案，并在被征（使）用土地所在村予以公告，听取意见。

d. 市规划国土局将已公告和听取意见的征（使）用地补偿安置方案报市人民政府批准实施。

e. 市规划国土局或委托镇规划建设办公室与被征（使）用地的村委会或股份社签订征（使）用地补偿安置协议书，并按协议书规定兑现征（使）用地补偿费，交付土地。

② 农用地转用或征用经批准后，用地按下列项目和标准缴费

a. 新增建设用地土地有偿使用费：28 元/m^2。

b. 耕地开垦费：一般耕地 20 元/m^2（现时有用地指标的已减至 15 元/m^2，购买易地开垦指标的要缴 45.8 元/m^2），一级基本农田 40 元/m^2，二级基本农田 35 元/m^2。

c. 耕地占用税：8 元/m^2（集约工业区范围 4.1 元/m^2）。

d. 公路控制线两侧纵深，一级公路为 500m、二级公路为 400m、三级公路为 300m 范围内的公路建设附加费：30 元/m^2。

e. 征地管理费：按征地补偿费总额的 2.1% 计收。

f. 建设用地审批公告费：12000元/宗。

g. 减免被征土地农业税费，按征地补偿费总额的3.3%计收，由被征地单位负责缴交。

h. 位于集约工业区内的建设用地在办理用地手续后，按顺府办发〔2002〕33号文件"关于推行集约工业区建设的实施细则"内的收费标准进行缴费。

(2) 广州市征地补偿结案的办理手续

① 收件资料见表1-4。

表1-4　广州市办理征地补偿结案的收件资料

序号	资料名称	份数	是否原件	备注
1	申请办理结案手续的报告	1	原件	
2	《建设用地规划许可证》及附图	1	复印件	加盖单位公章,提供原件核对
3	建设用地预审报告书及附图	1	复印件	加盖单位公章,提供原件核对
4	《土地勘测定界技术报告书》	1	原件	
5	《征用土地公告》及现场相片	1	原件	
6	《关于办理农转用和征地批后实施手续的通知》	1	复印件	加盖单位公章,提供原件核对
7	征地补偿计算表及征地通知书附表	1	原件	
8	核减耕地通知书	1	原件	
9	缴交税费单据	1	复印件	加盖单位公章,提供原件核对
10	征地补偿登记表	1	复印件	需要经济联合社、村民委员会加盖公章确定

② 办理程序

a. 规划用地科凭市国土资源和房屋管理局发出的《关于办理农转用和征地批后实施手续的通知》，对拟征地经济联社开展征地调查。

b. 建设单位到市国土资源和房屋管理局领取《关于办理农转用和征地批后实施手续的通知》后，前来办理征地补偿登记手续，并对《征收土地公告》进行复核。

c. 建设单位填写《征地补偿计算表》、《征地通知书附表》，经核准，凭市国土资源和房屋管理局核发的缴款通知书向有关部门交纳相关税费。

d. 上述各项手续办理缴费完毕，由建设单位向市局申请核发《建设用地批准书》。

③ 收费标准

a. 费用名称：征地管理费。

b. 收费标准：征地补偿费总额1.4%～2.1%。

c. 收费依据

ⅰ.《转发关于取消和降低涉及住房建设收费的通知》，穗价〔2005〕5号，2002年1月8日。

ⅱ.《关于加强征地管理费征收使用管理工作的通知》，粤财农〔1996〕332号，1997年1月8日。

注：涉及征用农民集体土地的，在省国土资源厅下达批复前需向省缴纳此费用。余下80%在本市办理征地补偿手续时由区国土房管局收取。

④ 办理流程见图1-10。

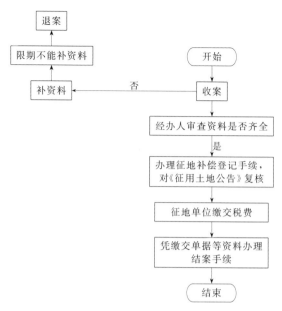

图 1-10 广州市征地补偿结案的办理流程

1.11 《建设用地批准书》的办理

《建设用地批准书》是建设项目建设期内使用土地和核发《国有土地使用证》的法律凭证，工程报建必须以取得《建设用地批准书》为前提。

对于以出让方式取得国有土地使用权的建设项目，在签订出让合同之后，由国土局向建设单位核发《建设用地批准书》；对于涉及征收集体土地的建设项目，需办理完征地补偿结案手续，并取得相关税费的缴纳票据后可以申请办理《建设用地批准书》。

1.11.1 《建设用地批准书》的办理手续

(1) 长沙市《建设用地批准书》的办理手续

① 审批对象：自然人、法人、其他组织。

② 实施机关：国土资源局各区县分局。

③ 收费依据及标准：不收费。

④ 办理时限：15个工作日。

⑤ 申请材料

a. 用地单位申请（原件）。

b. 申请人身份证明材料

ⅰ. 自然人：提交身份证（复印件）。

ⅱ. 企业法人：提交《企业法人营业执照》（复印件）和《组织机构代码证》（复印件）。

ⅲ. 非企业法人：提交《组织机构代码证》（复印件）；不具备独立非企业法人资格，提交其上级单位出具的书面授权证明（原件）和申请人的《组织机构代码证》（复印件）。

ⅳ. 法定代表人身份证明书（原件）。

ⅴ. 委托办理的，提交授权委托书（原件）和受托人的身份证（复印件）。

c. 划拨决定书或土地有偿使用合同（复印件）。

d. 工程进度计划（原件）。

e. 标注用地位置的1∶2000的地形图（原件）一式三份。

⑥ 审查内容：申报材料是否齐全、内容填写是否完整、数据是否准确一致；工程进度计划是否合理。

⑦ 审查标准

a. 申报材料齐全、有效，格式合乎要求，内容表达清楚，复印件加盖申请单位公章。

b. 工程进度计划合理。

c. 特殊情况、特殊问题已出具相关材料及说明。

⑧ 批准形式：《建设用地批准书》。

⑨ 有效时限：两年。

(2) 广州市《建设用地批准书》的办理手续

① 案件类型

a. 无《建设用地通知书》，仅涉及使用国有建设用地，用地批准权在市政府的案件。

b. 无《建设用地通知书》，涉及使用集体土地和农用地，经有批准权人民政府批准办理征收农民集体土地和农用地转为建设用地手续后，已办理征地（补偿）结案手续的案件。

c. 已取得《建设用地通知书》，征地拆迁已结案的案件。

d. 已取得《建设用地通知书》，仅涉及使用国有建设用地，用地单位申请在完成拆迁补偿安置工作前，先办理土地有偿（划拨）使用手续和《建设用地批准书》，再继续实施拆迁的案件。

e. 在历史用地范围内，申请使用国有建设用地进行新建、改建、扩建的案件。

f. 办理了土地有偿（划拨）使用手续但需办理《建设用地批准书》进行拆迁或建设的案件。

② 收件资料见表1-5。

表 1-5　广州市办理《建设用地批准书》的收件资料

序号	资料名称	资料来源	份数	备注	相关部门
1	申请表（原件）	我局网站下载或到窗口索取统一版本	2	(1)一份原件，一份复印件 (2)各单位盖公章	用地处 估价所 测绘所
2	法人资格证明（复印件）	技术监督局 工商局 建设委员会	2	(1)组织机构代码证 (2)企业法人同时提交经年审的工商企业营业执照 (3)房地产开发企业同时提交经年审的房地产开发资质证书 (4)项目公司需提供项目公司成立批文，中外合作项目需要提供外经贸局批文	用地处 估价所
3	法定代表人身份证明书和授权委托书（原件）	我局网站下载或到窗口索取统一版本	2	各单位盖公章	用地处 估价所
4	受委托代理人身份证明（复印件）		2		用地处 估价所
5	《建设用地规划许可证》及附图（复印件）	市规划局	2	第5类案可不提供	用地处 估价所 测绘所

续表

序号	资料名称	资料来源	份数	备注	相关部门
6	有效的规划批准文件及有关图纸(复印件)	市规划局	2	(1)规划设计要点及附图或《报建审核书》及附图或建设工程规划验收合格证及各层报建平面图、剖面图等 (2)上述资料视规划报批进度而定	用地处 估价所 测绘所
7	《建设用地通知书》或《关于办理建设用地手续的通知》、《关于配合办理农转用、征收土地批后实施手续的通知》及附图(复印件)	市国土房管局	2	第2、第3、第4类案需要提供	用地处 估价所 规划处 测绘所
8	核发的同意延期、分期(附图)或变更用地单位等函件(复印件)	市国土房管局	2	涉及延期分期变更用地单位的案需提供	用地处 估价所 规划处 测绘所
9	历史用地土地权属证明(复印件)	市国土房管局	2	(1)第5类案需提供。在办理《建设用地批准书》时我局将通知用地单位送权属证明原件进行注记 (2)历史用地土地权属证明是指《国有土地使用证》、《房地产证》、《土地权属证明书》、《同意使用土地通知书》、《建设用地批准书》等	用地处 估价所 测绘所
10	历史用地界址与申请界址套图结果(原件)、勘测定界报告书	市测绘所	2	第5类案需提供,如套图结果为申请使用范围在历史用地界址内可直接办理。如套图结果为申请使用范围超出历史用地界址的需办理《勘测定界报告书》。如《勘测定界报告书》表明超出部分为国有建设用地,用地审批权在市政府,其他的权属、地类均需要办理建设用地报批手续	用地处 估价所
11	有效的建设项目投资立项或备案或核准的文件备案	国家、省、市、市辖区项目投资管理部门	1	第1、第5类案需要提供	用地处
12	建设资金证明(原件)	银行或金融机构	1	(1)第1、第5类案需提供 (2)政府独资项目除外 (3)申请用地之日前1个月内出具的有效	用地处
13	建设项目用地预审报告书及附图(复印件)	市国土房管局	1	第1类案的需提供	用地处
14	闲置土地处置决定书(复印件)	市国土房管局	1	第3、第4类如超过用地批文的有效期,按《闲置土地处置决定书》要求在限期内补充办理建设用地手续的案需提供	用地处

续表

序号	资料名称	资料来源	份数	备注	相关部门
15	已描绘用地界址红线、贴附界址点坐标列表的蓝晒地籍图（原件）	市房地产测绘所	4	（1）比例尺同建设用地规划许可证附图 （2）市房地产测绘所编定用地方案号	用地处
16	征地或拆迁结案的函（原件）	区国土房管分局或市拆迁办	2	（1）第2、3类案中征收农民集体土地，已办妥征地补偿、农转非、缴纳征地有关税费的类型需提供征地结案函 （2）第3类案中旧城拆迁，已办妥拆迁补偿手续的类型需提供 （3）1份原件，1份复印件	用地处 规划处
17	征地补偿计算表、核减耕地通知书（原件）、征用土地通知书附表（复印件）	区国土房管分局	1	（1）第3类案需要提供 （2）涉及征收农民集体土地的项目需提供	用地处 规划处
18	已支付征地补偿款发票（复印件）、征地协议（原件）、被征收单位出具的已收齐全部征地补偿款的证明（原件）		1	（1）涉及征收农民集体土地的项目需提供 （2）已收齐全部征地补偿款的证明需注明具体金额 （3）区国土房管分局确认	用地处
19	缴纳征地管理费、耕地占用税、菜田建设费、土地垦复金（收缴土地垦复金通知单）的票据（复印件）	区国土房管分局、区税务局、市菜办、市国土房管局	1	涉及征收农民集体土地的需要提供	用地处 规划处
20	房屋拆迁补偿协议或房地产权属证明（复印件）	市国土房管局	2	（1）涉及房屋拆迁的需提供 （2）房屋拆迁补偿协议需经市拆迁管理办公室鉴证、盖章 （3）房地产权属证明指《房地产证》、《房屋所有权证》和《国有土地使用证》、《房地产权属证明》、《房地产权情况表》等房地产权属证明文件（任何一种）	估价所
21	《测量成果报告书》（复印件）	市房地产测绘所	2	工程已竣工验收完成实测的项目	估价所
22	军用土地补办手续许可证，转让协议及转让土地的四至图（复印件）	总后勤部	2	属军转民项目的需提供	估价所
23	广州市教育设施配套建设项目协议书（复印件）	教育部门	2	中小学、幼儿园建成后移交区教育局的需提供	估价所
24	国有土地出让合同或划拨用地的通知（复印件）	市国土局	2	第6类案提供	用地处 估价所
25	因宗案特殊情况，办理案件时必需的其他文件、证明材料			根据具体情况判断收取原件、复印件的份数	

③ 业务流程见图1-11。

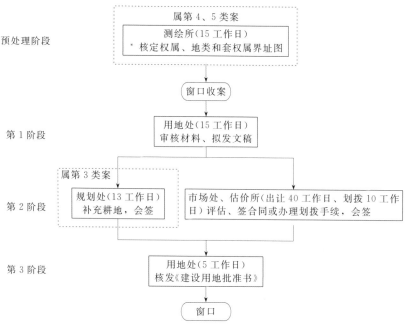

图 1-11 广州市《建设用地批准书》的办理流程

1.11.2 《建设用地批准书》办理的注意事项

① 《建设用地批准书》的使用期限视工程项目大小及建设期长短而定，一般为 2 年。应尽快办理工程报建和拆迁补偿安置等手续，批准建设工期内未办理手续且未申请延期，原批准用地机关可撤销原批准用地文件。

② 《建设用地批准书》附图与《建设用地规划许可证》附图相核对，若《建设用地批准书》核发的面积少于《建设用地规划许可证》的面积，除非是用地分期，应及时补办未核发面积的相关用地手续。

③ 通过招拍挂公开出让取得的土地，办理《建设用地批准书》时，需由市土地开发中心或国土局提供已征地拆迁结案的函。要特别注意，国土部门公开出让的土地，与国土局签订了《国有土地使用权出让合同》后，在缴交土地出让金之前，务必要到国土部门弄清该土地是否已全部完成征地拆迁结案，避免国土部门拿来出让的土地还存在着局部未完成征地或拆迁结案，给《建设用地批准书》的办理带来很大的麻烦甚至影响整个项目的开发报建计划。

④ 注意《建设用地批准书》的有效期及批准的建设工期，建设项目逾期施工的，注意要提前向发证机关申请延期。

1.12 《房屋拆迁许可证》的办理

在取得《建设用地批准书》之后，建设单位可以到国土局申请办理《房屋拆迁许可证》并进行拆迁，拆迁工作的完成是申请项目开工的必备条件之一。

(1) 广州市《房屋拆迁许可证》的办理手续

① 收件资料见表 1-6。

表1-6 广州市办理《房屋拆迁许可证》的收件资料

序号	资料名称	份数	是否原件	条件	备注
1	办理房屋拆迁许可证的书面申请	1	原件		申请单位加盖公章,说明申请原因、用地基本情况等
2	建设用地批准文件	1	复印件		提供原件核对
3	《建设用地规划许可证》	1	复印件		提供原件核对
4	规划设计要点	1	复印件		提供原件核对
5	项目立项批文和固定资产投资计划	1	复印件		提供原件核对
6	办理存款业务的金融机构出具的补偿安置资金专用账户的存款证明	1	原件		若属市政、公益项目提供资金来源证明
7	拆迁计划和拆迁方案	1	原件		空白表格需到市拆迁办领取或上网下载
8	拆迁范围地籍图	1	原件	若办理延期不需提供	1:500或1:2000蓝晒地籍图,标明门牌、地号,描绘红色用址界线(该图由广州市房地产测绘所绘制)
9	查房屋产权情况登记表	2	原件	若办理延期不需提供	空白表格可到市拆迁办领取或上网下载
10	拆迁范围内的在册户籍人员名单	1	原件		
11	产权自有未设定抵押权的补偿安置用房产权证明资料	1	复印件		提供原件核对
12	授权委托书	1	原件		申请单位加盖公章。1~2名代理人,明确委托内容、权限、期限
13	地形图	1	原件		作拆迁公告附图
14	委托拆迁合同	1	原件	需委托拆迁的	已办备案手续
15	历史用地的来源证明	1	复印件	补办历史用地手续案件	提供原件核对

② 收费标准

a. 费用名称:拆迁管理费。

b. 收费标准:拆迁管理费=房屋拆迁补偿安置费×(0.2%~0.4%)。

c. 收费依据:原国家计委、财政部计价[2001]585号、省物价局、财政厅粤价[2000]323号。

③ 办理流程见图1-12。

(2) 东莞市《房屋拆迁许可证》的办理手续

① 办事程序:申报→受理→核发。

② 提交材料

a. 房屋拆迁许可证、发布东莞市房屋拆迁公告申请表1份。

b. 建设项目批准文件复印件。

c. 建设用地规划许可证复印件1份。

d. 国有土地使用权批准文件复印件1份。

e. 拆迁计划和拆迁方案1份。

f. 办理存款业务的金融机构出具的拆迁补偿安置资金证明1份。

g. 产权自存,未设定抵押权的补偿安置房证明。

③ 承诺时限:20个工作日。

注：凡需提供复印件，需用 A4 纸复印并持原件来校对后，方能提交。

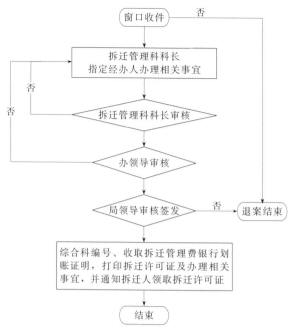

图 1-12　广州市《房屋拆迁许可证》办理流程

1.13　契税及土地出让金缴纳凭证与《国有土地使用证》的办理

以出让方式取得国有土地使用权的，在申请办理《国有土地使用证》之前，需按出让合同的规定缴纳土地出让金及契税等相关税费。

1.13.1　契税及土地出让金缴纳凭证的办理

契税及土地出让金的缴纳凭证是申请《国有土地使用证》的必备材料，建设单位在签订《国有土地使用权出让合同》之后，需持相应的材料到税务局办理土地契税完税证，到国土局办理付清土地出让金证明。下面是合肥市契税及土地出让金缴纳凭证办理的准备材料。

（1）办理契税完税证的准备材料

① 国有土地使用权出让合同（总办提供原件）。
② 招拍挂文件。
③ 纳税人相关证明（营业执照、组织代码证、法人身份证、经办人身份证）。
④ 国有土地成交确认书（总办提供原件）。
⑤ 其他需缴纳契税的情况及其需提供的材料。

（2）办理付清土地金证明的准备材料

① 国有土地使用权出让合同（含补充合同）。
② 国有土地成交确认书。
③ 出让金登记单（含教育配套费）。
④ 缴交土地出让金银行结算凭证回单联（如进账单）（财务提供）。

⑤ 土地契税完税证。
⑥ 住宅类用地需缴纳教育设施配套资金。
注：以上数据需成本复核。

1.13.2 《国有土地使用证》的办理

《国有土地使用证》是证明土地使用者使用国有土地的法律凭证。

以划拨方式取得国有建设用地使用权的，建设单位应当持县级以上人民政府的批准用地文件和国有土地划拨决定书等相关证明材料，申请划拨国有建设用地使用权初始登记。

以出让方式取得国有建设用地使用权的，建设单位应当在付清全部国有土地出让价款后，持国有建设用地使用权出让合同和土地出让价款缴纳凭证等相关证明材料，申请出让国有建设用地使用权初始登记。

(1) 郑州市《国有土地使用证》的办理手续

① 出让土地登记

a. 办事程序：土地登记申请→权属审核（询问当事人）→注册登记→核发证书。

b. 所需材料：土地登记申请书、申请表；企业法人营业执照、事业单位法人代表证书、、法人代表证明书、组织机构代码证（复印件）；委托办理的，提交土地登记委托书、法人代表身份证、受托人身份证（复印件）；《国有土地权出让合同》；出让金及契税缴纳凭证；用地批复；原土地使用证（补齐出让手续需提供）；宗地图；地籍调查材料。

以上注明为复印件的资料，均需向登记中心窗口交验原件，收取加盖公章的复印件。人民法院裁定补办出让手续的，如不能提供原土地使用证，需由执行法院提供刊登注销土地使用证公告报纸原件。

c. 办理时限：20个工作日。

② 划拨土地登记

a. 办事程序：土地登记申请→权属审核（询问当事人）→注册登记→核发证书。

b. 所需材料：土地登记申请书、申请表；企业法人营业执照、法人代表证明书、组织机构代码证（复印件）；委托办理的，提交土地登记委托书、法人代表身份证、受托人身份证（复印件）；供地方案批复；国有建设用地划拨决定书、承诺书；原土地使用证（回收划拨需提供）；契税缴纳凭证；宗地图；地籍调查材料。

以上注明为复印件的资料，据需向登记中心窗口交验原件，收取加盖公章的复印件。

c. 办理时限：20个工作日。

③ 转让土地登记

a. 办事程序：土地登记申请→权属审核（询问当事人）→注册登记→核发证书。

b. 所需材料：土地登记申请书、申请表（双方）；企业法人营业执照、法人代表证明书、组织机构代码证（双方复印件）；委托书办理的，提交土地登记委托书（双方）、法人代表身份证、受托人身份证（双方复印件）；转让合同；批准转让文件；原土地使用证；原出让合同；过户后的房屋所有权证书（涉及房产转让的）；契税及增值税缴纳凭证；宗地图；地籍调查材料。

以上注明为复印件的资料，据需向登记中心窗口交验原件，收取加盖公章的复印件。因人民法院、仲裁机构已经发生法律效力的法律文书而取得土地权利的，可单方申请登记。

c. 办理时限：20个工作日。

④ 用途变更登记

a. 办事程序：土地登记申请→权属审核（询问当事人）→注册登记→核发证书。

b. 所需材料：土地登记申请书、申请表；企业法人营业执照、法人代表证明书、组织机构代码证（复印件）；委托书；法人代表身份证、受托人身份证（复印件）；用途变更批准文件；原土地使用证；原出让合同（复印件）及补充合同；需补缴出让金的提供出让金缴纳票据；宗地图；地籍调查材料。

以上注明为复印件的资料，据需向登记中心窗口交验原件，收取加盖公章的复印件。

c. 办理时限：20 个工作日。

⑤ 土地使用权继承

a. 办事程序：土地登记申请→权属审核（询问当事人）→注册登记→核发证书。

b. 所需材料：土地登记申请书、申请表；继承公证书（继承）或遗嘱及公证书（受遗赠）；死亡证明；申请人身份证、户口本（复印件）；委托书、经办人身份证明（非申请人本人办理时提供）；原土地证；变更后的房屋所有权证；相关税票；宗地图；地籍调查资料。

以上注明为复印件的资料，据需向登记中心窗口交验原件，收取加盖公章的复印件。

c. 办理时限：20 个工作日。

⑥ 土地使用者更名（址）

a. 办事程序：土地登记申请→权属审核（询问当事人）→注册登记→核发证书。

b. 所需材料：土地登记申请书、申请表；企业法人营业执照、法人代表证明书、组织机构代码证（复印件）；委托书；法人代表身份证、受托人身份证（复印件）；原土地使用证；更名（址）批准文件；完税证明；宗地图；地籍调查材料。

以上注明为复印件的资料，据需向登记中心窗口交验原件，收取加盖公章的复印件。

c. 办理时限：20 个工作日。

⑦ 遗失补办土地使用证（他项权利证）

a. 办事程序：土地登记申请→权属审核（询问当事人）→注册登记→核发证书。

b. 所需材料：土地登记申请书、申请表；企业法人营业执照、法人代表证明书、组织机构代码证（复印件）；委托书；法人代表身份证、受托人身份证（复印件）；刊登遗失声明的报纸原件（本地市级以上报纸正规版面见报之日满 1 个月以上）；宗地图；地籍调查材料。

以上注明为复印件的资料，据需向登记中心窗口交验原件，收取加盖公章的复印件。

c. 办理时限：20 个工作日。

⑧ 分宗、合并土地登记

a. 办事程序：土地登记申请→权属审核（询问当事人）→注册登记→核发证书。

b. 所需材料：土地登记申请书、申请表；企业法人营业执照、法人代表证明书、组织机构代码证（复印件）；委托书；法人代表身份证、受托人身份证（复印件）；建设用地规划许可证（因规划调整分割）；房改文件（因城镇住房分割发证分割）；土地使用证；业主委员会书面意见（办理合格登记需提供），如无业主委员会，需由三分之二以上业主同意；宗地图；地籍调查材料。

以上注明为复印件的资料，据需向登记中心窗口交验原件，收取加盖公章的复印件。

c. 办理时限：20 个工作日。

(2) 广州市《国有土地使用证》的办理手续

① 收件资料见表 1-7。

表1-7　广州市办理《国有土地使用证》的收件资料

序号	资料名称	资料来源	份数	是否原件	备注
1	土地登记申请表	用地单位	1	原件	在市国土房管局三楼窗口索取表格或在局网站下载
2	办理土地使用权的报告	用地单位	1	原件	若用地有特殊情况,需提供报告说明
3	工商营业执照和组织机构代码证	用地单位	1	复印件	提供原件核对
4	法定代表人身份证明书及授权委托书	用地单位	各1	原件	授权委托书应有法定代表人签章,加盖公章,明确委托内容、权限、期限
5	法定代表人身份证和委托代理人身份证	用地单位	1	复印件	身份证包括:居民身份证、军官证、警官证、护照或其他身份证明,提供原件核对
6	《建设用地批准书》及红线附图	市国土房管局	1	复印件	需同时提交原件和复印件,附图要有各拐点的坐标值
7	《建设用地规划许可证》及红线附图	市规划局	1	复印件	提供原件核对
8	拆迁或征地结案证明	市拆迁办或区国土房管局	1	复印件	2004年1月1日前的只需提交复印件,2004年1月1日后的需提交原件核对
9	国有土地使用权出让合同	市国土房管局	1	复印件	提供原件核对
10	土地使用权出让金缴纳发票	市国土房管局	1	复印件	提供原件核对
11	土地契税完税证	市财政局	1	复印件	契税完税证第四联,提供原件核对
12	国有土地使用证附图	市房地产测绘所	2	原件	

② 办理部门:产权地籍处。
③ 办理时限:30个工作日。
④ 收费标准:登记费80元/宗,工本费10元/本。
⑤ 办理流程见图1-13。

(3)《国有土地使用证》办理的注意事项

①《国有土地使用证》核发的是净用地面积,在办理《国有土地使用证》附图绘制阶段,必须仔细核对用地坐标,保证城市道路、城市河涌、规划路绿化等面积准确扣除,其中小区内绿化不应该扣除。

② 股权转让或土地转让项目:应及时办理《国有土地使用证》的移交或过户。

③ 如所取得《国有土地使用证》为预登记的临时证照,应按规定办理变更,否则到期应办理延期手续。

④《国有土地使用证》核发的使用权面积是净用地面积、不含市政道路用地面积和公共绿地面积。

⑤ 为便于项目融资,一个用地面积较大的项目在办理国土证时,根据资金计划的要求能争取分证则尽量办理分证。如不能分期办理国土证,在土地抵押贷款环节应将国土证附图分成几块分别办理他项权利证,可分块分别在不同银行抵押贷款。

⑥ 在办理《国有土地使用证》前,应按出让合同约定缴清全部土地出让价款,不存在按出让价款缴纳比例分割发放国有建设用地使用权证书。

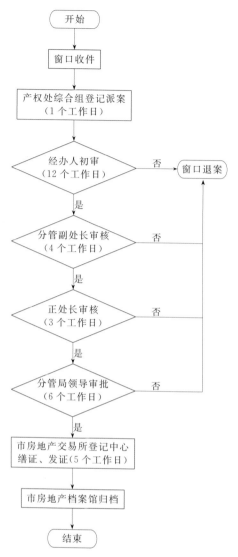

图 1-13 广州市《国有土地使用证》的办理流程

（4）土地登记申请表范本

见本书电子文件。

第2章 建设项目规划设计阶段工作指南

规划设计是项目建设的重要环节。在建设项目取得《选址意见书》（或规划设计条件，或签订《国有土地使用权出让合同》）后，建设单位即可组织进行项目的规划设计工作。

建设项目的设计工作主要包括设计工作的发包、规划方案设计、建筑方案设计、初步设计与施工图设计等。为取得《建设工程规划许可证》，建设单位需要完成建设工程设计招标核准与备案、建设工程设计方案审查、建设工程初步设计审查与概算审批、建设项目日照分析审查与地名命名的办理等，图2-1是上述各事项的报批报建流程。

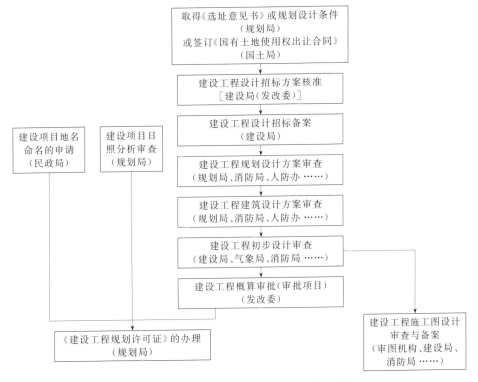

图 2-1　建设项目规划设计阶段报批报建流程

2.1　建设工程设计招标核准与备案

根据《建设工程勘察设计管理条例》，建设工程设计应当实行招标发包或直接发包，除了采用特定的专利或者专用技术的、建筑艺术造型有特殊要求的以及国家批准的其他建设工程可以采用直接发包外，其他的建设工程应当实行招标发包。

2.1.1 建设工程设计招标的范围与分类

(1) 建设工程设计招标的范围

需要进行设计招标的建设项目包括大型基础设施、公用事业等关系社会公共利益、公众安全的项目，全部或者部分使用国有资金投资或者国家融资的项目和使用国际组织或者外国政府贷款、援助资金的项目，其具体的内容如下。

① 关系社会公共利益、公众安全的基础设施项目

a. 煤炭、石油、天然气、电力、新能源等能源项目。

b. 铁路、公路、管道、水运、航空以及其他交通运输业等交通运输项目。

c. 邮政、电信枢纽、通信、信息网络等邮电通信项目。

d. 防洪、灌溉、排涝、引（供）水、滩涂治理、水土保持、水利枢纽等水利项目。

e. 道路、桥梁、地铁和轻轨交通、污水排放及处理、垃圾处理、地下管道、公共停车场等城市设施项目。

f. 生态环境保护项目。

g. 其他基础设施项目。

② 关系社会公共利益、公众安全的公用事业项目

a. 供水、供电、供气、供热等市政工程项目。

b. 科技、教育、文化等项目。

c. 体育、旅游等项目。

d. 卫生、社会福利等项目。

e. 商品住宅，包括经济适用住房。

f. 其他公用事业项目。

③ 使用国有资金投资项目的范围

a. 使用各级财政预算资金的项目。

b. 使用纳入财政管理的各种政府性专项建设基金的项目。

c. 使用国有企业事业单位自有资金，并且国有资产投资者实际拥有控制权的项目。

④ 国家融资项目

a. 使用国家发行债券所筹资金的项目。

b. 使用国家对外借款或者担保所筹资金的项目。

c. 使用国家政策性贷款的项目。

d. 国家授权投资主体融资的项目。

e. 国家特许的融资项目。

⑤ 使用国际组织或者外国政府资金的项目

a. 使用世界银行、亚洲开发银行等国际组织贷款资金的项目。

b. 使用外国政府及其机构贷款资金的项目。

c. 使用国际组织或者外国政府援助资金的项目。

(2) 建设工程设计招标的分类

建设工程按照其设计招标的方式可分为公开招标和邀请招标；按照招标的组织形式可分为自行招标和委托招标。

① 公开招标和邀请招标。公开招标是指招标人以招标公告的方式邀请不特定的法人或其他组织参与投标。

邀请招标是指招标人以投标邀请书的方式邀请特定的法人或者其他组织投标。

国务院发展计划部门确定的国家重点项目和省、自治区、直辖市人民政府确定的地方重点项目不适宜公开招标的，经国务院发展计划部门或者省、自治区、直辖市人民政府批准，可以进行邀请招标。

② 自行招标和委托招标。委托招标是指招标人自行选择招标代理机构，委托其办理招标事宜。

自行招标是指招标人具有编制招标文件和组织评标能力，自行办理招标事宜。

招标人自行办理招标招标事宜应当具备以下条件。

a. 具有项目法人资格（或者法人资格）。

b. 具有与招标项目规模和复杂程度相适应的工程技术、概预算、财务和工程管理等方面专业技术力量。

c. 有从事同类工程建设项目招标的经验。

d. 拥有 3 名以上取得招标职业资格的专职招标业务人员。

e. 熟悉和掌握招标投标法及有关法规规章。

招标人自行招标的，项目法人或者组建中的项目法人应当在国家发改委上报项目可行性研究报告或资金申请报告、项目申请报告时，一并报送符合法律规定的书面材料。

2.1.2 建设工程设计招标方案核准的办理手续

建设工程设计招标方案核准是指建设单位在组织招标之前，将其拟采取的招标方式（公开招标或邀请招标）、招标组织形式（自行招标或委托招标）等有关招标内容报当地建设局（发改委）核准。

（1）北京市建设工程设计招标方案核准的办理手续

① 办理依据：《北京市招标投标条例》。

② 收费标准及依据：本许可事项不收费。

③ 申请材料目录

a. 项目招标方案核准申请书及申报表。

b. 项目已经获得批准（核准）的有关批复文件（具有特殊情况拟提前招标的需提交有关说明材料）。

c. 项目单位的营业执照、法人证书或项目法人组建文件（复印件需加盖公章）。

d. 依法必须招标的项目拟不招标的，应当说明不招标的范围及理由，并提交相关证明材料。

e. 项目单位申请自行招标的，应当提交有关专业技术力量情况、内设的招标机构或专职招标业务人员的情况、能够证明具备招标经验的有关材料。

f. 项目单位拟邀请招标的，应当提交其公司章程或股权结构有关证明文件、项目建设资金来源的性质及相关证明材料。其中全部使用国有资金投资或者国有资金投资占控股或者主导地位的项目，以及国家和本市重点项目，还应当说明拟邀请招标的范围及理由，并提交相关证明材料。

④ 许可条件

a. 应申报的项目内容齐全，标段划分合理（依据《北京市招标投标条例》第五条）。

b. 依照国家规定需要履行项目审批（核准）手续的，已经取得批准（核准）[依据《北京市招标投标条例》第八条；《北京市工程建设项目招标方案核准办法》（京发改［2006］664号）第三条（一）]。

c. 依法必须招标的项目申请不招标的，符合不招标的条件[依据《北京市工程建设项目招标范围和规模标准规定》（市政府89号令）第十一条；《北京市工程建设项目招标方案核准办法》（京发改［2006］664号）第三条（二）、（三）]。

d. 依法应当公开招标的项目申请邀请招标的，符合邀请招标的条件[依据《北京市招标投标条例》第十一条，《北京市工程建设项目招标方案核准办法》（京发改［2006］664号）第三条（五）]。

e. 依法必须招标的项目，招标人申请自行招标的，应当具有编制招标文件和组织评标的能力，符合自行招标的条件[依据《北京市工程建设项目招标方案核准办法》（京发改［2006］664号）第三条（四）]。

⑤ 办理程序（含办理时限）

a. 接收。受理窗口统一接收项目单位提交的申请材料。

b. 补正。申请材料不齐全或者不符合法定形式的，应当当场或者在5日内一次告知申请人需要补正的全部内容。

c. 受理。申请材料齐全、符合规定形式的，当场受理；接收申请材料后逾期未告知补正的，自收到申请材料之日起即为受理。

d. 审查与决定。项目单位单独申报招标方案的，自受理之日起15个工作日内做出决定。15个工作日内不能做出决定的，经本机关负责人批准，可以延长10个工作日。项目单位将招标方案与可行性研究报告或资金申请报告、项目申请报告同时申报的，本机关在完成有关项目审批（核准）或初审工作的同时，完成招标方案的核准工作。

e. 送达。做出决定后5个工作日内送达申请人。

⑥ 许可决定

a. 申请人的申请符合法定条件、标准，同意核准的项目，项目核准机关应向项目申报单位出具项目核准文件。

b. 申请人的申请不符合法定条件、标准的，项目核准机关出具不予核准决定书，告知不予核准的决定及理由，并告知申请人依法享有申请行政复议或者提起行政诉讼的权利。

（2）重庆市建设工程设计招标方案核准的办理手续

① 设置依据：依据《建设工程勘察设计管理条例》（国务院令第293号）、《重庆市建设工程勘察设计管理条例》、《工程建设项目勘察设计招标投标办法》（八部委令第2号）。

② 办理事项：房屋建筑和市政工程勘察设计招标方式核准、招标情况备案办理。

③ 受理项目范围：包括以下房屋建筑和市政基础设施工程。

a. 大型市政基础设施工程、一级及以上公共建筑工程。

b. 全部或者部分使用国有资金投资或者国家融资的。

c. 使用国际组织或者外国政府贷款、援助资金的。

④ 提供资料目录

a. 招标方式核准：招标方式核准申请表，纸件、电子件各1份；投资行政主管部门的审批、核准或备案文件；规划选址意见通知书及附件；招标人其他有关材料。

b. 招标情况备案：招标情况报告。

⑤ 办理程序及时限

a. 招标方式核准

ⅰ. 申请：招标人在招标前，向市建设行政主管部门提出申请并提交相关材料。

ⅱ. 受理：市建委收到申请人提交的材料后向申请人出具申请材料接收凭证，并对申请材料进行审查。提交的申请材料不齐全或者不符合法定形式的，市建委向申请人出具补正材料通知书；材料齐全和符合法定形式的，市建委在 5 日内向申请人出具受理通知书。5 日内未提出补正要求的，自收到申报材料之日起即为受理。

ⅲ. 审查决定：市建委自受理之日起 15 个工作日内做出招标方式核准决定，发给《重庆市建设工程勘察设计招标方式核准通知书》。

b. 招标情况备案

ⅰ. 申请：申请人在确定中标人之日起 15 日内，提交备案材料。

ⅱ. 备案：申请材料符合规定的，市建设行政主管部门次日内予以备案；申请材料不符合规定的，市建设行政主管部门次日内一次告知需补正的全部内容。

⑥ 承办机构：市城乡建设委员会勘察设计处。

⑦ 申请人需提供资料的说明及要求

a. 招标人办理招标方式核准时"提交的其他资料"为申请人申请邀请招标或直接发包的理由说明及相关证明材料。

b. 招标情况报告应当包含以下内容：招标项目基本情况；投标人情况；评标委员会成员名单（评标委员会成员签字）；开标情况；评标标准和方法；废标情况；评标委员会推荐的经排序的中标候选人名单（评标委员会成员签字）；中标结果（附中标通知书）；未确定排名第一中标候选人为中标人的原因；其他需说明的问题。

（3）建设工程设计招标方案核准申请书范本

见本书电子文件。

（4）建设工程招标方案核准申请表范本

见本书电子文件。

2.1.3 建设工程设计招标备案的办理手续

建设单位自行组织设计招标的项目，需要在发布招标公告或发出招标邀请书之前，持设计招标方案核准意见书等相关材料到建设局备案；建设单位委托招标代理机构进行招标的项目，需要在签订委托合同之后，持委托代理合同等相关材料到建设局备案。

（1）北京市自行招标条件备案的办理手续

① 事项依据

a. 中华人民共和国招标投标法（中华人民共和国主席令第 21 号）。

b. 《中华人民共和国招标投标法实施条例》（国务院令第 613 号）。

c. 房屋建筑和市政基础设施工程施工招标投标管理办法（住房和城乡建设部令第 89 号）。

d. 《工程建设项目自行招标试行办法》（国家发改委令第 5 号）。

e. 《工程建设项目施工招标投标办法》（原国家计委等七部委 30 号令）。

② 办理时限：3 个工作日。

③ 收费标准：本事项不收费。

④ 办理机构：市或区县建设工程招标投标管理办公室。

⑤ 受理方式：网上填报、书面受理。

⑥ 申报材料见表2-1。

表2-1　北京市自行招标条件备案的申报材料

要　件		注意事项
投资项目管理部门核准招标方案时，申办人应提交以下材料	招标人自行招标条件备案表（一式两份）	(1)如实填写内容 (2)按要求加盖招标人公章
	投资项目管理部门关于建设项目审批、核准或备案文件及建设项目招标方案核准意见书即投资项目管理部门关于项目立项（代可行性研究报告）批复文件，或可行性研究报告批复文件，或资金申请报告批复文件，或项目申请报告核准文件，及其附件的复印件；建设项目招标方案核准意见书的复印件	
投资项目管理部门不再核准招标方案时，申办人应提交以下材料	招标人自行招标条件备案表（一式两份）	(1)如实填写内容 (2)按要求加盖招标人公章
	自行招标情况说明	
	自行招标条件证明材料，包括：具有项目法人资格（或法人资格）证明材料，从事同类项目招标经验证明材料，3名以上本单位的具有中级以上职称且熟悉和掌握招投标有关法规的工程技术经济人员名单（至少包括1名在本单位注册的造价工程师）及其资格证明材料。	

注：上述材料提交复印件的，复印件需加盖申请人印章并同时提交原件，原件核验后退回申请人。

(2) 北京市委托招标代理合同备案的办理手续

① 事项依据

a.《中华人民共和国招标投标法》（中华人民共和国主席令第21号）。

b.《中华人民共和国招标投标法实施条例》（国务院令第613号）。

c.《房屋建筑和市政基础设施工程施工招标投标管理办法》（建设部令第89号）。

d.《工程建设项目施工招标投标办法》（国家发改委等七部委30号令）。

e.《北京市招标投标条例》。

f.《北京市建设工程招标投标监督管理规定》（北京市政府令第122号）。

g.《北京市全面规范本市建筑市场进一步强化建设工程质量安全管理工作的意见》（京政办发［2011］46号）。

h.《关于进一步加强和规范建设工程招标投标工作的通知》（京建法［2011］12号）。

② 办理时限：即时办理。

③ 收费标准：本事项不收费。

④ 办理机构：市或区县建设工程招标投标管理办公室。

⑤ 受理方式：网上填报、书面受理。

⑥ 申报材料见表2-2。

表2-2　北京市委托招标代理合同备案的申报材料

要　件	注　意　事　项
招标人与招标代理机构签订的委托代理合同	(1)委托代理合同中应当载明项目负责人，项目负责人应当具有工程建设类注册执业资格，且对招标代理活动承担相应责任。 ①工程建设类注册执业资格包括注册建造师、注册造价师、注册监理工程师。 ②具备上述资格条件的人员不得在同一时期内担任6个及6个以上的招标代理项目（以委托代理合同为准）的项目负责人。 (2)委托代理合同中应当载明具体经办人的姓名，具体经办人应当根据委托代理合同的约定办理相关招标事项，其行为所导致的法律责任由项目负责人承担

续表

要 件	注 意 事 项
招标人与招标代理机构签订的委托代理合同	①经办人应当是招标代理机构经过建设行政主管部门培训,考核合格的本单位在职的从业人员 ②每份委托代理合同中可约定的经办人人数不超过3名
招标代理机构资格等级证书	资格证书应在有效期内,提交复印件的,复印件需加盖申请人印章
委托代理合同备案表	(1)如实填写内容 (2)按要求加盖公章
招标代理机构项目负责人的身份证明、在职证明材料及执业能力证明材料	(1)招标代理机构项目负责人工程建设类注册执业资格证书 (2)与招标代理机构签订的一年期以上劳动合同及缴纳社保证明
招标代理机构项目经办人的身份证明和在职证明材料	与招标代理机构签订的一年期以上劳动合同及缴纳社保证明
申办人的法人委托书	

注：上述材料提交复印件的，复印件需加盖申请人印章并同时提交原件，原件核验后退回申请人。

2.2 建设工程设计方案审查

建设工程方案设计是指由建设单位委托的设计单位根据设计要求和设计任务书的内容进行的方案设计文件（设计方案）的编制，一般可分为规划方案设计和建筑方案设计两个阶段。

在设计单位完成设计方案并经内部审查通过后，建设单位需要将设计方案报规划局审查，并根据具体项目的实际情况和当地政府主管部门的要求，报消防局、人防办、园林局、气象局、市政局、电力局、水利局、交通局、地震局和文物保护局等政府部门审查。

2.2.1 建设工程设计方案的内容与审查要点

(1) 建设工程设计方案的内容

建设工程设计方案包括以下3个部分。

① 设计说明书，包括各专业设计说明以及投资估算等内容；对于涉及建筑节能设计的专业，其设计说明应有建筑节能设计专门内容。

② 总平面图以及建筑设计图纸（若为城市区域供热或区域煤气调压站，应提供热能动力专业的设计图纸）。

③ 设计委托或设计合同中规定的透视图、鸟瞰图、模型等。

一些大型或重要的建筑，根据工程的需要可加做建筑模型。方案设计必须贯彻国家及地方有关工程建设的政策和法令，应符合国家现行的建筑工程建设标准、设计规范和制图标准以及确定投资的有关指标、定额和费用标准规定。

方案设计的内容和深度应符合有关规定的要求。方案设计一般应包括总平面、建筑、结构、给水排水、电气、采暖通风及空调、动力和投资估算等专业，除总平面和建筑专业应绘制图纸外，其他专业以设计说明简述设计内容，但当仅以设计说明还难以表达设计意图时，可以用设计简图进行表示。

(2) 建设工程设计方案的审查要点

建设工程设计方案规划局审查的要点一般包括：

① 退红线是否满足要求；
② 日照分析是否满足要求；
③ 物管及社区用房的位置及规模是否满足要求；
④ 配电房的位置、规模以及与住宅楼的间距是否满足要求，是否有供电局的书面意见；
⑤ 商业布局是否合理；
⑥ 机动车车位配比、非机动车车位配比是否满足要求；
⑦ 15%中低价商品房的位置、规模以及开发时间等，是否有房产局的书面意见；
⑧ 退河道是否满足相关要求，小区环路受不受退河道景观绿化带的限制；
⑨ 小区出入口设置是否合理；
⑩ 根据公建配套审查意见，是否已全部深化调整到位；
⑪ 其他如容积率、建筑密度、绿化率等经济技术指标是否满足规划要点要求；
⑫ 消防的防火间距、登高面、消防环道是否满足消防规范要求。

2.2.2 建设工程规划设计方案审查的办理手续

在建设用地规划许可阶段，建设单位就应组织设计单位编制规划设计方案（根据建设项目规模，可分为修建性详细规划和总平面规划方案），并将其提交给规划局审查。规划设计方案审查的主要内容包括计容积率、建筑面积、退缩、建筑高度、布局、出入口等。

（1）东莞市建设工程规划设计方案审查的办理手续

① 办事事项的决定机关：东莞市城乡规划局。

② 事项设立的依据：《中华人民共和国城乡规划法》第二十一条、第四十条。

③ 办事内容及申请条件：城市规划区内用地面积 30000m² 以上的建设项目，在办理建设用地规划许可阶段，需进行修建性详细规划（规划设计方案）报批。申请条件设计文件和图纸符合有关规范的要求，符合上层次城市规划。

④ 申报所需的材料

a. 修建性详细规划审批

● 《建设项目规划（建筑）方案申报表》1份。

● 现状地形图1份（比例1:500或1:1000）及全面反映该项目最新用地现状的照片[需在上报前一周内拍摄（附电子文件）]。

● 规划方案总平面图4份（项目所在地为莞城、东城、南城、万江、寮步、松山湖、虎门港、生态园的提供3份；1:500或1:1000的蓝图，设计单位盖出图章，镇街规划管理所初审后盖章确认，附电子文件）。

● 规划设计方案1本（项目所在地为莞城、东城、南城、万江、寮步、松山湖、虎门港、生态园的提供2本）（含修建性详细规划图纸、说明、建筑方案简单平面和立面、效果图，附电子文件）。

● 《建设用地规划许可证》及附件、附图的复印件各1份（查验原件）。

● 户型比例一览表（房地产项目需提供，附电子文件）。

● 经济技术指标申报表2份（需备案规整员签名及所属设计单位盖章，并附符合《东莞市城建规划局规划方案电子报批技术规定》的有关要求的规划方案电子报批文件）。

● 经东莞市地理信息与规划编制研究中心校核后的日照分析报告1份（涉及生活居住特征建筑需提供）。

- 经东莞市地理信息与规划编制研究中心校核合格的交通影响分析报告 1 份（大型建设项目需提供）。
- 该用地所在控制性详细规划的图则（标识项目红线范围，附电子文件）1 份和该图则的成果复印件 1 份（镇街规划管理所提供并盖章）。
- 提供国有土地使用权出让合同和国土批复。
- 特定项目应视情况提供相关部门（建设、消防、水利、交通、文物、经贸等）意见或规划选址评估报告、环境评估报告、交通评估报告等。
- 属重报项目，需提交意见回复，并提交前一次已审查方案和退件通知书。
- 所有经营性项目和社会投资及镇街财政投资的大型公共设施项目，均需提供经镇街党政领导班子会议讨论通过的会议纪要。
- 《建设项目现场踏勘情况记录表》、现场视频电子文档（镇规划管理部门提供，项目所在地为莞城、东城、南城、万江、寮步、松山湖、虎门港、生态园的不需提供）。

b. 调整修建性详细规划
- 《建设项目规划（建筑）方案申报表》1 份（需注明变更内容，如不够写可另附说明）。
- 规划方案总平面图 4 份（项目所在地为莞城、东城、南城、万江、寮步、松山湖、虎门港、生态园的需提供 3 份）（1∶500 或 1∶1000 的蓝图，设计单位盖出图章，镇街规划管理所初审后盖章确认，附电子文件）。
- 规划设计方案 1 本（项目所在地为莞城、东城、南城、万江、寮步、松山湖、虎门港、生态园的提供 2 本；含修建性详细规划图纸、说明、建筑方案简单平面和立面、效果图，附电子文件）。
- 《建设用地规划许可证》及附件、附图的复印件各 1 份（查验原件）。
- 该用地所在控制性详细规划的图则（标识项目红线范围，附电子文件）1 份和该图则的成果复印件 1 份（镇街规划管理所提供并盖章）。
- 经济技术指标申报表 2 份（需备案规整员签名及所属设计单位盖章，并附符合《东莞市城建规划局规划方案电子报批技术规定》的有关要求的规划方案电子报批文件）。
- 原已经审批通过的规划方案总平面图 2 份。
- 如变更内容经审查影响日照分析或交通影响分析的，需重新进行日照分析校核或交通影响分析校核。
- 《建设项目现场踏勘情况记录表》、现场视频电子文档（镇规划管理部门提供，项目所在地为莞城、东城、南城、万江、寮步、松山湖、虎门港、生态园的不需提供）。

注：凡需提供复印件，需用 A4 纸复印并持原件来校对后，方能提交。

⑤ 办理的程序：受理→承办→审批→批准→办结。

⑥ 受理时限：15 个工作日（不含市政府讨论时间）。

⑦ 申办对象：企业；机关团体。

(2) 广州市建设工程规划设计方案审查的办理手续

① 业务范围：建设项目（用地面积大于或者等于 10000m² 的，编制修建性详细规划；用地面积小于 10000m² 的，编制总平面规划方案）。

② 设定依据：《中华人民共和国城乡规划法》第四十条。《广东省城乡规划条例》第四十一条。《广州市城乡规划程序规定》第三十七条。

③ 应提交的材料见表 2-3。

表 2-3　广州市建设工程规划设计方案审查应提交的材料

序号	材料名称	形式及份数	规范化要求	材料来源
1	立案申请表	原件[1份]	—	申请人
2	申请函	原件[1份]	—	申请人
3	申请人身份证明	复印件[1份]	(1)申请人是自然人的,应当提交本人有效身份证明 (2)申请人是单位的,应当提交:①《中华人民共和国组织机构代码证》或其他有效证明文件,企业法人还应当提交《企业法人营业执照》;②法人法定代表人或其他组织主要负责人身份证明	申请人
4	授权委托书	原件[1份]	(1)有授权委托时应当提供本项资料,应当明确代理权限 (2)应由申请人签名或盖章	申请人
5	受委托代理人身份证明	复印件[1份]	有委托代理时应当提供本项,包括身份证、军官证、警官证、护照或其他身份证明	申请人
6	设计单位的资质证书	复印件[1份]	如图纸盖出图章可视为已提交	设计单位
7	显示或标注有拍照日期的多角度现场照片	原件[1份]	清晰	申请人
8	规划设计方案蓝图、规划说明书以及总平面规划彩图	原件[3份]	(1)总用地面积大于或等于1万平方米的应编制修建性详细规划,规划设计方案蓝图主要包括:①修建性详细规划总平面图;②总平面规划及绿地系统规划图;③道路交通系统规划与竖向规划图 (2)总用地面积小于1万平方米的应编制总平面规划方案,规划设计方案蓝图为一张图,包含总平面规划、绿地系统规划、道路交通系统规划和竖向规划等内容 (3)上述规划设计方案蓝图应绘制在1:500现状地形图上,用地面积在20ha以上(含本数)的,可以以1:2000现状地形图替代 (4)规划设计方案蓝图需在电子报批文件经修建性详细规划指标技术审查完毕后,由建设单位用经技术审查机构加密的电子报批文件晒图补交 (5)总平面规划彩图为A3幅面图纸	设计单位
9	规划设计方案电子报批文件	电子件[1份]	(1)规划设计方案电子报批文件应符合规划部门相关要求 (2)格式要求:使用AutoCAD2008或以下版本	设计单位
10	规划说明书以及总平面规划彩图电子文件	电子件[1份]	说明书为word2007版以下doc格式,总平面规划彩图为jpg格式(要求清晰)	设计单位
11	管线综合规划图,包括工程管线综合规划图、电力电信工程规划图、给水燃气工程规划图、雨水污水工程规划图	原件[3份]	总用地面积大于或等于2万平方米的项目需提供;如前期已取得供水、燃气、电力、电信、排水等专业管理部门的协调、审查书面意见的,应提供复印件	设计单位
12	《建设用地规划许可证》等有效的用地证明材料及规划条件和历次规划审批文件文号	复印件及扫描件[1份]或文证编号	规划条件应在有效期内;2006年之前批复的提供复印件及扫描件各一份,2006年及之后批复的提供文证编号	规划部门
13	规划条件及历次规划批复文件中要求取得的专业管理部门的意见	复印件[1份]	—	相关部门
14	供水排水、电力、燃气等生产经营企业的意见	复印件[1份]	涉及确定市政基础设施的规模和位置的,应当提供此项	相关企业

④ 办理期限：7个工作日。
⑤ 审批程序：受理→审查→现场踏勘→[特别程序：批前公示（直接关系他人重大利益的）、听证（必要时）]→决定。
⑥ 审批部门：广州市规划局及各分局。
⑦ 收费标准：不收费。
⑧ 流程见图2-2。

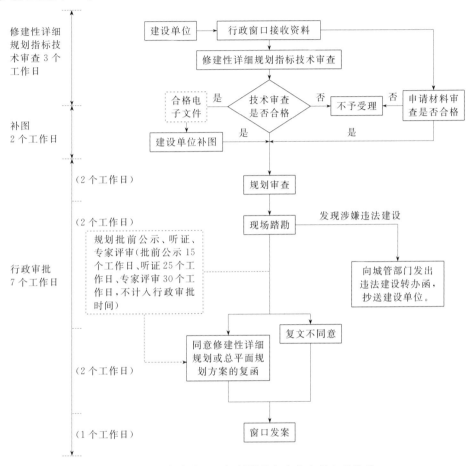

图2-2 广州市建设工程规划设计方案审查的办理流程

2.2.3 建设工程建筑设计方案审查的办理手续

建筑设计方案是在总平面规划的基础上进行的单体建筑的设计方案，建设单位需要将建筑设计方案（主要包括建筑平、立、剖面图纸、透视图、鸟瞰图等）报规划局审查。

（1）东莞市建设工程建筑设计方案审查的办理手续

① 办事事项的决定机关：东莞市城乡规划局。
② 事项设立的依据：《中华人民共和国城乡规划法》第四十条。
③ 办事内容及申请条件：凡在城市规划区内新建、扩建、改建各类建筑物、构筑物，需申领《建设工程规划许可证》后方可办理开工手续。申领《建设工程规划许可证》报批程序包括建筑设计方案审批及建筑施工图设计审批两个阶段。申请条件需符合规划设计条件、满足相关的技术规范要求；建筑造型和建筑立面与城市景观及周围环境相协调。

④ 申报所需的材料

a. 建筑设计方案审查

- 《建设项目规划（建筑）方案申报表》1份及建筑方案附表（双面打印）。
- 《建设用地规划许可证》及其附件、附图复印件各1份（查验原件，项目所在地为莞城、东城、南城、万江、寮步、松山湖、虎门港、生态园的提供规划用地红线图原件1份）。
- 建筑设计方案平、立剖面图纸3套（项目所在地为莞城、东城、南城、万江、寮步、松山湖、虎门港、生态园的提供2套；包括透视图套，较大的建筑群需提供鸟瞰图，在城市主干道或指定道路两侧的建筑方案需提供灯光夜景效果图，A3图幅；镇街规划管理所初审后盖章确认；附电子文件）。
- 提供经批准规划方案总平面图复印件1份（查验原件）。
- 经济技术指标申报表2份（需备案规整员签名及所属设计单位盖章，并附符合《东莞市城建规划局规划方案电子报批技术规定》的有关要求的建筑方案电子报批文件）。
- 属房地产项目的须提交经公安部门确认的《楼盘（幢）地址明细表》1份。
- 《建设项目现场踏勘情况记录表》、现场视频电子文档（镇规划管理部门提供，项目所在地为莞城、东城、南城、万江、寮步、松山湖、虎门港、生态园的不需提供）。
- 属重报项目，需提交意见回复，并提交前一次已审查方案和退件通知书。

（以下3项，如项目所在地为莞城、东城、南城、万江、寮步、松山湖、虎门港、生态园的提供。）

- 总平面图蓝图2份（附电子文件，电子文件应包括土地使用界线）。
- 对于住宅项目，需提交该住宅小区视频监控系统设置布局总平面1份。
- 国土批复文件1份（查验原件）。

b. 调整建筑设计方案

- 《建设项目规划（建筑）方案申报表》1份及建筑方案附表（双面打印，需注明变更内容，如不够写可另附说明）。
- 建筑设计方案平、立剖面图纸3套（项目所在地为莞城、东城、南城、万江、寮步、松山湖、虎门港、生态园的提供2套）(A3图幅；镇街规划管理所初审后盖章确认；附电子文件）。
- 经济技术指标申报表2份（需备案规整员签名及所属设计单位盖章，并附符合《东莞市城建规划局规划方案电子报批技术规定》的有关要求的建筑方案电子报批文件）。
- 提供经批准规划方案总平面图复印件1份（查验原件）。
- 原审批通过的建筑设计方案2套（项目所在地为莞城、东城、南城、万江、寮步、松山湖、虎门港、生态园的提供1套）。
- 《建设项目现场踏勘情况记录表》、现场视频电子文档（镇规划管理部门提供，项目所在地为莞城、东城、南城、万江、寮步、松山湖、虎门港、生态园的不需提供）。

注：凡需提供复印件，需用A4纸复印并持原件来校对后，方能提交。

⑤ 办理的程序：受理→承办→审批→批准→办结。

⑥ 受理时限：15个工作日（不含市政府讨论时间）。

⑦ 申办对象：企业；机关团体。

(2) 广州市建设工程建筑设计方案审查的办理手续

根据规划业务划分，临40m及40m以上规划路、临城市主干道或珠江两岸等城市市区主要地段内，需报送市规划局审批，其他建筑一般报送区规划分局进行审理。

① 报送区规划分局的案件

a. 准备资料

ⅰ. 申请表2份。

ⅱ. 市规划局批复的修建性详细规划方案批复（包括四图一书）或设计要点、规划设计条件（包括附图）复印件2份。

ⅲ.《建设用地规划许可证》及附图复印件2份。

ⅳ.《建设用地通知书》（包括附图）或《国有土地使用权出让合同》（包括附图）复印件2份。

ⅴ. 当年投资计划批文复印件2份。

ⅵ. 建筑设计方案图纸一式三份（需盖建设单位、设计单位、报建特许人、注册建筑师的章）。

ⅶ. 绘制在1∶200或1∶500城市统一坐标地形图上的总平面图一式三份。

b. 在每周一或周四的上午将资料报入区规划局收案窗口。

c. 由收案窗口转至区规划局建管科。

d. 区规划局建管科经办人审案出具基本意见。

e. 规划局市政处会审得出会审意见并经科长批复。

f. 区规划局主管领导批准。

g. 取得单体方案批复。

② 报送市规划局的案件

a. 准备资料

ⅰ. 立案申请表。

ⅱ. 已取得的规划设计条件和修建性详细规划批准文件。

ⅲ. 建筑设计方案（一式两份）。

ⅳ. 绘制在1∶2000～1∶500广州平面坐标和高程系统的现况地形图上的总平面图（一式两份）。

ⅴ. 设计单位的建筑设计资质许可文件（图纸盖资质章可视为提供）或单项建筑设计资质许可文件。

ⅵ. 电子磁盘报批文件。

ⅶ. 根据已批准的修建性详细规划直接申请建筑设计方案审查的，应提交《建设用地规划许可证》及附图文件（复印件）。

b. 在每周一或周四的上午将资料报入市规划局综合处窗口。

c. 在1个工作日内由收案窗口转至市规划局建管处。

d. 规划局市政处经办人审案出具基本意见。

e. 规划局市政处会审得出会审意见并经处长批复。

f. 规划局主管领导批准。

g. 取得单体方案批复。

③ 流程见图2-3。

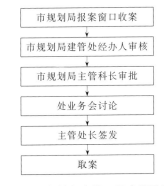

图2-3 广州市建设工程建筑设计方案审查的办理流程

2.2.4 建设工程设计方案审查的办理手续与注意事项

有些地区并没分开审查规划设计方案和建筑设计方案，而是其将合在一起报规划局审查。

（1）武汉市建设工程设计方案审查的办理手续

① 建设工程规划（建筑）方案技术审查办理手续见表 2-4。

表 2-4　建设工程规划（建筑）方案技术审查办理手续

审批事项名称	建设工程规划(建筑)方案技术审查	项目编号		申请方式	书面申请
审批部门	建筑与城市设计处	承办人		联系方式	
证/书名称		收费标准	不收费	办理时限	20个工作日
设立(收费)依据	(1)《中华人民共和国城乡规划法》 (2)《湖北省城乡规划条例》 (3)《武汉市城市规划条例》 (4)《武汉市城市建筑规划管理技术规定》				
受理条件	(1)新建、改建、扩建的建筑工程 (2)划拨类建设项目须明确规划用地范围并取得规划设计条件 (3)出让类建设项目须取得国有土地成交确认书 (4)成片开发项目分期办理的,应符合规划总平面蓝图 (5)设计单位资质或资格符合有关行业管理规定 (6)设计文件符合国家、省、市有关专业技术规范和规程				
申请人需要提交的材料及要求	申报材料如下 (1)《武汉市建设工程规划(建筑)设计方案审批申请表》 (2)1：500地形图(附规划控制"五线"资料) (3)规划(建筑)方案技术审查的相关资料(根据项目具体情况及特点,可能需要补充提供三维数字地图、效果图、交通评估,规划方案审定后需要进行面积指标校核) (4)在1：500地形图上绘制的总平面及建筑单体平、立、剖面图电子版及纸质蓝图(2套) (5)需要变动主体承重结构的改、扩建工程需提交原设计机构或具备同等的设计机构出具的结构鉴定报告 (6)其他相关资料 技术要求如下 (1)建设用地面积以上的住宅小区、城市重要地段(江边、湖边、山边及城市主要干道、风景保护区、历史风貌区等)的建筑、建筑面积以上的大型公共建筑等项目应当提交两个或两个以上不同设计单位设计的建筑规划方案 (2)方案设计文件图纸(总平面图、单体平、立、剖面)及电子文件,要求图纸签章齐全(设计院出图章和注册建筑师印章,且应在有效期内);建设单位名称应当与用地权属单位一致,图别应当与报建阶段一致,且应标注指北针及比例尺 (3)总平面图纸应当在包含城市规划道路红线的实测1：500地形图电子版上绘制(在1：2000地形图经缩放后绘制的总平面图纸市国土资源和规划局将不予受理) (4)规划方案总平面图纸应当标注规划设计条件中各类控制要素、规划道路红线及各类规划控制线("五线"及公共通道) (5)建筑基底及地下室范围线不得突破用地范围线 (6)用地范围线应当与经盖章核准的宗地图或供地附图一致 (7)建设性质及主要经济指标必须符合规划设计条件要求				
工作流程	方案初审→会议审查→方案初步认可→征求相关协审部门意见(→蓝图正式签批→批前公示→绘制核位红线图、坐标放线→缴纳相关费用→发证)				

② 建设工程规划（建筑）方案蓝图签批办理手续见表 2-5。

表 2-5　建设工程规划（建筑）方案蓝图签批办理手续

审批事项名称	建设工程规划（建筑）方案蓝图签批	项目编号		申请方式	书面申请
审批部门	建筑与城市设计处	承办人		联系方式	
证/书名称		收费标准	不收费	办理时限	10个工作日
设立(收费)依据	(1)《中华人民共和国城乡规划法》 (2)《湖北省城乡规划条例》 (3)《武汉市城市规划条例》 (4)《武汉市城市建筑规划管理技术规定》				
受理条件	(1)取得《建设用地规划许可证》（划拨类还需取得《选址意见书》） (2)面积指标校核无异议 (3)相关会议纪要精神已落实 (4)相关专业协审意见已落实				
申请人需要提交的材料及要求	(1)申请书 (2)相应深度的全套(建筑部分)蓝图				
工作流程	（方案初审→会议审查→方案初步认可→征求相关协审部门意见→蓝图正式签批→批前公示→绘制核位红线图、坐标放线→缴纳相关费用→发证）				

③ 建设工程规划（建筑）方案批前公示办理手续见表 2-6。

表 2-6　建设工程规划（建筑）方案批前公示办理手续

审批事项名称	建设工程规划（建筑）方案批前公示	项目编号		申请方式	书面申请
审批部门	建筑与城市设计处	承办人		联系方式	
证/书名称		收费标准	不收费	办理时限	8工作日
设立(收费)依据	(1)《中华人民共和国城乡规划法》 (2)《湖北省城乡规划条例》 (3)《武汉市城市规划条例》 (4)《武汉市城市建筑规划管理技术规定》				
受理条件	申报的蓝图及审批表签审完毕				
申请人需要提交的材料及要求	(1)总平面规划设计方案(标注主要控制尺寸) (2)主要立面效果图 (3)日照分析情况				
工作流程	（方案初审→会议审查→方案初步认可→征求相关协审部门意见→蓝图正式签批→)批前公示→绘制核位红线图、坐标放线(→缴纳相关费用→发证）				

④ 建筑设计方案报批

a．办事程序：申报→受理→上报→批复。

b．提交材料

ⅰ．《建筑设计方案申报表》1份。

ⅱ．申报项目的《技术指标及功能情况表》1份。

ⅲ．《建设用地规划许可证》复印件1份；规划用地红线图1份；《国有土地使用证》或国土局批复文件复印件1份。

ⅳ．建筑设计方案图纸（包括总平面图）2套（配电子文件）。

ⅴ．透视图1套；较大的建筑群需提供鸟瞰图；在城市主干道或指定道路两侧的建筑方案需提供灯光夜景效果图。

ⅵ．属房地产项目，需提交房地产立项文件。

ⅶ．属重报项目，需提交前一次已审查方案及批复文件。

ⅷ．经当地公安分局确认的《建设项目（幢）地址明细表》1份。

c. 承诺时限：15 个工作日（不含市政府论证时间）。

注：凡需提供复印件，需用 A4 纸复印并持原件来校对后，方能提交。

（2）三明市建设工程设计方案审查的办理手续

① 办理依据

a.《中华人民共和国城乡规划法》第四十条。

b.《福建省实施〈中华人民共和国城乡规划法〉办法》第三十七条。

② 收费标准及依据：不收费。

③ 申报条件：需办理建设工程设计方案（含总平面图）审查（含修改审查）的。

④ 申报材料

a. 建设工程设计方案（含总平面图）审查（建筑工程）

ⅰ. 建设工程设计方案（含总平面图）审查申请表。

ⅱ. 单位组织机构代码证复印件或个人身份证明复印件。

ⅲ. 建设项目法人授权委托书及受托人身份证明复印件。

ⅳ. 符合《建筑工程设计文件编制深度规定》要求的方案设计文本 3 份及同底电子文件光盘 1 份。

ⅴ. 涉及影响有日照需求的各类新建建设项目（如住宅、医疗卫生、文教等），应提供日照分析审查机构出具的《建设项目日照分析审核意见书》；需交通影响评价范围的项目，应提交该项目交通影响评价报告。

ⅵ. 方案经专家及部门评审的应提交专家评审意见及落实情况反馈表。

ⅶ. 规划设计条件要求提供的相关材料（如地质灾害评估报告）。

注：《建设工程设计方案（含总平面图）审查申请表》、《建设项目法人授权委托书》请下载后按格式填写；建设单位提交的复印件材料，应带原件并在复印件加注"与原件内容核对无误"字样，加盖单位印章。

b. 建设工程设计方案（含总平面图）审查（增设电梯）

ⅰ. 建设工程设计方案（含总平面图）审查申请表。

ⅱ. 单位组织机构代码证复印件或个人身份证明复印件。

ⅲ. 建设项目法人授权委托书及受托人身份证明复印件。

ⅳ. 原无电梯井住宅增设电梯应按照《物权法》第 76 条规定，经该梯号三分之二以上的业主住户同意并在"同意安装电梯承诺书"上签字。原住宅有电梯井在外另增设电梯，应按《关于原设计有电梯井的城市既有住宅增设电梯的实施意见》，经该梯号全体业主住户同意并在"同意安装电梯承诺书"上签字。

ⅴ. 建设单位应委托对住宅楼原有结构进行安全性检测鉴定，由房屋建筑结构安全检测鉴定单位出具检测鉴定报告。经检测鉴定，不存在结构安全隐患的，方可增设电梯。

ⅵ. 建设单位应提供原住宅建筑设计总平面图，分层平面图复印件 1 份；楼层业主房产证、土地证复印件 1 份。

ⅶ. 建设单位应委托住宅建筑原设计单位或不低于原设计单位资质等级的其他设计单位进行增设电梯方案设计，并提交符合《建筑工程设计文件编制深度规定》要求的方案设计文本 3 份及同底电子文件光盘 1 份。

ⅷ. 涉及影响有日照需求的各类新建建设项目（如住宅、医疗卫生、文教等），应提供日照分析审查机构出具的《建设项目日照分析审核意见书》。

注：《建设工程设计方案（含总平面图）审查申请表》、《建设项目法人授权委托书》请

下载后按格式填写；建设单位提交的复印件材料，应带原件并在复印件加注"与原件内容核对无误"字样，加盖单位印章。

c. 建设工程设计方案（含总平面图）修改审查

ⅰ. 建设工程设计方案（含总平面图）审查申请表。

ⅱ. 单位组织机构代码证复印件或个人身份证明复印件。

ⅲ. 建设项目法人授权委托书及受托人身份证明复印件。

ⅳ. 修改事由证明材料。

ⅴ. 原批准的规划设计方案复印件。

ⅵ. 符合《建筑工程设计文件编制深度规定》要求的方案设计文本 3 份及同底电子文件光盘 1 份。

ⅶ. 专家及部门评审的修改方案评审意见。

ⅷ. 已办理《建设工程规划许可证》的项目，应提交证书及附图复印件。

ⅸ. 总平面图修改的，涉及影响有日照需求的各类新建建设项目（如住宅、医疗卫生、文教等），应提供日照分析审查机构出具的《建设项目日照分析审核意见书》；需交通影响评价范围的项目，应提交该项目交通影响评价报告。

ⅹ. 原方案已征求专业主管部门意见的项目，应提交原专业主管部门对修改方案的审核意见。涉及相对人利益的应提交相对人意见。

ⅺ. 修改方案规划公示材料（包括现场公示图片及反馈意见）。

注：《建设工程设计方案（含总平面图）审查申请表》、《建设项目法人授权委托书》请下载后按格式填写；建设单位提交的复印件材料，应带原件并在复印件加注"与原件内容核对无误"字样，加盖单位印章。

⑤ 办理流程：受理初审→现场勘察、审查→审核→核准。

⑥ 办理时限：自受理之日起 10 个工作日。

⑦ 承办单位（部门）：三明市城乡规划局。

（3） 建设工程设计方案审查申请表范本

见本书电子文件。

（4） 建设工程设计方案审查的注意事项

① 建设单位取得规划设计条件之后，根据当地的开发报建流程争取与《建设用地规划许可证》同步办理。

② 在建设工程方案设计审查之前，建设单位应尽可能了解清楚当地规划部门对方案设计的审查依据和审查要求，争取协调规划管理科及设计院相关设计人员与规划部门方案设计审查重要经办人员提前沟通，充分了解哪些重要指标必须按规定报批，哪些指标有灵活性，以便于项目的方案设计能顺利通过审查，减少因报审方案不符合要求导致重新修改方案所耗费的时间。

③ 方案设计审查中总平面规划方案图审查应重点注意的事项

a. 所报规划方案的建筑和空间基本布局是否与规划部门的要求基本一致。

b. 综合技术经济指标是否符合规划设计要点及其他审查文件的强制性要求（主要指标包括规划总用地面积、总建筑面积、住宅建筑面积、公建配套面积、容积率、总建筑密度、居住户数、居住人口、绿地率、总停车数）。

c. 建筑高度、建筑间距和建筑红线退让道路边线是否满足最低审查要求。

d. 公建配套设施的设置当地规划部门有无特别要求，应尽可能争取少配公建配套设施或配备将来不需要移交的公配设施。

④ 方案设计审查阶段还要调查了解建设项目排水、煤气、垃圾处理等问题，以便于在设计方案审查阶段综合考虑及方便下一步审查。例如：雨水、污水怎么排放，是否要建污水处理站；周边市政道路有无通管道煤气，是否需要自建煤气瓶组站；生活垃圾怎么收集处理，是否要配垃圾压缩站。

⑤ 注意当地设计方案审查的一些特别要求。

2.2.5 建设工程设计方案专项审查

建设工程设计方案除了报规划局审查之外，还应根据项目的实际情况进行各专项审查，主要包括人防审查、园林绿化审查、消防审查、环保审查、交通影响审查等。

(1) 武汉市建设工程设计方案人防审查的办理手续

见表2-7。

表2-7 武汉市建设工程设计方案人防审查的办理手续

需要提供的资料	条件	主要内容	审批时限	
			普通项目	重大项目
实际修建防空地下室	(1)建筑规划方案 (2)规划(建筑)方案批准意见书或业务联系单 (3)地面各栋建筑的标准层面积及楼层列表 (4)人防总平面(方案)	(1)资料齐全 (2)人防政策性审批已通过 (3)符合同步修建防空地下室的规定	(1)同意人防总平面(方案) (2)初步确定人防工程建筑面积、防护级别、战时用途、防护单元数等	3个工作日	1个工作日
缴纳防空地下室易地建设费	(1)建筑规划方案 (2)规划(建筑)方案批准意见书或业务联系单 (3)地面各栋建筑的标准层面积及楼层列表		同意该项目作缴费处理		

(2) 中山市建设工程设计方案人防审查的办理手续

① 办理对象：修建防空地下室的建设单位或个人。

② 办理条件

a. 防空地下室建设标准

ⅰ. 新建10层以上或基础埋置深度3m以上的9层以下民用建筑，应当修建不少于地面首层建筑面积的防空地下室。

ⅱ. 新建9层以下且基础埋置深度小于3m的民用建筑，按地面总建筑面积的3%修建防空地下室。

ⅲ. 开发区、工业园区、保税区等除第ⅰ项规定以外的民用建筑，按照一次性规划地面总建筑面积的3%集中修建防空地下室。

ⅳ. 重要防护目标的公共建筑项目根据城市整体防护的需要，依照人防工程规划确定的规划功能一次性下达设计任务。

b. 符合《中山市结合民用建筑修建防空地下室规定》、《中山市人民防空专项规划(2011—2020)》、《城市居住区人民防空工程规划规范》(GB 50808—2013)和《人民防空地下室设计规范》(GB 50038—2005)等人防规定和规范的相关要求。

③ 所需材料

a. 中山市人民防空办公室业务申请表原件 1 份。

b. 防空地下室建筑设计方案一套原件 1 份。

c. 项目应建防空地下室面积统计表及项目分层面积统计表原件各 1 份（由设计院在人防办网站下载并按规划报建指标填写盖章）。

d. 申请人相关身份证明文件复印件 1 份（交验正本）。

e. 授权委托书 1 份原件 1 份（委托代理人办理业务需提交）。

④ 窗口办理流程。窗口接收资料进行缺项和内容初审，达到受理条件的送达业务科室办理，达不到受理条件的告知补正意见，办结后窗口通知领取批复文件。

⑤ 网上办理流程

a. 办事人登录网上办事大厅，选择"网上办事"栏目。

b. 办事人根据实际情况，从"个人办事"、"企业办事"、"部门服务"中查找自己所要办理的服务事项。

c. 办事人找到自己所要办理的服务事项以后，点击服务事项名称可查看该事项办事指南，点击"在线申办"则进行申请。

d. "在线申办"主要涵盖以下四个申报流程，依次是条件自检、表单提交、附件上传、完成申请。

ⅰ. 条件自检：主要是申办人根据自己的实际情况，填写自己的基本信息及自检办理该业务，所需要满足的条件和材料是否已符合。申办人需认真填写并仔细核实，避免由于条件不符或材料不齐等，导致该业务不能办理。

ⅱ. 表单提交：主要是申办人填写所要申办业务的一些相关情况信息，以便业务工作人员可以进行预审核。

ⅲ. 上传附件：对于有要求需要上传附件的服务事项，申办人应提交真实有效的附件，以便业务工作人员进行核对，确定是否符合受理条件。

ⅳ. 完成申请：申办人完成申请后，系统会自动生成业务流水号并以手机短信形式通知申办人。

ⅴ. 进度查询：申办人输入业务流水号可对申办业务进行进度查询。

⑥ 办理时限

a. 法定期限：20 个工作日。

b. 承诺期限：10 个工作日。

⑦ 办事窗口：中山市行政服务中心人防窗口。

⑧ 办理依据

a. 《中华人民共和国人民防空法》第二十二条"城市新建民用建筑，按照国家有关规定修建战时可用于防空的地下室。"

b. 《广东省实施〈中华人民共和国人民防空法〉办法》第九条"人民防空重点城市新建 10 层以上或基础埋置深度达 3m 以上的 9 层以下民用建筑，应建相应于首层建筑面积的防空地下室。其余的按国家和省的有关规定统一规划修建防空地下室。"

c. 《广东省人民政府 2012 年行政审批制度改革事项目录（第一批）》第 109 项。

d. 《城市居住区人民防空工程规划》（GB 50808—2013）。

(3) 武汉市建设工程设计方案园林绿化审查的办理手续

① 审批部门：市园林局。

② 办理时限：4个工作日。

③ 证/书名称：园林行政许可决定书。

④ 收费标准：绿地率不达标的收取绿化补偿费，标准为700元/m^2（按未达标的配套绿地差额面积收取；工业项目落地中，企业实行提前书面告知，并做出承诺，达到标准的予以免征）。

⑤ 设立（收费）依据

a.《城市绿化条例》（国务院令第100号），《武汉市城市绿化条例》。

b. 省物价局财政厅《关于公布降低部分省级行政事业性收费标准的通知》（鄂价费［2001］329号）。

⑥ 受理条件

a. 建设工程项目配套绿化用地所占该项目总用地面积的比例，应当按以下规定执行。

ⅰ．在建筑密度一区内的居住区（含居住区、小区、组团）不低于25%，其中公共绿地按居住人口规模人均不少于0.5m^2；在建筑密度二区内的居住区不低于30%，其中公共绿地按居住人口规模人均不少于0.8m^2；在建筑密度三区内的居住区不低于35%，其中公共绿地按居住人口规模人均不少于1m^2（居住人口规模按每户3.2人计算，建筑面积不大于50m^2的住宅按每户1人计算）。

ⅱ．商业中心、仓储不低于20%。

ⅲ．交通枢纽、工业企业不低于25%，其中产生有害气体及其他污染的工厂不低于30%，并设立宽度50m以上的防护林带。

ⅳ．学校、医院、科研机构、休疗养院所、机关团体、公共文化机构、部队等单位不低于35%。

ⅴ．园林景观道路不低于40%；宽度大于50m的道路不低于30%，宽度在40～50m的道路不低于25%，宽度小于40m的道路不低于20%。

因特殊情况，工程建设项目绿化用地面积达不到上述ⅱ、ⅲ、ⅳ项规定标准的，经市城市规划行政主管部门会同市城市绿化行政主管部门审核报市人民政府批准，可适当降低比例，但不低于规定标准的70%，并按所缺的绿化用地面积缴纳绿化补偿费。

b. 建设工程项目的绿地面积计算办法依据《武汉市建设工程项目配套绿化用地面积审核办法》（武政［2005］35号）。

c. 提交的材料齐全并符合要求。

⑦ 申请人需要提交的资料及要求

a. 申请表1份。

b. 该建设项目《法定代表人证明及委托书》1份（以上a、b项均为必须材料，空白表可在园林工作窗口索取或在市园林局网站下载，均应加盖有申请单位公章和法人签章。受理时收原件）。

c. 该建设项目经规划部门批准的《建设用地规划许可证》1份（必须材料，《建设用地规划许可证》包括登记信息、用地平面图及规划设计条件，受理时看原件，收扫描件）。

d. 总平面方案设计图3份（必须材料，经规划部门批准并加盖有方案审批印章，图中覆土绿化区域为闭合线和点状填充图形表示，绿地面积要有分区计算数据，属住宅项目其图中技术经济指标或设计说明内应含住户数；受理时看原件，收扫描件和dwg格式电子稿）。

e. 建筑红线核位图1份（必须材料，经规划部门批准并加盖其印章；如已核发《建设工程规划许可证》的还需提交许可证登记信息页，如正在办理《建设工程规划许可证》的，可办结后补交，受理时看原件，收扫描件和电子稿）。

f. 环保评估书及相关批复文件（工业项目必须材料，非工业项目不需此材料，受理时看原件，收扫描件）。

g. 该建设项目经国土部门批准的土地证 1 份（选择性材料，土地证包括登记信息页和宗地图；如土地证正在办理的，可申请时提交土地相关协议或出让合同，办结后补交土地证。受理时看原件，收扫描件）。

h. 建筑红线定位册 1 份（选择性材料，如正在办理红线定位册的，可办结后补交，受理时看原件，收扫描件）。

i. 建筑首层平面布置图（选择性材料，非住宅类建筑并外墙周边布置有绿地的项目必须材料，图中标注有门、窗及出入口位置和尺寸，加盖有规划部门及设计单位印章；受理时看原件，收扫描件和 dwg 格式电子稿）。

j. 可降低绿地率指标相关优惠政策文件（选择性材料；受理时看原件，收扫描件）。

⑧ 工作流程：受理→审核（现场勘察）→批准。

(4) 东莞市建设工程设计方案交通影响审查的办理手续

城市规划区内建筑面积达到《东莞市交通影响分析实施办法》规定的建设项目必须在规划方案报建阶段进行交通影响分析，并办理《交通影响分析评价报告审查意见书》。

① 办事程序：申报→受理→核发。

② 必备资料

a. 项目报建方案（配电子文件）。

b. 项目交通影响评价研究报告及相关图纸，并附报告光盘 1 份。

c. 交通量调查电子原始数据。

③ 审查内容

a. 项目研究范围和研究期限。

b. 研究区域交通量调查与分析。

c. 项目交通预测。

d. 项目交通影响分析。

e. 项目改进措施和方案。

f. 报告内容和深度。

④ 批准条件

a. 送审资料完整、准确。

b. 符合《东莞市交通影响分析实施办法》的要求。

c. 符合《东莞市建设项目交通影响评价技术标准》。

d. 结论合理、建议可行。

⑤ 办理程序

a. 窗口收件。

b. 编研中心交通规划室审查。

c. 发出《交通影响评价报告审查意见书》1 份。

⑥ 办理时限：5 个工作日。

(5) 重庆市建设工程规划设计方案各专项审查的办理手续

建设工程规划设计方案的审查，申请人需向各部门提交下列申请材料。

① 消防部门

a. 建筑工程消防设计申报表（原件1份，需加盖申请单位印章）。

b. 规划设计方案图说（原件2份，附电子文档，实测1：500现状地形蓝图上布置的总平面图；建筑各层平面图，主要立面图、剖面图，方案设计说明文本，其中包括消防篇）和单独的建设工程总平面布置图（原件1份，加盖图说专用章、注册建筑师职业章、设计单位行政印章）。

c. 设计单位消防自审小组自审意见书（原件1份）。

② 园林绿化部门

a. 建设工程规划设计方案图说（原件1份，附电子文档）。

b. 1：500绿化现状图（包括绿化现状、大树、古树等情况的说明）（原件1份）。

c. 建设工程项目配套绿化布置总平面图及说明（原件2份，附电子文档）。

注：占地8000m^2以上报市园林局审批。

③ 人防部门

a. 《民用建筑配套建设防空地下室申请书》（原件1份）。

b. 建设工程规划设计方案（原件1份，附电子文档）。

④ 环保部门

a. 在申请建设工程规划设计方案审查前，应完成以下工作。

ⅰ. 重庆市建设项目环境保护申报表及批复意见（告知是编制环境影响报告表还是环境影响报告书）。

ⅱ. 应由有资质的单位编制环境影响报告表或环境影响报告书，并经评估机构技术评估（技术评估报告）。

ⅲ. 环评中涉及水土保持评估的应做水土保持方案评估。

b. 环境影响评价文件审查

ⅰ. 《重庆市建设项目环境影响评价文件审批申请表》（原件2份）。

ⅱ. 有资质的单位编制的环境影响报告书或环境影响报告表（原件2份，附电子文档）。

ⅲ. 评估机构关于环境影响报告书或环境影响报告表的技术评估报告（原件1份）。

2.3 建设工程初步设计审查与概算审批

根据《建筑工程设计文件编制深度规定》，对于技术要求相对简单的民用建筑工程，经有关部门同意，且合同中没有做初步设计的约定，可在设计方案审查通过后进行施工图设计。而对于法律规定的需要进行初步设计的项目，在初步设计文件编制完成后，需要报建设局和消防局、人防办、气象局、园林局、市政局、环保局、卫生局、交通局等政府部门审查。

2.3.1 建设工程初步设计的审查条件与审查要点

（1）建设工程初步设计的审查条件

建设工程进行初步设计审查应具备下列条件。

① 具有经过审批机关同意的项目建议书或可行性研究报告批复，企业（含外资、合资）投资的项目具有经核准或备案的项目确认书。

② 具有市规划部门有关规划设计要点的批准文件。
③ 具有市土地部门出具的相关土地批准文件。
④ 具有环保、消防、人防、安全生产、卫生防疫等行政主管部门出具的相关批准文件。
⑤ 有符合要求的建设场地的工程地质勘察资料。
⑥ 有符合规定的《地震安全性评价报告》。
⑦ 有符合规定的由有设计资质的单位提供的全套初步设计文件。
⑧ 符合法律法规规定的其他文件。

(2) 建设工程初步设计的审查要点

① 初步设计的主要指标是否符合投资立项、城乡规划、国土资源、环境保护、消防、安全生产、卫生等行政主管部门的批复要求，设计单位是否严格执行有关行政主管部门的审批意见。

② 各有关专业工程技术规范和标准的执行情况，重点是工程建设强制性标准条文的执行情况。

③ 是否满足国家规定的有关初步设计阶段的深度要求。

④ 有关专业重大技术方案是否进行了技术经济分析比较，是否安全、可靠。

⑤ 初步设计文件是否满足编制施工招标文件、主要设备材料订货和编制施工图设计文件的需要。

⑥ 工程概算编制是否按照国家和广东省现行有关规定进行编制，深度是否满足要求。

⑦ 初步设计内容是否合理。主要包括：

a. 各有关专业设计是否符合经济美观、安全实用、保护环境的要求；

b. 工艺方案是否成熟、可靠，选用设备是否先进、合理，设计方案是否优化；

c. 是否有利于资源节约和综合利用土地、能源、水资源和材料；

d. 采用的新技术、新材料是否适用、可靠。

2.3.2 建设工程初步设计审查的办理手续

(1) 东莞市建设工程初步设计审查的办理手续

① 事项名称：市属大中型建设工程项目初步设计审查变更。

② 颁发的证件及有效期

a. 颁发的证件：由市建设局发出初步设计审查变更批复。

b. 证件有效期：无。

③ 设定依据

a.《广东省建设工程勘察设计管理条例》(省人大第74号公告)第十九条。

大中型建设工程项目初步设计文件编制完成后，建设单位应当按照项目隶属关系，向省或者地级以上市人民政府建设行政主管部门申请初步设计审查。

b.《广东省建设厅大中型建设工程初步设计审查管理办法》(粤建设字〔2008〕24号)。

④ 申请资料

a.《东莞市建筑工程初步设计审查申请表》，附：工程项目办理行政审批事项声明书。

注：东莞市建筑工程初步设计审查申请表可在"相关表格"下载，必须加盖建设单位公章、法人签名，工程项目办理行政审批事项声明书可在"相关表格"下载，必须加盖建设单位公章，所填写的项目名称、审批事项应与本次办理事项基本相符，所填写的经办人必须与现场递交资料的人员核对一致，否则不予受理。

b. 超限高层建筑抗震设防专项审查意见。

注：属于需进行超限高层建筑抗震设防专项审查的项目提供，收复印件核对原件。

c. 拟建建设场地的工程地质勘察报告。

注：可提交原件、复印件各1套，审查合格后复印件住建局留存，原件返还建设单位；根据东建技〔2009〕86号文的要求，2009年9月1日起，《工程勘察报告》需经施工图审查机构审查合格并加盖审查合格章。

d. 两套初步设计文件图纸，附：结构原始计算数据、图纸的电子文件1份。

注：可提交原件、复印件各1套，审查合格后复印件住建局留存，原件返还建设单位；应包括各设计专篇的说明书、图纸、设计概算，要求详见建质〔2008〕216号"关于印发《建筑工程设计文件编制深度规定》(2008年版)的通知"；初步设计文件必须加盖出图专用章及相应的注册师章，图纸尺寸可根据实际需要打印，但需装订成A3文本。

e. 项目立项批准文件。

注：即发展改革、外经贸等部门出具的项目建议书或可行性研究报告批复或项目确认书或相关项目立项资料，收复印件核对原件。

f. 规划、国土、环保、消防、人防、安全生产、卫生防疫等行政主管部门的批准文件。

注：以下资料收复印件核对原件。

ⅰ．《建设用地规划许可证》和用地红线、建筑红线、道路红线的规划建筑"三线图"。

ⅱ．经市规划局审定的总平面和单体方案图纸。

● 原则上只接受同一项目整体申报初步设计审查，如以组团或同期分别申报的，规划总平面及单体方案中必须有经市规划局批准的该组团或同期技术经济指标，其中应包含用地面积、建筑面积、计容建筑面积、容积率、建筑密度、绿地率等指标；其他各项申报资料也应与所申报初步设计审查项目相符（需一致或包含所报项目），否则不予行政许可。

● 2009年8月18日前已经审查同意的规划总图，加盖规划局公章或规划局相关科室业务章均有效，2009年8月18日起经审查同意的规划总图，必须加盖市规划局公章，单体方案应加盖市规划局相关科室的"同意报建"业务章，否则不予行政许可。

ⅲ．国有土地使用证。

ⅳ．地块涉及转性的项目还需提交经有关主管部门对土地改性的批复。

ⅴ．土地属拍卖的房地产开发项目还需提交土地拍卖书。

ⅵ．污水处理、垃圾处理、排水等可能对环境产生重大影响的项目需提交环评审批。

ⅶ．已办理消防、安全生产、卫生防疫等其他行政主管部门批准文件的，应提供相关批准文件（注：未办理的可在办理施工许可时提交）。

g. 本项目加盖住建局公章的勘察、设计《承接业务记录表》复印件。

⑤ 审批受理机构：市建设局。

⑥ 审批程序

a. 市住建局一楼办事大厅收验材料。对材料不齐全或者不符合法定形式的行政许可申请，即时做出《建设行政许可补正材料通知书》发送申请人，一次性告知申请人需澄清、补充的有关情况或文件，或对相关内容进行调整。对属于本局职权范围，材料（或补正材料）齐全、符合法定形式的行政许可申请，当场制作《建设行政许可受理通知书》，发送申请人。

b. 自收到齐全的材料之日起10个工作日内，由市住建局组织专家对初步设计文件进行技术审查，对设计符合要求的，出具技术审查报告，对有下列情形之一的，提出书面修改意见，并责令改正：

ⅰ. 设计依据不正确或不充分的；

ⅱ. 不符合国家和地方现行建设工程设计文件编制深度规定，有重要缺项的；

ⅲ. 不符合现行建设工程强制性标准，以及采用落后、淘汰技术、设备或材料等不符合现行技术产业政策和管理规定的；

ⅳ. 设计存在严重不合理问题的。

修改完成后应重新进行技术审查。

c. 自通过技术审查并收到技术审查报告之日起10个工作日内，由市住建局进行审查，符合条件的，市住建局发出行政许可批复；对违反国家基本建设程序的项目（如立项、国土、规划、环评手续不齐全），市住建局将做出不予建设行政许可的批复，并说明理由。

d. 发现申请人提交虚假资料或有违法违规行为的，市住建局将发出《不予建设行政许可决定书》，依法做出处理，并作为不良行为予以记录和向社会公示。

注：申请人对许可事项的办理意见有异议的，可依法向市人民政府（或省建设厅）申请行政复议或者向人民法院提起行政诉讼。

⑦ 审批时限：专家审查10个工作日，行政审批5个工作日。

⑧ 审批收费：不收费。

注：填报各项资料应确保完整、真实。

（2）广州市建设工程初步设计审查的办理手续

① 办理条件

a. 完成工程初步设计编制，且内容和深度满足国家有关规定和要求。

b. 提供的资料齐全，符合相关要求。

② 所需材料

a. 建设工程初步设计审查申请表（原件）。

b. 项目审批部门出具的项目立项批准文件（复印件，原件和复印件）。

c. 规划部门核发的

ⅰ.《建设用地规划许可证件》或建设项目选址意见书。

ⅱ. 关于修建性详细规划的复文或方案复函或《建设工程规划许可证》（复印件，原件和复印件）。

d. 国土部门的建设用地批准文件（复印件，原件和复印件）。

e. 勘察设计中标通知书（复印件，原件和复印件）。

f. 超限高层建筑抗震设防专项审查意见（复印件，原件和复印件）。

g. 消防、环境保护、民防、卫生防疫等行政主管部门的批准文件（复印件，原件和复印件）。

h. 财政、地铁、航空管制等相关部门意见（复印件，原件和复印件）。

i. 工程技术文件（含工程初步设计文件、工程勘察报告、地震安全性评价报告等）（原件）。

j. 法律、法规、规章规定的其他文件（复印件，原件和复印件）。

③ 窗口办理流程

a. 受理：申请人提交申请资料，窗口收案，打印受理决定通知书。

b. 审查：经办初审，处领导审核，委领导审批。

c. 决定：办公室编号发文，处内勤发案，窗口送案，申请人取案。

④ 网上办理流程：申请单位提交材料→市规划局收案→市建委审核→市建委批复→审批结果送达市规划局。

⑤ 办理时限：
a. 法定期限：20 个工作日。
b. 承诺期限：7 个工作日（不包括有关单位和专家审查时间）。
⑥ 办事窗口：市建委政务窗口。
⑦ 收费标准：不收费。

(3) 东莞市建设工程初步设计审查变更的办理手续
① 事项名称：市属大中型建设工程项目初步设计审查变更。
② 颁发的证件及有效期
a. 颁发的证件：由市建设局发出初步设计审查变更批复。
b. 证件有效期：无。
③ 审批类型及法律效力：日常管理。
④ 设定依据
a.《广东省建设工程勘察设计管理条例》（省人大第 74 号公告）第十九条大中型建设工程项目初步设计文件编制完成后，建设单位应当按照项目隶属关系，向省或者地级以上市人民政府建设行政主管部门申请初步设计审查。
b.《广东省建设厅大中型建设工程初步设计审查管理办法》（粤建设字〔2008〕24 号）第十四条。
⑤ 申请资料。以下各项资料，如首次办理初步设计审查批复时已提交且内容未发生改变的，本次变更申请可不重复提交；以下变更事项可一并办理，重复资料只需提交 1 份。
a. 建设工程经济技术指标变更。
注："经济技术指标"是指用地面积、建筑面积、容积率、建筑密度、绿地率等经市有关主管部门批准的指标。
ⅰ. 如原工程是在 2008 年 8 月 1 日后取得初步设计审查批复的，还需交回已加盖市建设局"初步设计方案已经审查"业务章的初步设计勘察、设计图纸。
ⅱ.《东莞市建设工程初步设计审查变更申请表（经济技术指标变更）》。
注：该表可在东莞建设网下载，必须加盖建设单位公章、法人签名，否则不予受理。
ⅲ. 变更后的拟建建设场地的工程地质勘察报告两套。
注：主体结构发生改变的需提供；审查合格后一份交建设局留存，一份返还建设单位；根据东建技〔2009〕86 号文的要求，2009 年 9 月 1 日起，《工程勘察报告》需经施工图审查机构审查合格并加盖审查合格章。
ⅳ. 变更后的初步设计图纸两套及电子文件 1 份，结构原始计算数据电子文件 1 份。
注：初步设计图纸审查合格后 1 套建设局留存，1 套返还建设单位；应提交变更内容所涉及的各专业设计专篇说明书、图纸、设计概算，设计要求详见建质〔2008〕216 号"关于印发《建筑工程设计文件编制深度规定》（2008 年版）的通知"；初步设计文件必须加盖出图专用章及相应的注册师章，图纸尺寸可根据实际需要打印，但需装订成 A3 文本。
ⅴ. 如涉及规划、环保、消防、人防等行政主管部门批准文件的变更，还应提交变更后的批准文件（均为收复印件核对原件）。
● 变更后的《建设用地规划许可证》、《建设工程规划许可证》。
● 经市规划局审定的变更后的总平面图，加盖市规划局相关科室的"同意报建"业务章的变更后的单体方案图纸（含设计说明及指标）。
● 变更后的环评审批。

注：污水处理、垃圾处理、排水等可能对环境产生重大影响的项目需提供。
● 消防、人防等其他行政主管部门批准文件有变更的，应提供变更后的相关批准文件。
注：也可在办理施工许可时提交。
ⅵ．如设计修改并非由原勘察、设计单位承担，还需提交新的勘察、设计单位的《承接业务记录表》复印件。
ⅶ．原已领取的《大中型建设工程初步设计审查批复》原件。
b. 工程名称变更
ⅰ．《东莞市建设工程初步设计审查变更申请表（工程名称，建设单位变更及其他变更）》。
注：该表可在东莞建设网下载，必须加盖建设单位公章、法人签名，否则不予受理。
ⅱ．发改部门出具的工程名称变更批复文件（收复印件核对原件）。
ⅲ．变更后的《建设用地规划许可证》及《建设工程规划许可证》（均为收复印件核对原件）。
ⅳ．原已领取的《大中型建设工程初步设计审查批复》原件。
c. 建设单位变更
ⅰ．《东莞市建设工程初步设计审查变更申请表（工程名称，建设单位变更及其他变更）》。
注：该表可在东莞建设网下载，必须加盖建设单位公章、法人签名，否则不予受理。
ⅱ．发改部门出具的建设单位变更批复文件（收复印件核对原件）。
ⅲ．变更后的《建设用地规划许可证》及《建设工程规划许可证》（均为收复印件核对原件）。
ⅳ．原已领取的《大中型建设工程初步设计审查批复》原件。
d. 初步设计审查批复遗失补发
ⅰ．《东莞市建设工程初步设计审查批复遗失补发申请表》。
注：该表可在东莞建设网下载，必须加盖建设单位公章、法人签名，否则不予受理。
ⅱ．提交已在《东莞日报》刊登超过1个月的遗失声明（报纸原件）。
e. 其他情况变更
ⅰ．《东莞市建设工程初步设计审查变更申请表（工程名称，建设单位变更及其他变更）》。
注：该表可在东莞建设网下载，必须加盖建设单位公章、法人签名，否则不予受理。
ⅱ．相关证明材料。
ⅲ．原已领取的《大中型建设工程初步设计审查批复》原件。
⑥ 审批受理机构：市建设局。
⑦ 审批程序
a. 市建设局一楼办事大厅收验材料。对材料不齐全或者不符合法定形式的行政许可申请，即时做出《建设行政许可补正材料通知书》发送申请人，一次性告知申请人需澄清、补充的有关情况或文件，或对相关内容进行调整。
b. 对办理"建设工程经济技术指标变更"的，自收到齐全的材料之日起10个工作日内，由市建设局组织专家对变更后的初步设计文件进行技术审查，对设计符合要求的，出具技术审查报告。对有下列情形之一的，提出书面修改意见，并责令改正：
ⅰ．设计依据不正确或不充分的；
ⅱ．不符合国家和地方现行建设工程设计文件编制深度规定，有重要缺项的；
ⅲ．不符合现行建设工程强制性标准及相关节能设计要求，以及采用落后、淘汰技术、设备或材料等不符合现行技术产业政策和管理规定的；

ⅳ．设计存在严重不合理问题的。

修改完成后应重新进行技术审查。

自通过技术审查并收到技术审查报告之日起 5 个工作日内，由市建设局进行审查，符合条件的，市建设局发出行政许可批复；对违反国家基本建设程序的项目（如规划、环评变更手续不齐全的），市建设局将做出不予建设行政许可的批复，并说明理由。

c. 对办理其他事项变更的，自收到齐全的材料之日起 5 个工作日内，由市建设局进行审查，符合条件的，市建设局发出行政许可批复；对违反国家基本建设程序的项目（如规划、环评变更手续不齐全的），市建设局将做出不予建设行政许可的批复，并说明理由。

d. 发现申请人提交虚假资料或有违法违规行为的，市建设局将发出《不予建设行政许可决定书》，依法做出处理，并作为不良行为予以记录和向社会公示。

注：申请人对许可事项的办理意见有异议的，可依法向市人民政府（或省建设厅）申请行政复议或者向人民法院提起行政诉讼。

⑧ 审批时限。

a. 建设工程经济技术指标变更：专家审查 10 个工作日，行政审批 5 个工作日。

b. 其他事项变更：行政审批 5 个工作日。

⑨ 审批收费：不收费。

注：填报各项资料应确保完整、真实。

（4）建设工程初步设计审查申请表范本

见本书电子文件。

2.3.3 建设工程初步设计专项审查的办理手续

建设工程初步设计除了报建设局审查之外，还应根据项目的具体情况进行各专项的审查，主要包括抗震设防审查、消防审查、园林绿化审查、人防审查等。

（1）东莞市建设工程抗震设防审查的办理手续

① 事项名称：超限高层建筑工程抗震设防专项审查。

② 颁发的证件及有效期

a. 颁发的证件：由市住建局发出超限高层建筑工程抗震设防专项审查批复。

b. 证件有效期：无。

③ 审批类型及法律效力：行政许可。

④ 设定依据

a.《国务院对确需保留的行政审批项目设定行政许可的决定》（国务院令第 412 号）。

b.《广东省建设厅委托实施行政许可项目》（广东省人民政府令第 128 号）。

c. 省建设厅《关于做好委托实施行政许可工作的通知》（粤建法字［2009］34 号）。

d.《超限高层建筑工程抗震设防管理规定》（住房和城乡建设部令第 111 号）。

e. 住建部关于印发《超限高层建筑工程抗震设防专项审查技术要点》的通知（建质［2010］109 号）。

f. 省住建厅《关于印发〈广东省超限高层建筑工程抗震设防专项审查实施细则〉的通知》（粤建市函［2011］580 号）。

g.《关于加强超限高层建筑工程抗震设防审查技术把关的建议》（全国超限高层建筑工

程抗震设防审查专家委员会办公室文件）。

h.《广东省住房和城乡建设厅关于贯彻落实省政府令第 169 号的实施意见》（粤建法函 [2012] 669 号）。

i. 省住建厅《关于下放超限高层建筑工程抗震设防专项审查审批工作的通知》（粤建市函 [2012] 622 号）。

⑤ 审批条件。下列建设工程属于超限高层建筑工程，应当办理超限高层建筑工程抗震设防专项审查。

a. 房屋高度超过规定，包括超过《建筑抗震设计规范》（以下简称《抗震规范》）第 6 章现浇钢筋混凝土结构和第 8 章钢结构适用的最大高度，超过《高层建筑混凝土结构工程技术规程》（以下简称《高层混凝土结构规程》）第 7 章中有较多短肢墙的剪力墙结构、第 10 章错层结构和第 11 章混合结构最大适用高度的高层建筑工程。

b. 房屋高度不超过规定，但建筑结构布置属于《抗震规范》、《高层混凝土结构规程》规定的特别不规则的高层建筑工程。

c. 高度大于 24m 且屋盖结构超出《网架结构设计与施工规程》和《网壳结构技术规程》规定的常用形式的大型公共建筑工程（暂不含膜结构）。

超限高层建筑工程的主要范围参见《广东省超限高层建筑工程抗震设防专项审查实施细则》（粤建市函 [2011] 580 号）。

⑥ 申请资料

a. 申请技术审查，提交以下资料。

ⅰ. 建筑工程抗震设防专项审查表，附：工程项目办理行政审批事项声明书。

注：建筑工程抗震设防专项审查表必须加盖建设单位公章、法人签名，工程项目办理行政审批事项声明书可在"相关表格"下载，必须加盖建设单位公章，所填写的项目名称、审批事项应与本次办理事项基本相符，所填写的经办人必须与现场递交资料的人员核对一致，否则不予受理。

ⅱ. 建筑结构工程超限设计的可行性论证报告。

ⅲ. 建设项目的岩土工程勘察报告（含场地地震安全性评价报告）。

ⅳ. 结构工程初步设计计算书（主要结果）。

ⅴ. 结构抗震薄弱部位的分析和相应措施（主要结果）。

ⅵ. 达到初步设计深度的图纸（建筑和结构部分）及其设计说明。

ⅶ. 当参考使用国外有关抗震设计标准、工程实例和震害资料及计算机程序时，应提供理由和相应的说明。

ⅷ. 进行模型抗震性能试验研究的结构工程，应提交抗震试验研究报告。

ⅸ.《建设用地规划许可证》和用地红线、建筑红线、道路红线的规划建筑"三线图"。

ⅹ. 经市规划局审定的总平面和单体方案图纸（含设计说明及指标，加盖市规划局相关科室的"同意报建"业务章）。

b. 申请行政批复，提交以下资料。

ⅰ. 超限高层建筑工程抗震设防专项审查会议纪要。

ⅱ. 根据专项审查意见修改、补充和完善后的初步设计文件及计算资料。

注：以上 a 第ⅰ～ⅷ及 b 第ⅱ项申请资料提供原件，a 第ⅸ、ⅹ及 b 第ⅰ项提供复印件，核对原件。

⑦ 审批受理机构：市住建局。

⑧ 审批程序

a. 技术审查。建设单位向市住建局提交⑥中 a 项申报材料,资料符合要求的,市住建局从广东省超限高层建筑工程抗震设防审查专家委员会中抽取专家组成项目审查专家组,组织该召开抗震设防专项审查会,会议由专家组组长主持,专家研究、讨论并现场形成书面审查意见。资料不符合要求的,建设单位按审查意见修改、完善后重新提交申报材料进行技术审查。

b. 行政批复

ⅰ. 市住建局一楼办事大厅窗口收验材料。

对材料不齐全或者不符合法定形式的行政许可申请,当场做出《行政许可补正材料通知书》发送申请人,一次性告知申请人需澄清、补充的有关情况或文件,或对相关内容进行调整。对属于本局职权范围,材料(或补正材料)齐全、符合法定形式的行政许可申请,当场制作《行政许可受理通知书》,发送申请人。对不需取得行政许可、不属于本局职权范围的当场制作《行政许可不予受理通知书》,申请材料逾期未补正而不齐全、不符合法定形式的,制作《行政许可不予受理通知书》。

ⅱ. 建设单位和勘察、设计单位应根据专家审查会书面审查意见修改、补充和完善工程抗震勘察、设计文件,自收到修改、完善后的抗震设防专项文件起 10 个工作日内,市住建局对相关资料进行审查,符合条件的项目拟订准予行政许可决定书;对违反国家基本建设程序的项目(如立项、国土、规划、环评手续不齐全),将拟订不予行政许可决定书。

ⅲ. 发现申请人提交虚假资料或有违法违规行为的,市住建局将发出《不予建设行政许可决定书》,依法做出处理,并作为不良行为予以记录和向社会公示。

注:申请人对许可事项的办理意见有异议的,可依法向省人民政府(或住房和城乡建设部)申请行政复议或者向人民法院提起行政诉讼。

⑨ 审批时限:自收到齐全资料之日起 10 个工作日(不含专家审查时间)。

⑩ 审批收费:不收费。

注:填报各项资料应确保完整、真实。

(2) 重庆市建设工程初步设计各专项审查的办理手续

建设工程初步设计审查,申请人需向各部门提交下列申请材料。

① 消防部门

a. 建筑消防设计防火审核申报表(原件 1 份)。

b. 初步设计图纸(结构专业图纸除外,原件 1 份)。

c. 设计单位消防自审小组自审意见书(原件 1 份)。

d. 建设工程规划设计方案消防审查意见书(复印件 1 份)。

② 园林绿化部门

a. 建设项目总平面图(原件 2 份)。

b. 绿化布置图及说明书(2 份)。

c. 有建筑屋顶或平台绿化的还需提供建筑专业图说(2 份)。

③ 气象防雷部门

a. 初步设计总平面布置图(原件 1 份)。

b. 建筑及电气专业图纸(原件 1 份)。

c. 雷电灾害风险评估报告(建筑高度 50m 以上或建筑面积 5 万平方米以上的,进行雷电灾害风险评估,初步设计审批前完成,提供资料:总规划平面图原件 1 份、初步设计图纸原件 1 份、初步设计说明原件 1 份、地勘报告原件 1 份、1:500 电子地形图复印件 1 份)。

④ 人防部门：防空地下室初步设计图纸（限民用建筑，原件1份，附电子文档）。
⑤ 市政部门（涉及下排管网、沿街立面灯饰）：初步设计图纸；灯饰效果图。
⑥ 交通部门（与公路接口或跨越公路事项审查）：初步设计总平面图（原件1份）。
⑦ 注意事项

a. 申请人提交上述材料时，应按部门分类成套提供。

b. 主办部门不得要求申请人自行到协办部门提交申请材料。协办部门不得在主办部门之外另行单独接收申请材料。

c. 市外来的勘察设计单位，需提供登记备案证（审查原件收复印件）。

d. 属超高限层的建筑工程需提供专项审查核准通知书。

e. 工程涉及高切坡、深开挖、高填方等环境整治的项目，需提供施工图审查机构审查合格的边坡支护方可进行评估。

2.3.4 建设工程概算审批的办理手续

对于政府投资的项目，建设单位在完成初步设计文件的编制之后，需将初步设计概算报发改委审批。

(1) 上海市建设工程概算审批的办理手续

① 设定依据

a.《国务院关于投资体制改革的决定》（国发［2004］20号）。

b.《国务院办公厅关于保留部分非行政许可审批项目的通知》（国办发［2004］62号）。

c.《中央预算内直接投资项目管理办法》（国家发改委令2014年第7号）。

d.《上海市市级建设财力项目管理暂行办法》（沪府发［2009］49号）。

② 审批条件

a. 符合项目可行性研究报告批复要求。

b. 符合国家和本市有关法律法规及技术标准、规范、规程。

c. 申请调整工程概算的项目，其概算调整合理必要。

d. 符合法律法规有关规定。

③ 申请材料

a. 初步设计的上报文和初步设计文件（包括文字说明、图纸、总概算等）。

b. 附件［包括项目可行性研究报告批复、规划方案审定意见（包括所附总图）、消防、卫生、绿化、民防等相关管理部门意见］。

c. 根据有关规定应当提交的其他文件。

④ 涉及调整工程概算的项目需提供的材料

a. 项目概算调整的上报文和项目概算调整报告（概算调整报告需由有资质的机构进行编制）。

b. 根据有关规定应当提交的其他文件。

⑤ 办理程序

a. 申请。项目申报单位以公文形式上报申请，附初步设计和概算，并按照有关要求提供相关文件。

b. 受理。初步设计由市建设管理委会同市发展改革委审批，投资概算由市发展改革委负责核定，委托初步设计审批部门在审批初步设计时一并受理；项目概算调整由市发展改革委负责。

c. 审查。对申请批复初步设计概算的固定资产投资项目是否符合国家和本市有关规定，项目可行性研究报告批复意见等相关事宜进行审查，委托具有资质的工程咨询机构对项目初步设计概算进行评估。

调整工程概算的项目，市发改委对申请材料进行审查，并可选择具有相应工程咨询资格的机构对概算调整报告进行评估。

d. 决定。对符合条件的项目，批复初步设计及概算或者项目概算调整报告。

⑥ 办理期限：自条件完备之日起 20 个工作日内办理。委托咨询评估、征求公众意见和进行专家评议所需时间不计算在内。

⑦ 审批对象：机关、事业单位、企业、其他组织。

⑧ 责任处室：固定资产投资处、地区与区域经济处、城市发展处、资源节约和环境保护处、社会发展处、经贸流通处等相关处室。

（2）北京市建设工程概算审批的办理手续

① 办理依据/设定依据

a.《国务院关于投资体制改革的决定》。

b.《北京市人民政府贯彻实施国务院关于投资体制改革决定的意见》。

② 收费标准及依据：不收费。

③ 申请材料目录

a. 项目申报单位的报批函。

b. 建设项目可行性研究报告的批复。

c. 按规定编制的初步设计方案、概算及图纸。

d. 规划部门核发的建设项目建设用地规划许可证及附件或规划设计方案审查意见。

e. 按规定应组建项目法人的建设项目，项目法人组建的有关证明文件。

f. 国家和本市规定的其他材料。

④ 审批条件

a. 建设项目可行性研究报告获得批准。

b. 初步设计概算投资总额未超过可行性研究报告批准的总投资估算的 10%，初步设计方案建筑面积未超过可行性研究报告批准面积的 10%。

c. 按规定应组建项目法人的建设项目，项目法人已组建成立。

d. 国家和本市规定的其他条件。

⑤ 审批程序

a. 接收。受理窗口统一接收项目单位提交的申请材料。

b. 补正。申请材料不齐全或者不符合法定形式的，应当当场或者在 5 日内一次告知申请人需要补正的全部内容。

c. 受理。申请材料齐全、符合规定形式的，当场受理；接收申请材料后逾期未告知补正的，自收到申请材料之日起即为受理。

d. 审查与决定。自受理之日起 20 个工作日内依法组织审查、咨询评估、征求公众意见、听证、专家评议等，并作出决定。上述时间内不能作出决定的，经本机关负责人批准，可以延长 10 个工作日。项目核准机关委托咨询评估、征求公众意见和进行专家评议，以及征求相关部门意见的，所需时间不计算在前款规定的期限内。

e. 送达。做出决定后 5 个工作日内送达申请人。

⑥ 审批决定：符合审批条件和标准的，做出予以批准的书面决定；不符合审批条件和标准的，书面告知。

2.4 建设项目日照分析审查与地名命名、更名的办理

建设单位在申请办理《建设工程规划许可证》之前,还需办理建设项目的日照分析审查和地名的命名申请。

2.4.1 建设项目日照分析审查的办理手续

建设单位申报超过一定高度的建筑以及可能对生活居住类建筑产生影响的建设项目,在向规划局申请设计方案审查和办理《建设工程规划许可证》时,需要进行日照分析并报规划局审查。

(1) 厦门市建设项目日照分析审查的办理手续

① 申请材料（项目如果涉及有关的法律、法规及政策的调整,申请材料按新规定要求提供）

a. 日照分析报告及日照分析计算总图模型（包含相应的电子文档,2份）。

b. 日照分析报告所涉及的原始资料（包含相应的电子文档）,具体包括：

ⅰ. 本项目日照分析所需的1∶500（或者1∶1000）现势地形图（1份）；

ⅱ. 拟建建筑的总平面图、屋顶平面图和平立剖面图的文件（附有建筑底标高、屋顶标高及其他构筑物标高,2份）；

ⅲ. 拟建建筑北侧（包含东北侧、西北侧）有需分析的已建建筑的平、立面图（必要时附有详细的窗户尺寸,1份）；

ⅳ. 拟建建筑南侧（包含东南侧、西南侧）有需分析的已建建筑的平、立面图和屋顶平面图（1份）；

ⅴ. 根据《厦门市建筑工程日照分析技术管理规则》已确定纳入分析范围的已批建筑的有关资料（1份）；

ⅵ. 日照分析委托书（1份）；

ⅶ. 本项目日照分析复核所需其他资料（1份）。

c. 注明进行日照分析所采用的分析软件,以及日照分析技术参数。

② 办理依据

a.《中华人民共和国物权法》第89条。

b.《厦门市建筑工程日照分析技术管理规则》。

③ 申请受理机关：厦门市规划局。

④ 办理内容

a. 受理对象。住宅建筑物及可能对住宅建筑物产生日照影响的其他项目,均需进行建筑物日照分析。

b. 受理范围。自2008年11月15日起,凡《建设项目选址意见书》及公开出让地块规划设计条件中标注需做日照分析条款,且项目属于受理对象的,均需做日照分析。《建设项目选址意见书》延期后仍在有效期,发文注明需做日照分析的项目,需做日照分析。其余项目按原《厦门市城市规划管理技术规定》执行。

⑤ 承诺时限：7个工作日。

（2）东莞市建设项目日照分析审查的办理手续

东莞市市域范围内涉及居住特征建筑的规划方案进行建筑间距审查时，应提交日照分析报告。

① 办事程序：申报→受理→校核→校对→核发报告。

② 必备资料

a. 日照分析报告 2 份及日照分析计算总图模型（包含相应的电子文档）。

b. 日照分析报告所涉及的原始资料（包含相应的电子文档），具体包括：

ⅰ. 覆盖所有主客体建筑范围的 1∶500（或者 1∶1000）现势电子地形图 1 份（现势地形图需有规划所盖章并注明测量日期）；

ⅱ. 拟建项目方案册 1 份（包含拟建项目的总平面图、屋顶平面图和单体平立剖面图并需设计院盖章）及其电子文件；

ⅲ. 已建的客体建筑的平面图和立面图（附有需分析的窗户的详细位置和尺寸）；

ⅳ. 已建的主体建筑的平面图和立面图（附有各屋顶详细标高）；

ⅴ. 根据《东莞市建设项目日照分析技术管理规则》已确定纳入分析范围的已批或在批主客体建筑的有关资料。

③ 审查内容

a. 日照分析实测地形图的校验。

b. 日照分析图纸与日照分析实测地形图的对比。

c. 日照分析范围的审查。

d. 日照分析图与分析范围图的一致性校验。

e. 日照分析范围内有无其他已批、在批规划的情况。

f. 日照分析方式的审查。

g. 日照分析计算参数设置的准确性校核。

h. 建筑物建模的准确性校验。

i. 日照分析计算结果的准确性校验。

j. 日照分析结论与日照分析图的对比。

④ 批准条件

a. 校核资料完整、真实，日照分析方法正确。

b. 日照分析结果满足《东莞市建设项目日照分析技术管理规则》的要求。

⑤ 办理程序

a. 窗口收件。

b. 编研中心地理信息室校核。

c. 发出《日照分析报告校核意见书》1 份。

⑥ 办理时限：建模栋数在 15 栋以内（包括 15 栋）的 5 个工作日，15 栋以上的 10 个工作日。

2.4.2 建设项目地名命名、更名的办理手续

根据《地名管理条例》，建设单位对地名的命名、更名需要报民政局审核。

（1）天津市建设项目地名命名、更名的办理手续

① 行政审批主体：天津市规划局。

② 法律法规依据

a.《中华人民共和国地名管理条例》第六条。

b. 《天津市地名管理条例》第十四条。
③ 应具备的条件
a. 不损害国家主权、领土完整、民族尊严和人民团结。
b. 符合地名规划要求,反映历史、文化和地理特征,含义健康、方便使用。
c. 一般不以人名作地名,禁止用国家领导人的名字和外国地名以及同音字作地名。
d. 地名用字规范,不使用生僻字,同类地名不使用同音字和近音字以及与其他地名相近似,容易引起混淆的字。
e. 派生地名与主地名相统一。
f. 地名的定性词语应当与事实相符,以楼、厦、苑、广场、花园、公寓、别墅、中心、山庄等形象名称作通名的,应当符合市人民政府规定的规范标准。
g. 外环线以内地名不得重名。
h. 外环线以外同一区、县内的村庄、道路地名不得重名。
i. 同一乡镇内的其他地名不得重名。
④ 应提交的全部申请材料
a. 居住区、公建项目
ⅰ. 地名命名、更名申报表。
ⅱ. 建设用地规划许可证复印件,同时交验原件。
ⅲ. 经审定的规划总平面图复印件,同时交验原件。大型建筑物、有特色的居民区建设项目,还需提交建筑景观图。
ⅳ. 地名命名方案示意图(A3或A4幅面)一式三份及地名定性词语与事实相符的证明文件。
ⅴ. 申报单位(人)委托代理的,提交授权委托书及被委托人身份证复印件,同时交验原件。
b. 其他项目
ⅰ. 地名命名、更名申报表。
ⅱ. 建设用地规划许可证复印件,同时交验原件;大型桥梁,还需提交建筑景观图。
ⅲ. 申报单位(人)委托代理的,提交授权委托书及被委托人身份证复印件,同时交验原件。
⑤ 办理程序
a. 承办部门现场勘查,提出审查意见。
b. 会审审核,按程序上报。
c. 批准的核发标准地名证书;不批准的核发通知书。
⑥ 是否需要现场踏勘:需要踏勘。
⑦ 法定审批时限:15个工作日。
⑧ 承诺办结时限:5个工作日。

(2) 地名命名、更名申请表范本

见本书电子文件。

2.5 《建设工程规划许可证》的办理

《建设工程规划许可证》是由城市规划行政主管部门核发的,确认有关建设工程符合城市规划要求的法律凭证，载明了项目建筑性质、栋数、层数、结构类型、计容积率面积、各分类面积和附件（包括总平面图、各层建筑平面图、各向立面图和剖面图）等内容。

根据《中华人民共和国城乡规划法》，在城市、镇规划区内进行建筑物、构筑物、道路、管线和其他工程建设的，建设单位或者个人应当向城市、县人民政府城乡规划主管部门或者省、自治区、直辖市人民政府确定的镇人民政府申请办理《建设工程规划许可证》。《建设工程规划许可证》是有关建设工程符合城市规划要求的法律凭证，是建设单位建设工程的法律凭证，是建设活动中接受监督检查时的法定依据。没有此证的建设单位，其工程建筑是违章建筑，不能领取房地产权属证件。

建设单位在完成建设工程设计方案审查、初步设计审查、日照分析审查以及地名命名的申请等工作之后，便可以到规划局申请办理《建设工程规划许可证》。

2.5.1 《建设工程规划许可证》的办理手续

(1) 广州市《建设工程规划许可证》的办理手续

① 办理依据

a.《中华人民共和国城乡规划法》（中华人民共和国主席令［2007］第74号）第四十条。

b.《广州市城市规划条例》（广州市人民代表大会常务委员会公告［1996］第55号）第二十八条。

c.《广州市城乡规划程序规定》（广州市人民政府令第59号）第三十六条、第三十七条、第三十八条、第三十九条。

d.《城市地下空间开发利用管理规定》（中华人民共和国建设部令［1997］58号）第十一条。

e.《广州市地下空间开发利用管理办法》（广州市人民政府令第61号）第十一条。

② 应提交的材料见表2-8。

表2-8 广州市办理《建设工程规划许可证》应提交的材料

序号	材料名称	份数	材料形式	备注
1	立案申请表	1	原件及扫描件	
2	申请函	1	原件及扫描件	
3	单位有效身份证明（(1)申请人是自然人的,应当提交本人有效身份证明；(2)申请人是法人或其他组织的,应当提交：《中华人民共和国组织机构代码证》或其他有效证明文件,企业法人还应当提交《企业法人经营执照》；法人法定代表人或其他组织主要负责人身份证明）	1	复印件及扫描件	
4	授权委托书（(1)由授权委托时应当提供本项资料,应当明确代理权限；(2)申请人是法人的,加盖建设单位公章）	1	原件	
5	代理人身份证明（有委托代理时应当提供本项）	1	复印件	
6	设计单位的建筑设计资质证书或单项建筑设计资质证书	1	复印件及扫描件上传	涉及建筑工程的,应当提交,如图纸盖出图章可视为已提交
7	显示或标注有拍照日期的多角度现场照片	1	打印件及电子文件上传	属于建筑工程的,应当提交
8	本次申报的单体建筑设计方案图	2	原件	

续表

序号	材料名称	份数	材料形式	备注
9	绘制在1:500现状地形图上的总平面规划图	2	原件	用地面积在20ha（20万平方米）以上（含本数）的，可以1:2000现状地形图替代
10	关于本次申报的单体建筑设计方案的有效的《建筑工程明细核算表》	1	原件	500m²以下零星建筑工程不需提交此项
11	《建筑工程放线测量记录册》	2	原件	
12	技术审查办结通知	1	原件	
13	经技术审查合格的电子报批文件	1	原件	500m²以下零星建筑工程不需提交此项
14	《建设用地规划许可证》及规划条件		填写文证编号	
15	修建性详细规划（或总平面规划方案）审查批文		填写文证编号	含已经取得的历次设计方案批复文件或预审查意见等，用地面积在2万平方米以上的需提交综合管线规划审批批文文号
16	勘测成果资料备案回执	1	复印件	
17	有效的建设用地批准文件及附图	1	复印件及扫描件上传	（1）纳入市重点项目绿色通道的不需提供此项 （2）已超期的《建设用地批准书》应提供有效延期文件
18	发改部门立项投资批文	1	复印件及扫描件上传	实行审批制的政府投资类项目提供可研批复，实行核准制的企业投资项目提供核准文件；如不属于这两种情况，建设单位在申请表做出说明
19	规划条件或修建性详细规划批文要求提供的专业管理部门审查意见	1	复印件及扫描件上传	

③ 办理期限：11个工作日。

④ 审批程序：受理→审查→特别规定的程序：现场踏勘、批前公示及听证（直接关系他人重大利益的决定）。

⑤ 核准数量：无数量限制。

⑥ 审批部门：广州市规划局及各分局。

⑦ 收费标准：不收费。

（2）中山市《建设工程规划许可证》的办理手续

① 办理对象：企业、个人。

② 办理条件：凡在本市范围内进行建设的建设单位和个人可向市规划局提出申请。

③ 所需材料

• 中山市城乡规划局业务申请表1份（建设工程规划许可类）。

• 《建设用地规划许可证》及附件复印件1份（需验正本，附件即规划条件及三线图）。

• 村、小区控规图复印件1份（有控规的住宅用地报建时需提供）。

• 方案审查意见及盖章的方案图1份（单位及用地400m²以上或建筑面积500m²以上的私人住宅需提供）。

• 土地使用证及附图复印件1份（需验正本，如土地使用证的附图非中山市统一座标的请先到国土部门换领新证）。

• 土地使用权出让合同。

• 建筑面积统计表1份（由设计单位填写盖章）。

- 建筑施工图 2 套（含总平面图、绿化布置平面图、基础平面图、平立剖面图，加建或补办超面积报建的需在图上注明该部分）。
- 总平面图电子文件 1 份（小规模建筑物不需提供）。
- 电子文件来源证明 1 份。
- 《中山市建设工程竣工档案验收报送登记表》（单位报建时与城建档案馆签订）。
- 原报建批复书或房产证复印件 1 份（需验正本，加建或超面积补办报建时需提供）。
- 原报建施工图（加建时需要提供，图纸已盖"规划报建审批"章）。
- 执法局行政处罚决定书及结案证明（违章建筑补办报建手续时需提供）或执法局证明（办理历史遗留房屋报建手续时需提供）。
- 房产测量图 2 份（补办房屋报建手续时需提供）。
- 原缴费发票原件（原已在区办事处缴费的需提供）。
- 营业执照或机构代码证复印件、法人代表或组织主要负责人身份证明文件复印件 1 份（需验正本，单位报建时提供）。
- 申请人相关身份证明文件复印件（需验正本，私人报建时提供）。
- 授权委托书 1 份（委托代理人办理业务时需提供）。

注：施工图审查及报建通过后，需到相关建设部门办理施工许可手续，并委托规划局认可的有资质的勘测单位到施工现场放线，取得放线技术报告后经规划局验线后方可施工。

④ 窗口办理流程：申办→受理→审批→办结。

⑤ 办理时限

a. 法定期限：20 个工作日（不包含窗口受理时间、专家评审时间、听证时间、公示时间）。

b. 承诺期限：20 个工作日（不包含窗口受理时间、专家评审时间、听证时间、公示时间）。

⑥ 办事窗口：市局、直属分局窗口。

⑦ 收费标准：根据中价［2007］128 号文及中府办复［2009］374 号城市基础设施配套费，非工业类 100 元/m^2，工业类 50 元/m^2，批准收取。

⑧ 办理依据：《中华人民共和国城乡规划法》。

(3) 建设工程规划许可证申请表范本

见本书电子文件。

2.5.2 《建设工程规划许可证》办理的注意事项

① 建设单位缴费时间不计入承诺时限内。

② 建设单位在取得《建设工程规划许可证》后，应在有效期（一般为 6 个月）内申请开工，逾期未开工又未提出延期申请的，《建设工程规划许可证》自行失效。

③ 在《建设工程规划许可证》办结取证之前要缴纳市政配套费，对于每期开发建设 20 万平方米的规模，市政配套费金额较大，应做好减免缓工作，节省开发成本。必要时考虑分层办理《建设工程规划许可证》。

④ 要注意确保现场放线的楼宇与《建设工程规划许可证》批复的固定点保持一致。

⑤ 报建的图纸要求符合退缩间距，开口天井、采光、通风符合建筑规范要求，要满足各专业意见要求。

第 3 章
建设项目施工准备阶段工作指南

施工准备是指在工程开始施工之前,为了工程及时开工和顺利施工创造必要的条件而进行的工作。施工单位只有在监理单位和建设单位出具开工通知单后,方可开工。在施工准备阶段,建设单位需要准备的工作及其办理的一般流程如图 3-1 所示。

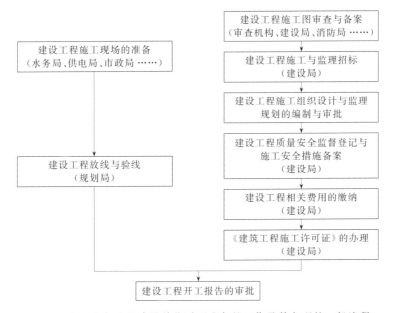

图 3-1 施工准备阶段建设单位需要准备的工作及其办理的一般流程

3.1 建设工程施工图审查与备案

在设计单位完成施工图设计之后,建设单位应组织各单位及相关部门对施工图进行审查,并完成设计交底。施工图经内部审查通过之后,还应送施工图审查机构、消防局、气象局等部门审查,并将审查合格的施工图报建设局备案。

3.1.1 建设工程施工图审查的要求

建设单位在将施工图设计文件报建设局审查备案之前,需要组织进行施工图的内部审查。对施工图进行审查的要求具体如下。

① 施工图纸是否完整和齐全，施工图纸是否符合国家有关工程设计和施工的规程规范。

② 施工图纸是否与其说明书在内容上是否一致，施工图纸及其各组成部分间有无矛盾和错误。

③ 建筑图与其相关的结构图，其他相关专业图纸，在尺寸、坐标、标高和说明书方面是否是一致，技术要求是否明确。

④ 熟悉建设、施工、安装的施工生产工艺流程和技术要求，掌握配套施工的先后次序和相互关系，审查设备安装图纸与其相配合的土建图纸，在坐标和标高尺寸上是否一致，土建施工的质量标准能否满足设备安装的工艺要求。

⑤ 基础设计或地基处理方案同建造地点的工程地质和水文地质条件是否一致，弄清建筑物与地下构筑物、管线间的相互关系。

⑥ 对于工程复杂、施工难度大和技术要求高的分部分项工程，要审查现有施工技术和管理水平能否满足工程质量和工期要求。

⑦ 建筑设备和加工订货有何特殊要求。

⑧ 施工安全、环境卫生有无保证。

⑨ 地质地勘资料是否齐全。

⑩ 图纸是否符合业主要求，主要从以下四方面性能来检查。

a. 安全性，如结构体系的安全性能；避免工程质量事故。

b. 功能性，如各专业设备或系统的有关参数，对于功能的影响程度，防止功能缺陷的性能；避免设计导致的质量问题。

c. 经济性，结构体系或专业设备体系的经济性能；性价比分析。

d. 可操作性，是否有利于组织施工，保证施工质量，规避施工质量问题。

⑪ 施工图纸审查的主要依据

a. 现行的国家规范、条例及有关法规。

b. 现行的行业标准、规范。

c. 现行的地区规范、标准、条例及有关规定。

d. 公司现有的工程案例经验教训。

3.1.2 建设工程施工图会审与设计交底

在建设单位基建处工程管理科签收图纸后的 15 天内，由工程管理科组织召开由处长、主管工程副处长、工程管理科、预决算科、规划管理科及施工单位、监理单位等相关部门参加的图纸会审会议。

（1）施工图纸会审与设计交底的工作程序

① 会议先由设计单位进行技术交底，对于图纸设计意图、工程质量要求向施工单位做出明确交底，详细说明设计意图、工艺流程、建筑结构选型、水电设计方案、标准构件采购、建筑设备材料选用要求、施工步骤、施工方法等，以便对设计图纸统一认识。

② 对于施工单位由于施工难度大而提出的设计不合理之处，工程管理科及监理单位应进行认真客观的分析，并咨询设计单位，明确发表同意、不同意或另行安排专题会议研究答复意见。

③ 各相关部门及单位在自审施工图的基础上，将施工图中出现的错、漏、碰、缺等问题在图纸会审中提出，由设计单位解决；监理单位负责书写设计交底和图纸会审纪要。

④ 对于"三边"工程（边勘测、边设计、边施工的工程），规划管理科提出分步施工出

图要求，各相关部门及单位审查分批图纸前后交接部位，发现矛盾及时与设计单位联系协调处理，为确保施工顺利进行创造条件。

⑤ 工程管理科跟进监理单位形成施工图纸会审纪要，并由监理单位正式行文，四方（设计单位、监理单位、建设单位、施工单位）共同会签并加盖公章，作为指导工程施工和工程结算的依据。

⑥ 工程的图纸会审，可根据出图及现场施工阶段情况分专业、分阶段进行会审。各专业的施工图纸出齐后，必须组织综合会审，解决各专业矛盾问题。

（2）施工图纸会审的审查内容

会议主要按下述的主要会审内容对施工图纸进行审查。

① 是否无证设计或越级设计，图纸是否经设计单位正式签署。

② 地质勘探资料是否齐全。

③ 设计图纸与说明是否齐全，有无分期供图的时间表。

④ 设计地震烈度是否符合当地要求。

⑤ 几个设计单位共同设计的图纸相互间有无矛盾，专业图纸之间、平立剖面图之间有无矛盾，标注有无遗漏。

⑥ 总平面与施工图的几何尺寸、平面位置、标高等是否一致。

⑦ 是否满足消防、人防、环保、卫生等专业要求。

⑧ 建筑结构与各专业图纸本身是否有差错及矛盾，结构图与建筑图的平面尺寸及标高是否一致，建筑图与结构图的表示方法是否清楚，是否符合制图标准，预埋件是否表示清楚，构造要求在图中是否表示清楚。

⑨ 施工图中所列各种标准图册施工单位是否具备。

⑩ 材料来源有无保证，能否代换，图中所要求的条件能否满足，新材料新技术的应用有无问题。

⑪ 地基处理方法是否合理，建筑与结构构造是否存在不能施工、不便施工的技术问题，或容易导致质量、安全、工程费用增加等方面的问题。

⑫ 周边配套项目与建筑物之间有无矛盾，布置是否合理。

（3）施工图纸会审记录表范本

见本书电子文件。

（4）施工图纸问题记录清单范本

见本书电子文件。

（5）施工图纸会审记录内部审批表范本

见本书电子文件。

3.1.3 建设工程施工图审查的办理手续

在设计单位完成建筑施工图、结构施工图、水电施工图等全部施工图及结构计算书等文件之后，建设单位就可以开始施工图的送审。施工图审查工作由建设局认定的有相应资质的审查机构进行，由消防局、人防办、气象局等相关部门进行专项审查，审查合格的，可以领取施工图审查合格书。

（1）佛山市建设工程施工图审查的办理手续

① 说明

a. 以下行政性文件为复印件时，需加盖建设单位公章；勘察设计文件需盖勘察、设计单位出图章和注册师章。

b. 建设单位应在工程勘察完成后提前送审勘察报告，未经审查批准的勘察报告不得用作施工图设计依据。

② 工程勘察报告送审需提交的资料

a. 工程勘察报告一式两份及岩芯照片光盘 1 份。

b. 工程勘察合同 1 份。

③ 建筑、结构专业施工图送审需提交的资料

a. 建筑工程消防审核意见书复印件一式三份。

b. 盖有公安消防大队审核章的建筑报审图 1 份。

c. 经审查批准的工程勘察报告 1 份。

d. 建筑施工图一式两份。

e. 结构施工图一式两份。

f. 结构计算书（纸质文件）及数据磁盘（电子文本）各 1 份。

g. 工程设计合同。

④ 给水、排水专业施工图送审需提交的资料

a. 给水施工图一式两份。

b. 排水施工图一式两份。

c. 工程设计合同或专项设计分包合同 1 份。

⑤ 消防专业施工图送审需提交的资料

a. 消防工程消防审核意见书复印件一式两份。

b. 盖有公安消防大队审核章的消防设备工程报审图 1 份。

c. 消防施工图一式两份。

d. 工程设计合同或专项设计分包合同 1 份。

⑥ 玻璃幕墙施工图送审需提交的资料。

a. 玻璃幕墙施工图一式两份。

b. 玻璃幕墙结构计算书（纸质文本）及数据磁盘（电子文本）各 1 份。

c. 工程设计合同或专项设计分包合同 1 份。

⑦ 网架施工图送审需提交的资料

a. 网架施工图一式两份。

b. 网架结构计算书（纸质文本）及数据磁盘（电子文本）各 1 份。

c. 工程设计合同或专项设计分包合同 1 份。

注：除以上资料外，应同时提交审图机构认为有必要补充的其他资料；

佛山市以外的勘察设计单位需同时提交进入佛山市的跨区备案文件 1 份；

被政府确定为重点建设项目的工程，按政府有关绿色通道的要求执行。

⑧ 施工图设计文件审查流程：窗口受理申请→程序性审查→技术性审查→出具审查报告→建设局签发审查批准书→建设单位凭缴款单取件。

⑨ 办理时限：送审资料齐备后，设计文件审查 10 个工作日内，勘察报告 5 个工作日内回复。特级和一级建筑工程、大面积群体工程、复杂的项目审查时间可适当延长。

⑩ 收费标准：根据广东省物价局《关于建筑工程施工图技术审查中介服务收费问题的复函》（粤价函［2001］300 号）和顺德市建设局《关于落实市经济工作会议精神具体措施

的通知》(顺建发［2002］40号）执行。

a. 一般工程项目按规定标准的70%收取。

b. 外商投资、中外合资企业投资、外地企业投资、各镇集约工业园的项目或一次性报审土建造价超过5000万元以上的工程项目按规定标准的60%收取（缴费时外商、外资或者合资企业需提供《工商营业执照》复印件并加盖公章）。

c. 政府投资的学校、医院、敬老院、文化馆等福利工程或一次性报审土建造价超过1亿元以上的工程项目按规定标准的50%收取。

计算以上施工图审查费时，勘察设计费取值暂依据《工程勘察设计收费管理规定》（计价格［2002］10号）有关规定执行。

(2) 武汉市建设工程施工图消防审查的办理手续

根据《建设工程消防监督管理规定》，对于人员密集的场所，建设单位需要向消防局申请消防设计审查，具体范围如下。

① 建筑总面积大于20000m^2的体育场馆、会堂，公共展览馆、博物馆的展示厅。

② 建筑总面积大于15000m^2的民用机场航站楼、客运车站候车室、客运码头候船厅。

③ 建筑总面积大于10000m^2的宾馆、饭店、商场、市场。

④ 建筑总面积大于2500m^2的影剧院，公共图书馆的阅览室，营业性室内健身、休闲场馆，医院的门诊楼，大学的教学楼、图书馆、食堂，劳动密集型企业的生产加工车间，寺庙、教堂。

⑤ 建筑总面积大于1000m^2的托儿所、幼儿园的儿童用房，儿童游乐厅等室内儿童活动场所，养老院、福利院，医院、疗养院的病房楼，中小学校的教学楼、图书馆、食堂，学校的集体宿舍，劳动密集型企业的员工集体宿舍。

⑥ 建筑总面积大于500m^2的歌舞厅、录像厅、放映厅、卡拉OK厅、夜总会、游艺厅、桑拿浴室、网吧、酒吧，具有娱乐功能的餐馆、茶室、咖啡厅。

除需办理消防行政许可的建设工程外，其他新建、扩建、改建（含室内外装修、建筑保温、用途变更）工程（不含住宅室内装修、村民自建住宅、救灾和其他非人员密集场所的临时性建筑的建设活动），建设单位应当在取得施工许可之日起7日内进行消防设计备案。

下面是武汉市建设工程施工图消防审查的办理手续。

① 需要提交的全部资料目录。建设工程消防设计审核申报材料如下。

a.《建设工程消防设计审核申报表》。

b. 建设单位的工商营业执照等合法身份证明文件。

c. 新建、扩建工程的建设工程规划许可证明文件。

d. 设计单位资质证明文件。

e. 需专家评审的建设工程，建设单位还应提供特殊消防设计的技术方案及说明，或者设计采用的国际标准、境外消防技术标准的中文文本，以及其他有关消防设计的应用实例、产品说明等技术资料。

f. 设计说明，其内容包括工程设计依据、建设规模和设计范围，改建或装修设计的面积等指标，工程原已设置（或新增）的主要消防设备、消防产品及有防火性能要求的建筑构件、建筑材料，采用新技术、新材料、新设备和新结构的情况，具有特殊火灾危险性的消防设计以及需要设计审批时解决或确定的问题、装修专业等。

g. 设计图纸

ⅰ. 新建、扩建工程消防设计文件图纸如下（本项所列各类图纸在报审时应同时提交其

设计光盘，文件扩展名格式为.dwf)
- 总平面：区域位置图；总平面图。
- 建筑、结构：平面图、立面图、剖面图。
- 建筑电气：消防控制室位置平面图；火灾自动报警系统图，各层报警系统设置平面图。
- 消防给水和灭火设施：消防给水总平面图；各消防给水系统的系统图、平面布置图；消防水池和消防水泵房平面图；其他灭火系统的系统图及平面布置图。
- 防烟排烟及暖通空调：防烟系统的系统图、平面布置图；排烟系统的系统图、平面布置图。
- 热能动力：锅炉房设备平面布置图；其他动力站房平面布置图。

ⅱ．改建、内装修工程消防设计图纸如下（本项所列各类图纸在报审时应同时提交其设计光盘，文件扩展名格式为.dwf)：建筑平面图；装修图。

② 办理的程序

a. 属于消防设计和竣工验收范围的工程建设单位需持本单位申请报告到市公安局办证服务大厅消防受理窗口领取申报表，认真如实填写加盖公章后，将报验的有关资料整理齐全一并报受理大厅窗口受理，并领取《武汉市公安消防局受理行政许可申请通知书》及《武汉市公安消防局收取行政许可申请材料凭证》；属于备案范围的工程，建设单位应当在取得施工许可、工程竣工验收合格之日起7日内，通过省级公安机关消防机构网站的消防设计和竣工验收备案受理系统进行消防设计、竣工验收备案，或者报送纸质备案表由公安机关消防机构录入消防设计和竣工验收备案受理系统。公安机关消防机构收到消防设计、竣工验收备案后，应当出具备案凭证，并通过消防设计和竣工验收备案受理系统中预设的抽查程序，随机确定抽查对象；被抽查到的建设单位应当在收到备案凭证之日起5日内按照备案项目向公安机关消防机构提供上述①所列的全部资料，并领取备案检查材料受理凭证。

b. 建设工程项目现场核查。

c. 内部审批。

d. 建设单位凭《武汉市公安消防局受理行政许可申请通知书》，在法定办理时限内到受理大厅领取建设工程消防行政许可意见书；备案工程被确定为抽查对象的，在法定办理时限内到受理大厅领取建设工程消防备案检查表。

③ 办理时限

a. 行政许可项目：20个工作日。

b. 备案抽查项目：30个工作日。

④ 收费标准：消防行政许可项目及备案抽查项目均不收费。

（3）中山市建设工程施工图人防审查的办理手续

① 办理条件。中山市范围内新建的民用建筑建设工程，在项目中按规定需要配套修建防空地下室工程，已申请《中山市防空地下室工程设计要点咨询意见书》并且通过防空地下室工程设计方案审查的。

② 所需材料

a. 《中山市防空地下室工程施工核准申请表》1份。

b. 发展和改革部门的立项文件复印件1份（需验原件）。

c. 防空地下室工程设计方案审查意见书复印件1份和批复的人防工程建筑设计方案原件1套（已加盖人防报建专用章的）。

d. 《人防工程施工图审查报告》1份（人防审查机构出具）。

e. 审查通过的人防工程施工图纸 1 套（加盖审图章）。
f. 建设项目人防工程面积计算表 1 份（按规划报建填写盖章）。
g.《中山市建设工程规划许可证》及其附件（报建批复书）复印件各 1 份（需验原件）。
h. 人防工程平战转换预案（建设单位加盖骑缝章）。
i. 总平面人防工程位置示意图 2 份（加盖审图章）。
j. 负×层人防工程位置示意图 2 份（加盖审图章）。

③ 办理时限

a. 法定期限：10 个工作日。
b. 承诺期限：10 个工作日。

④ 收费标准：不收费。

⑤ 办理依据：《中华人民共和国人民防空法》，《广东省实施〈中华人民共和国人民防空法〉办法》，《中山市结合民用建筑修建防空地下室规定》。

（4）东莞市建设工程施工图防雷装置审查的办理手续

① 办理条件

a. 设计单位和人员取得国家规定的资质、资格。
b. 申请单位提交的申请材料齐全且符合法定形式。
c. 需要进行雷电灾害风险评估的项目，提交了雷电灾害风险评估报告。

② 所需材料

a. 防雷装置设计审核申请书（原件 1 份，申请书双面打印并逐项填写，加盖建设单位公章；委托办理应带授权书，授权书内容须与申请书一致，逐项填写，加盖建设单位公章）。

b. 总规划平面图（即经规划部门批准的总平面图，蓝图原件或复印件 3 套，复印件需加盖建设单位公章）。

c. 设计单位和人员的资质证和资格证书的复印件。

ⅰ. 设计单位资质证（复印件加盖设计单位公章，带原件备验）。

ⅱ. 设计人员资格证（需是参加项目建设的设计人员，即在设计图纸上签名，复印件加盖设计单位公章，带原件备验）（施工单位确定的可同时提交施工单位和人员的资质证和资格证书的复印件，未确定的应在工程投标之前提供）。

d. 防雷装置施工图设计说明书、施工图设计图纸及相关资料 3 套及其电子文档（蓝图原件或复印件，复印件需加盖建设单位公章）：防雷设计说明（包括分类依据）；基础防雷平面图及大样图（有桩的含桩，有地下室加上首层防雷平面图）；天面及转换层防雷平面图及大样图（包括针、网带及其他）；建筑均压环设计图及大样图；SPD 设计示意图；正立面图（4 个方位）；总配电图；玻璃幕墙标准层接地平面图；玻璃幕墙立面接地平面图；建筑施工图；结构施工图；其他与防雷建设有关的施工图（水、电、消防、煤气、金属构架大样、SPD 安装等）；生产工艺流程图、物料存储方式、危险品场所分布等资料（有工业建筑时提供）；储罐材质、壁厚、储存物形态、储存工作压力数据等资料（有储罐时提供）；若属分段设计，则需按施工进度提交相应图纸。

e. 设计中所采用的防雷产品相关资料（防雷产品特指浪涌保护器，如在设计阶段，浪涌保护器型号未确定的，可在竣工验收时提供）

ⅰ. 防雷产品检测报告（复印件，需加盖施工单位公章，检测报告须是国务院气象主管机构授权的防雷产品检测机构出具的测试合格报告）。

ⅱ. 防雷产品合格证（复印件，需加盖施工单位公章）。

f. 经当地气象主管机构认可的防雷专业技术机构出具的防雷装置设计技术评价报告（原件或复印件 1 份）雷电灾害风险评估报告（原件或复印件 1 份，大型建设工程、重点工程、爆炸和火灾危险环境工程、人员密集场所工程等建设项目提交）。

注：申请书和授权书需填写完整，涂改的地方应加盖建设单位公章；所有申请材料需加盖公章，多页的材料需加盖骑缝章；提交材料如为复印件需加盖公章。

③ 窗口办理流程

a. 建设单位持本事项所需申报材料到气象局行政服务窗口提出防雷装置设计审核申请。

b. 窗口人员检查送审材料是否齐全、符合法定形式。送审材料不齐全、不符合法定形式，退回申请资料或暂做收件登记，并发出资料补正通知书，申请人补正后重新申请。送审材料齐全、符合法定形式，窗口受理申请并出具受理回执（1 个工作日内）。

c. 对资料进行审核并签署审核意见（7 个工作日内）。

d. 对申请事项进行核准（1 个工作日内）。

e. 窗口办结。对审核合格的发放《防雷装置设计核准意见书》；对审核不合格的发放《防雷装置设计修改意见书》（1 个工作日内）。申请单位进行设计修改后，按照原程序重新申请设计审核。

④ 网上办理流程

a. 申请人在网上提出申请，并上传申请材料。

b. 对申请事项进行网上预审，预审通过后通知申请人到行政服务窗口现场办理。

⑤ 办理时限

a. 法定期限：20 个工作日。

b. 承诺期限：10 个工作日。

⑥ 办事窗口：市气象行政服务中心。

（5）广州市建设工程施工图卫生防疫审查的办理手续

① 介入条件：取得开发中心有关单体方案批复及附图或修建性详规批复（跨越单体报建的），取得规划管理科单体施工报建图（平、立、剖面图）。

② 准备资料：申请报告；卫生学审查申请表；《建设用地规划许可证》及附图；单体方案批复及附图或修建性详规批复及附图；施工报建图。

③ 工作程序

a. 报入市疾病预防控制中心单体卫生学设计审查。

b. 约请市疾病预防控制中心工程监测科人员勘察现场。

c. 取得工程监测科经办人卫生学设计审查意见。

d. 取得工程监测科科长卫生学设计审批意见。

e. 取得市疾控中心主任卫生学设计审批意见。

f. 市疾控中心办公室秘书打印审查意见并办理出文手续，取得卫生学审查意见。

（6）防雷装置设计审核申请书范本

见本书电子文件。

（7）施工图审查申请表范本

见本书电子文件。

3.1.4 建设工程施工图审查情况备案的办理手续

根据《房屋建筑和市政基础设施工程施工图设计文件审查管理办法》，施工图审查合格的，审查机构需要在颁发审查合格书的 5 个工作日内，将施工图审查情况报建设局备案，取得备案证明。施工图审查情况备案的办理流程一般如图 3-2 所示。

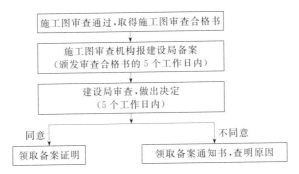

图 3-2 施工图审查情况备案的办理流程

(1) 百色市建设工程施工图审查情况备案的办理手续

① 实施权限和实施主体：根据《房屋建筑和市政基础设施工程施工图设计文件审查管理办法》第四条第三款的规定，施工图设计文件审查备案由项目所在地的地级市、县级住房和城乡建设行政主管部门负责办理。

② 实施对象和范围：根据《房屋建筑和市政基础设施工程施工图设计文件审查管理办法》第三条、第九条、第十三条第一款第（一）项、第十九条的规定，公民、法人、其他组织在建设房屋建筑工程、市政基础设施工程时需将施工图送审查机构审查，审查机构应当办理施工图设计文件审查备案。

③ 申请材料。根据《房屋建筑和市政基础设施工程施工图设计文件审查管理办法》第二十条的规定，审查机构办理施工图设计文件审查备案时，需提供以下材料：

a. 申请书（法人代表及受委托人身份证复印件）；

b.《建设工程规划许可证》（包括审批单及红线图）（复印件，需加盖公章及查验原件）；

c. 施工图审查报告书 4 份；

d. 工程地质勘察报告（有审图机构审查专用章、经建管科备案）；

e. 施工图纸 1 份（需加盖有效的国家注册人员执业资格印章，有审图机构图纸审查专用章）及电子版 2 份（刻入光盘，版本为 AutoCAD 2004）。

④ 办结时限

a. 法定办结时限：5 个工作日。

b. 承诺办结时限：3 个工作日。

⑤ 收费项目、标准及其依据：不收费

⑥ 施工图审查情况备案审批流程见图 3-3。

(2) 东莞市建设工程施工图审查情况备案的办理手续

① 颁发的证件：备案证明。

② 设定依据

a.《房屋建筑和市政基础设施工程施工图设计文件审查管理办法》（建设部令第 134 号）第十三条（一）审查合格的，审查机构应当向建设单位出具审查合格书，并将经审查机构盖章的全套施工图交还建设单位。审查合格书应当有各专业的审查人员签字，经法定代表人签发，并加盖审查机构公章。审查机构应当在 5 个工作日内将审查情况报工程所在地县级以上地方人民政府建设主管部门备案。

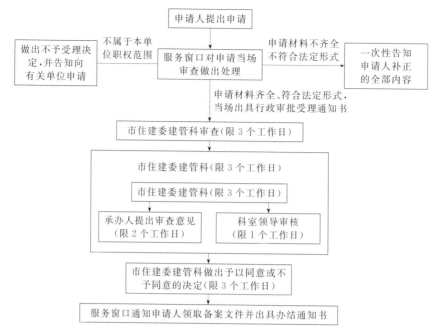

图 3-3 百色市施工图审查情况备案审批流程

b. 根据《关于实施〈房屋建筑和基础设施工程施工图设计文件审查管理办法〉有关问题的通知》（建质〔2004〕203号）第十条，审查机构应当在审查合格书颁发后5个工作日内将审查情况报项目所在地县级以上地方人民政府建设主管部门备案。该备案属于告知性备案，其内容应当包括审查合同和审查合格书。

c. 根据《关于加强民用建筑工程项目建筑节能审查工作的通知》（建科〔2004〕174号），各级建设行政主管部门要将建筑节能审查切实作为建筑工程施工图设计文件审查的重要内容，保证节能标准的强制性条文真正落到实处。审查合格的工程项目，需在项目受管辖的建筑节能办公室进行告知性备案。

d. 《转发建设部〈关于加强民用建筑工程项目建筑节能审查工作的通知〉》（粤建设字〔2005〕18号），各地建筑节能施工图审查后应报项目管辖的建设行政主管部门建筑节能办公室或建设局指定的处（科）室备案。

e. 《关于印发〈民用建筑工程节能质量监督管理办法〉的通知》（建质〔2006〕192号）第六条第2款，向建设主管部门报送的施工图设计文件审查备案材料中应包括建筑节能强制性标准的执行情况。

③ 申请资料

a. 房屋建筑和市政基础设施工程施工图设计文件审查情况备案表：表-1 房屋建筑工程；表-2 市政基础设施工程；表-3 民用建筑节能设计审查。

b. 施工图审查合格书（附：施工图审查报告）。

c. 有人工挖孔桩的工程应附市建设局出具的《东莞市建筑工程使用人工挖孔桩备案意见书》复印件（办理方式详见建设工程保证安全施工的措施备案指南）。

④ 审批受理机构：市建设局。

⑤ 审批程序

a. 市建设局办事大厅窗口收验材料。对资料不齐全项目，即时做出《补正材料通知书》，一次性告知申请人需澄清、补充的有关情况或文件，或对有关内容进行调整。

b. 自收到之日，对符合条件的由市建设局签发备案证明。对不同意备案的，出具不予备案通知书，并说明理由。

注：申请人对项目备案的办理意见有异议的，可依法向市人民政府（或省建设厅）申请行政复议或者向人民法院提起行政诉讼。

⑥ 审批时限：即到即办。

⑦ 审批收费：不收费。

（3）施工图审查情况备案表范本

见本书电子文件。

3.2 建设工程施工与监理招标

根据《房屋建筑和市政基础设施工程施工招标管理办法》，施工单项合同估算价在 200 万元人民币以上，或者项目总投资在 3000 万元人民币以上的，必须进行招标。对于需要实行监理的工程（根据《建设工程监理范围和规模标准规定》，国家重点建设工程、大中型公用事业工程、成片开发建设的住宅小区工程、利用外国政府或者国际组织贷款、援助资金的工程以及国家规定的其他工程必须实行监理），还需要通过招标选择合适的监理单位，以代替建设单位对承建单位的工程建设实施监控。建设工程施工与监理招标的工作流程一般如图 3-4 所示。

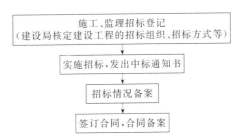

图 3-4 建设工程施工与监理招标的工作流程

3.2.1 建设工程施工与监理招标登记和招标情况备案

建设单位进行施工招标或监理招标时，需要将招标的组织形式和招标方式等情况报建设局核定，建设局核定后发放招标核准书（招标登记表）。

（1）武汉市建设工程施工公开和邀请招标登记和备案的办理手续

① 武汉市房屋建筑和市政基础设施工程公开招标施工项目

a. 项目招标登记备案（招标一部办理）

ⅰ. 需提供下列资料（招标投标监督管理机构将进行原件审核并留存加盖招标人公章的复印件）。

- 《工程建设项目报建表》。
- 《工程建设项目招标代理备案申请表》或者《招标人自行办理招标事宜年度备案表》。
- 招标人的企业法人营业执照。
- 项目审批部门批准的邀请招标立项文件（经市、区发改委或建委等相关立项审批部门确定为邀请招标方式的批准文件)。

- 项目用地证明、施工图设计文件审查合格书、资金证明、报市、区发改委或建委等相关项目审批部门的项目申请报告书、项目初步设计批复文件或设计单位出具的项目概算。
- 拟邀请投标人的相关资料(企业营业执照、企业资质证书、安全生产许可证、外省企业需提供进鄂证明、建造师注册证书)。
- 招标文件(含答疑文件、项目造价计价监管通知书)。
- 《武汉市非国有投资建设工程招标备案表》(网上填写并打印,需加盖招标人公章、招标人法人代表签章及招标代理机构公章)。

ⅱ. 办理内容
- 核定建设项目招标组织形式(委托代理招标或业主自行招标)。
- 核定建设项目招标方式。
- 审核招标过程和结果的合法性,核发《武汉市非国有投资建设工程招标备案表》。

ⅲ. 工作时限:2个工作日。

b. 公示中标结果(开、评标部办理)

ⅰ. 需提供下列资料(招标投标监督管理机构将进行原件审核并留存加盖招标人公章的复印件)

- 该项目开、评标资料(含开标会签到表、投标文件密封情况检验表、开标会唱标记录表、投标函及投标函附录、评委签到表、评委评分表、评委评分汇总表、评委职称证或各级交易中心专家评委证、评标报告)。
- 经监管部门审核并通过的《武汉市非国有投资建设工程招标备案表》、《项目中标公示表》(应加盖招标人公章、招标代理机构公章,另招标人及招标代理机构经办人需签字)。

ⅱ. 办理内容:核对网上填报的中标结果,发布中标公示。

ⅲ. 工作时限:即时办理。

c. 发出中标通知书(报建部办理)

ⅰ. 需提供的资料:《中标通知书》。

ⅱ. 办理内容:核对中标结果,签发《中标通知书》。

ⅲ. 工作时限:即时办理。

d. 项目招投标情况备案(招标一部办理)

ⅰ. 需提供的资料

- 《武汉市房屋建筑和市政基础设施工程施工招标投标情况书面报告》(需加盖招标人公章、招标人法人代表签章及招标代理机构公章)。
- 项目的完整招投标资料。
- 《中标通知书》。

ⅱ. 办理内容:审核签发《武汉市房屋建筑和市政基础设施工程施工招标投标情况书面报告》。

ⅲ. 工作时限:1个工作日。

e. 开具《建设工程项目施工办证联系单》(招标一部办理)

ⅰ. 需提供的资料:项目的完整招投标资料。

ⅱ. 办理内容:审核签发《建设工程项目施工办证联系单》。

ⅲ. 工作时限:即时办理。

② 武汉市房屋建筑和市政基础设施工程邀请招标施工项目

a. 项目招标登记（招标一部办理）

ⅰ. 需提供的资料（招标投标监督管理机构将进行原件审核并留存加盖招标人公章的复印件）

- 《工程建设项目报建表》。
- 《工程建设项目招标代理备案申请表》或者《招标人自行办理招标事宜年度备案表》。
- 招标单位的法人证明材料。
- 项目审批部门批准的邀请招标立项文件（经市、区发改委或建委等相关立项审批部门确定为邀请招标方式的批准文件）。
- 项目用地证明、《施工图设计文件审查受理通知书》、资金证明、报市、区发改委或建委等相关项目审批部门的项目申请报告书、项目初步设计批复文件或设计单位出具的项目概算。
- 拟邀请投标人的营业执照、资质证书、安全生产许可证、外地企业需提供进汉证明、拟邀请投标人的项目经理建造师注册证书。
- 《武汉市建设工程招标登记表》（网上填写并打印，需加盖招标人公章、招标人法人代表签章及招标代理机构公章）。

ⅱ. 办理内容
- 核定建设项目招标组织形式（委托代理招标或业主自行招标）。
- 核定建设项目招标方式。
- 核发《武汉市建设工程招标登记表》。

ⅲ. 工作时限：即时办理。

b. 项目招标文件审查备案（招标一部办理）

ⅰ. 需提供的资料（下述资料均需加盖招标人公章、招标人法人代表签章及招标代理机构公章）：

项目招标文件及附件（招标文件制式文本、工程量清单、专用合同条款等）。

ⅱ. 办理内容
- 发出《招标文件送审受理单》。
- 审核招标文件。
- 提出《招标文件审核意见书》（如有修改的情况）。
- 签发《招标文件审核备案表》。

ⅲ. 工作时限：2个工作日。

c. 项目招标答疑文件备案（招标一部办理）

ⅰ. 需提供的资料：《武汉市房屋建筑和市政基础设施工程招标答疑文件备案表》（如有时，需加盖招标人公章、招标人法人代表签章及招标代理机构公章）。

ⅱ. 办理内容：审查项目招标答疑内容，核发《武汉市房屋建筑和市政基础设施工程招标答疑文件备案表》。

ⅲ. 工作时限：即时办理。

d. 网上交易场所预定（开评标部办理）

ⅰ. 需提供的资料：经监管部门备案的《招标文件》原件1份（提前3天递交给开评标部）。

ⅱ. 办理内容：开标、评标场所预定。

ⅲ. 工作时限：即时办理。

e. 抽取专家评委（开评标部办理）

ⅰ．需提供的资料
- 经监管部门备案的招标登记表原件。
- 建设项目《施工图设计审查合格书》复印件（加盖招标人公章）。
- 经监管部门备案的答疑文件备案表原件。
- 评委打分表表样、汇总表表样及评标报告表样。
- 《招标项目专家评委抽选登记表》（加盖招标人公章及招标人经办人签字）。
- 项目业主评委委托书及身份证和职称证复印件（如有时，需加盖招标人公章及法人章）。

ⅱ．办理内容：抽取专家评委、组建评审委员会。
ⅲ．工作时限：即时办理。

f. 开标、评标（开评标部办理）

ⅰ．开标结束后，招标人或招标代理机构将开标资料及时提交给开评标部。需提供的原件资料有：开标会签到记录表；投标文件递交时间表；投标文件密封互检情况表；投标人法人授权委托书；开标会唱标记录表；投标函及投标函附录；开标会异常情况记录（如有时）。

ⅱ．评标结束后，开评标部将提供给招标人或招标代理机构该项目的评标报告及评委签到名单（复印件各1份）。

ⅲ．办理内容：查核开标会资料；收集评标专家评分表、汇总表和评标报告。
ⅳ．工作时限：即时办理。

g. 中标公示（开评标部办理）

ⅰ．需提供的资料：《项目中标公示表》。
ⅱ．办理内容：核查并发布项目中标公示。
ⅲ．工作时限：即时办理。

h. 发出中标通知书（报建部办理）

ⅰ．需提供的资料：《中标通知书》；《项目中标公示表》。
ⅱ．办理内容：核对中标结果，签发中标通知书。
ⅲ．工作时限：即时办理。

i. 项目招投标情况备案（招标一部办理）

ⅰ．需提供的资料

- 《武汉市房屋建筑和市政基础设施工程施工招标投标情况书面报告》（需加盖招标人公章、招标人法人代表签章及招标代理机构公章）。
- 项目的完整招投标资料。
- 《中标通知书》。

ⅱ．办理内容：审核签发《武汉市房屋建筑和市政基础设施工程施工招标投标情况书面报告》。

ⅲ．工作时限：1个工作日。

j. 开具《建设工程项目施工办证联系单》（招标一部办理）

ⅰ．需提供的资料：项目的完整招投标资料。
ⅱ．办理内容：审核签发《建设工程项目施工办证联系单》。
ⅲ．工作时限：即时办理。

（2）惠州市建设工程施工与监理招标备案的办理手续

① 办理建设工程标底备案所需材料：标底（投标控制价）；工程量清单；电子光盘；招标文件；经办人身份证明及联系电话。

② 办理建设工程施工公开、邀请招标备案手续
a. 建设工程施工招标备案表一式三份（原件）。
b. 发展和改革局立项文件（复印件核对原件）。
c. 国有土地使用证（复印件核对原件）。
d. 《建设用地规划许可证》（复印件核对原件）。
e. 《建设工程规划许可证》（复印件核对原件）。
f. 银行保函或银行存款余额证明（原件）。
g. 建设单位营业执照或组织机构代码证（复印件核对原件）。
h. 建设单位法人委托证明（原件）。
i. 被委托人身份证及联系电话（复印件核对原件）。
j. 申请安排工程监理报告或监理（公开、邀请）招标申请表或委托监理申请表（复印件核对原件）。
k. 施工图设计文件审查批准书（原件）。
l. 惠州市建设工程造价管理站标底备案表（原件）。
m. 委托合同（委托招标代理机构进行招标的）（原件）。
n. 工程预算书（原件，建设工程造价咨询公司编制）。
o. 招标文件（原件）。
③ 办理工程监理（公开、邀请）招标备案和委托监理手续
a. 工程监理招标申请表或委托监理申请表一式三份（原件）。
b. 发展和改革局立项文件（复印件核对原件）。
c. 《国有土地使用证》（复印件核对原件）。
d. 《建设用地规划使用证》（复印件核对原件）。
e. 《建设工程规划许可证》（复印件核对原件）。
f. 银行保函或银行存款余额证明（原件）。
g. 建设单位营业执照或组织机构代码证（复印件核对原件）。
h. 私营企业股份公司证明文件（工商行政主管部门出具，原件）。
i. 建设单位法人委托证明（原件）。
j. 被委托人身份证及联系电话（复印件核对原件）。
k. 施工图设计文件审查批准书（原件）。
l. 委托合同（原件，委托招标代理机构进行招标的）。
m. 工程预算书（原件，建设工程造价咨询公司编制）。
n. 招标文件（原件）。

3.2.2 建设工程施工与监理合同备案

根据《房屋建筑和市政基础设施工程施工招标投标管理办法》、《房屋建筑和市政基础设施工程施工分包管理办法》，在《中标通知书》发出的 30 日内，招标人应当按照招标文件、中标人的投标文件和中标人签订施工合同/分包合同，并在合同签订之后的 7 日内，将施工合同/分包合同送至建设局备案。实行监理的建筑工程，建设单位应当与其委托的工程监理单位签订书面委托监理合同，并报建设局备案。

(1) 长沙市建设工程施工与监理合同备案的办理手续
① 监理合同备案（建设市场管理处）

a. 监理合同备案登记表（一式三份）；
b. 监理单位营业执照、资质证书；
c. 备案登记表所填人员监理证书、身份证及总监继续教育培训证；
d. 建设工程委托监理合同标准文本；
e. 监理中标通知书原件（工程造价在1300万元以上的项目）；
f. 施工中标通知书（复印件）；
g. 外地来长监理企业，还需提供外地来长企业备案表。
② 建设工程施工合同备案（市建设工程造价站）
a. 施工合同文本，施工作业分包（专业分包）合同文本（原件一式三份，附电子文档光盘）；
b. 《长沙市建设工程施工合同备案表》、《长沙市建设工程施工作业分包（专业分包）合同备案表》（原件各一式六份，一个施工合同填写一套）；
c. 施工作业分包（专业）分包《建筑企业资质证书》复印件；
d. 中标通知书复印件或非招标工程审批表复印件；
e. 非招标项目需提交施工单位营业执照、资质证书、安全生产许可证、建造师证、安全生产考核合格证、项目技术负责人职称证；
f. 加盖公章及注册造价师签字盖章的工程量清单报价单或投标报价造价书（.pks），附电子文档光盘；
g. 填写《合同备案管理信息》（加盖公章）；
h. 甲乙双方法人授权委托书原件及经办人身份证复印件；
i. 《监理合同备案登记表》复印件；
j. 施工作业分包企业项目技术负责人职称证复印件；
k. 《长沙市建筑施工企业工伤保险参保登记表》及建筑施工企业工伤保险参保证明原件。

(2) 百色市建设工程施工合同与分包合同备案的办理手续
① 实施权限和实施主体。根据《房屋建筑和市政基础设施工程施工分包管理办法》规定，自治区、地级市、县住房和城乡建设行政主管部门负责建设工程施工合同、分包合同备案。
② 行政审批条件
a. 经建设单位认可；
b. 分包工程承包人具有相应资质；
c. 申请材料齐全并符合法定形式。
③ 实施对象和范围。根据《房屋建筑和市政基础设施工程施工分包管理办法》规定，建设工程施工合同、分包合同备案的对象为进行房屋建筑和市政基础设施工程施工发包活动的公民、法人、其他组织。
④ 申请材料。根据《房屋建筑和市政基础设施工程施工分包管理办法》规定，申请建设工程施工合同、分包合同备案，需提交以下材料：
a. 申请书（法人代表及受委托人身份证复印件）；
b. 建设工程施工合同登记备案表4份（审核后1份装订留档）；
c. 施工单位营业执照、资质证书、安全生产许可证、建造师注册证、项目人员相关资格证（复印件装订留档）；

d. 已备案的中标通知书或发承包审核通知书原件（原件审核后复印件装订留档）；

e. 建设工程施工合同（原件审核后复印件装订留档）；

f. 廉政责任书（原件审核后复印件装订留档）；

g. 中标人的商务标（原件审核后复印件装订留档）；

h. 招、投标文件原件（审核后退回）。

注：

● 建设工程施工合同登记备案表需注明该工程专业分包及劳务分包情况，无分包的填写"无"。该表所含工程造价经济指标分析表，需根据承包内容填写完整。

● 投标工程量清单需加盖投标人公章及编制人员执业资格章，并按承包内容分别提交单位工程投标报价汇总表，包含安装工程的项目需加盖具有安装专业的造价员执业资格章。

● 区外建筑施工企业须提供入桂企业单项承接工程项目备案登记表（或年度备案登记表）（复印件）。

● 依法不进行招标的工程，可不提供招标文件。

● 将需要留档材料按以上顺序装订成册。

⑤ 办结时限

a. 法定办结时限：当场办结。

b. 承诺办结时限：当场办结。

⑥ 收费项目、标准及其依据：不收费。

⑦ 建设工程施工合同、分包合同备案审批流程见图 3-5（法定办结时限：当场办结、承诺办结时限：当场办结）。

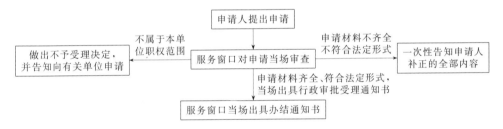

图 3-5 建设工程施工合同、分包合同备案审批流程

（3）建设工程施工合同备案表范本

见本书电子文件。

3.3 建设工程施工组织设计与监理规划的编制与审查

3.3.1 建设工程施工组织设计的编制与审查

施工组织设计是由施工单位编制的，经建设单位批准实行的关于项目工程施工管理的总体计划，对施工过程起引导作用。在完成施工图纸会审工作后，施工单位就可以报审施工组织设计。

（1）施工组织设计的编制要求

① 施工组织设计应有施工单位项目技术负责人和建设单位技术负责人共同签署。

② 施工组织设计中施工平面布置图和总进度计划应提前、单独报批。
③ 施工组织中必须包括以下内容项目：
- 工程概况；
- 工程施工部署；
- 主要项目施工方法；
- 大中机械选择方案；
- 塔吊、集中搅拌站基础图纸；
- 已批准的施工平面布置图；
- 已批准的总进度计划；
- 抹灰防空鼓、开裂措施；
- 楼板、墙体不同材质基体抗裂措施；
- 屋面、卫生间、外墙、门窗防渗漏措施；
- 层高和房间方正控制措施；
- 分户验收组织计划；
- 安全防护措施；
- 文明施工和环保措施；
- 季节施工方案；
- 针对当前工程质量通病制定的技术措施；
- 为保证工程质量而制定的质量预控措施；
- 施工总平面布置图和工程协调的具体措施。

（2）施工组织设计的审查流程

在施工单位中标后，工程管理科应要求中标单位在明确施工组织设计编制要求的基础上，进一步熟悉施工图及施工现场实际情况并有针对性地完善投标时报送的施工组织设计，并一式三份报工程管理科、监理单位及预决算科审查。三方审查完成后形成施工组织设计审查意见表，将审查意见表交施工单位，由施工单位对施工组织设计进行修改和补充，并需处长最终批准。具体流程如图3-6所示。

（3）施工组织设计的审查要求

经批准的施工组织设计是工程项目管理质量控制的目标计划。因此在审查过程中，相关人员必须严格按照审查要求去实施管理，确保符合要求的施工组织设计的实现。

监理工程师、项目工程师在施工组织审核中，应按以下审核要求去实施管理，同时兼顾可操作性和经济性。

① 工程施工部署是否合理。
② 施工平面布置图是否与标段划分一致且与批准的场地布置一致。
③ 临电、上下管线布置是否合理。
④ 井点降水方案是否经济。
⑤ 混凝土（商品混凝土）、大模板施工方法、机械配置是否满足施工质量、进度要求。
⑥ 分户验收组织计划是否可行和是否满足工期要求。
⑦ 总进度计划是否满足合同要求且是否与已经批准的一致。
⑧ 安全防护措施是否到位且是否经济。
⑨ 文明施工和环境保护是否到位、合理。

图 3-6 施工组织设计的审查流程

⑩ 组织架构是否与已经批准的一致。
⑪ 结构是否完整，内容是否齐全。
⑫ 场地布置是否满足销售通道和销售环境、安全文明施工、后续工程的施工要求。
⑬ 总进度计划的重大节点是否满足公司开发和销售要求。
⑭ 总进度计划应明确专业分包单位的插入时间节点（审查时应充分考虑专业分包单位的合理施工工期）。
⑮ 施工组织设计或施工方案对保证工程质量应有可靠的技术和组织措施。
⑯ 结合工程项目的具体情况，要求施工单位编制重点分部（项）工程的施工工艺文件。一般要求编制工艺文件的工程有：基础工程、主体结构工程、防水工程、外墙装饰工程、给排水工程、低压配电工程、室内高级装饰工程等，对编制的工艺文件应进行审核。

（4）施工组织设计各部分的审查要点

施工组织设计各部分内容的审查要点如下。

不管是初次编写好的施工组织设计还是变更后的施工组织设计，都必须通过审批才可以执行。

① 综合部分
a. 施工组织设计依据应充分，包括：招标书、投标书、施工合同、甲方其他要求、政

府有关规定、国家和地方有关规范、全套施工图纸、地质勘探报告、地下管网分布图、现场状况等。

b. 施工组织设计必须六项齐全且有深度：工程管理架构、施工技术措施、现场平面布置、进度总计划、施工机械状况说明及一览表、质量安全季节性保证措施。

c. 施工工组织设计应针对本工程具体特点，提出相应措施。

② 管理架构

a. 管理架构需详细具体附表，包括处长、主管工程副处长、工程管理科科长等。

b. 人员配备数量必须满足工程要求，相关人员的资质、经验、能力、配合等必须满足工程要求。

③ 工程进度计划

a. 工程进度计划安排应符合实际情况，并考虑分包单位的施工进度安排。

b. 工程进度计划中应明确各分项工程工程量、材料用量、日人工产量等计算依据（并附计算过程），并应绘制各工种劳动力分布曲线。

c. 施工人员、施工机械、设备、材料安排应充足，进退场时间应科学、合理，特别对需甲方限价以及甲供的材料、设备应有详细的限价、定板、进场计划。

d. 应明确甲方或乙方分包工程的进退场时间（包括电梯、消防系统、空调、防水、铝合金、通信系统、有线电视、高低压配电、室外给水、煤气、橱柜等）。

e. 施工进度计划应考虑因建设单位销售需要提前移交部分的施工安排。

④ 现场布置

a. 现场布置图应考虑基础、地下室、主体、装修等施工各阶段的需要（包括分期工程的上下期衔接），并应重点考虑销售需要。

b. 乙方应采取措施创造、维护良好的现场销售环境；应有具体措施配合样板房施工和对外开放。

c. 平面布置应达到方便施工、易于管理、节省成本的目的。

⑤ 质量、安全要求

a. 由于业主对房屋质量（特别涉及使用方面，例如渗漏、裂缝、排水不畅通等）的要求高，方案中应有防治工程质量通病的具体措施和奖惩制度，确保房屋的使用功能。

b. 在危险环境下施工，应采取具体防护措施，确保人身和财产安全。

c. 乙方应采取措施协调各分包单位的施工工作（如垂直运输、用水用电、加工场地等），负责本单位和分包单位的成品、半成品的保护。

⑥ 施工方案

a. 施工组织设计中的措施，应根据工程需要考虑周全，并分项列明所采取的措施的费用，由甲方根据招标书、投标书、施工合同等决定是否支付该部分费用。

b. 列出要编制的常规施工方案并应针对施工难点（例如后浇带、防水工程、大体积混凝土、转换梁、坡屋面等）编制技术方案，方案应科学、经济、方便，并计划日期。

c. 应明确乙方分包工程的施工单位，并由分包单位提供分包工程施工方案、资质证书。

d. 应针对各季节的特点（如冬季、雨季等），采取不同的施工措施。

e. 考虑各种备用方案，包括人力、设备、材料等，如发电机、水池等。

f. 施工现场应采取措施达到文明施工标准。

g. 关于样板房毛坯部分的施工应有具体的措施，样板房开放后应有具体的维护办法（如防水等）。

h. 人力、设备的安排应充分，对于垂直、水平运输等关键设备应有具体可行的维修、备用措施。

(5) 施工组织设计审批的注意要点

① 不管是初次编写好的施工组织设计还是变更后的施工组织设计，都必须通过审批才可以执行。

② 专业监理工程师对在施工组织设计或施工方案审查中发现的问题应认真帮助施工单位解决，落实具体的工艺要求和技术措施，保证施工组织设计的可行性、合理性和经济性。

③ 工程管理科和基建处领导对施工组织设计或施工方案应提出书面的审核意见，交施工单位执行，并归入工程档案。

④ 审核人员应将审核意见填写审批单，不足时加页。

⑤ 施工单位应根据审核意见修改或补充施工组织设计；对于补充施工组织依然违反审核意见的，甲方按照质量违约处理。

(6) 施工组织设计审批表范本

见本书电子文件。

3.3.2 建设工程监理规划与监理实施细则的编制与审查

监理单位是工程建设现场质量、进度控制和施工单位间协调的主要责任单位，并协助建设单位进行成本控制。建设单位必须对监理单位的监理工作进行定期检查和有效监控，以确保工程质量、投资、进度处于受控状态。

工程开工前，监理单位必须编制工程监理规划与工程监理实施细则，并经建设单位工程管理科进行审核，填写工程监理规划（细则）审批表，由主管工程副处长审批后作为监理实施依据。

(1) 监理规划的编制

监理规划是在项目总监理工程师的主持下编制、经建设单位总工程师批准，用来指导项目监理部全面开展监理工作的指导性文件。

① 监理规划的编制依据

a. 建设工程的相关法律、法规及项目审批文件。

b. 与建设工程项目有关的标准、设计文件、技术资料。

c. 监理大纲、委托监理合同文件以及与建设工程项目相关的合同文件。

d. 公司《质量手册》、监理工作文件等。

e. 项目监理实施策划内容。

② 监理规划的编制内容

a. 工程项目概况：说明工程项目名称、组成及建筑规模、预计工程投资总额、计划工期，工程质量目标，勘察、设计、施工单位名称、项目负责人，工程项目特点等。

b. 监理工作范围：说明委托监理合同中所确定的监理工作范围。

c. 监理工作内容：说明委托监理合同中所确定的监理工作内容。

d. 监理工作目标：根据委托监理合同的规定和建设单位的要求所确定的监理工作三大控制目标（质量、进度、造价），以及根据公司总的质量目标所分解的本项目监理部质量目标。

e. 监理工作依据：说明监理工作所依据的国家法律、法规和行业、地方规定，国家、行业和地方的技术标准、规范、规程，合同文件，勘察、设计文件，施工、监理文件等。

  f. 项目监理部的组织形式：说明项目监理部的组织结构形式及组织结构图。
  g. 项目监理部的人员配备计划：说明项目监理部的人员组成。
  h. 项目监理部的人员岗位职责：说明项目监理部各级人员的岗位职责。
  i. 监理工作程序：用流程图的形式说明监理工作程序。
  j. 监理工作方法及措施：说明监理工作所采用的方法及控制措施。
  k. 监理工作制度：说明监理工作的各项制度。
  l. 监理设施：说明本项目监理部所配备的监理设施。
  m. 监理记录目录：说明监理工作所应填写的监理记录表格名称。
  ③ 监理规划编制的注意事项

a. 监理规划是在项目监理部充分分析和研究工程项目的目标、技术、管理、环境以及参与工程建设各方等方面的情况后制订的指导工程项目监理工作的实施方案，因此监理规划应有明确具体的、符合项目要求的监理工作内容、工作方法、监理措施、工作程序和工作制度。

b. 监理规划应针对项目的实际情况进行编制，所以应在收到工程项目的设计文件之后开始编制。

c. 监理规划是针对具体工程项目编写的，由于工程项目具有动态性，所以要求监理规划随着工程项目的进展不断进行补充、修改和完善。

（2）监理实施细则的编制

监理实施细则是根据监理规划，由专业监理工程师编写，并经项目总监理工程师批准，针对工程项目中某一专业或某一方面监理工作的操作性文件。

  ① 监理实施细则的编制依据
  a. 已批准的《监理规划》。
  b. 与专业工程相关的标准、设计文件和技术资料。
  c. 《施工组织设计》或《施工方案》。
  d. 公司《质量手册》、监理工作文件等。
  e. 项目监理专业策划内容。
  ② 监理实施细则的编制内容
  a. 专业工程的特点：应说明本专业工程的施工特点和监理特点。
  b. 监理工作的流程：用流程图的形式描述本专业监理工作的流程。
  c. 监理工作的控制要点及目标值：应说明本专业监理工作的控制要点及目标值。
  d. 监理工作的方法及措施：应说明本专业监理工作的方法及措施。
  ③ 监理实施细则编制的注意事项

a. 监理实施细则应符合监理规划的要求，并应结合工程项目的专业的特点，做到详细具体、具有可操作性。

b. 监理实施细则可按工程进展情况编写，尤其是当施工图纸未出齐就开工的情况，但是当某分部工程或单位工程或按专业划分构成一个整体的局部工程开工前，该部分的监理实施细则应编制完成，并在开工前应经过项目总监理工程师的审批。

c. 监理实施细则应具有针对性，应根据专业施工的特点制订专业监理工作控制措施，设置质量控制点的具体位置及控制方法，明确哪些工序需要进行旁站监理及进行旁站监理的内容，明确专业监理工作平时巡查的内容和重点。

(3) 监理规划与监理实施细则的审批

① 监理规划与监理实施细则的审核要点。工程管理科对工程监理规划与工程监理实施细则的审核，应该包括以下要点。

a. 监理范围、工作内容及目标。

b. 是否符合《监理合同》约定。

c. 监理机构组织结构、人员配备方案。

d. 能否满足实际需要。

e. 监理工作计划与进度、质量、安全控制方法与措施是否科学、合理、有效。

f. 监理工作制度（包括施工组织设计审核制度、设计交底制度、工程竣工验收制度等）是否健全完善。

② 监理规划与监理实施细则的审批流程见图 3-7。

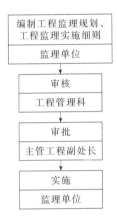

图 3-7 监理规划与监理实施细则的审批流程

（4）监理规划审批表范本

见本书电子文件。

3.4 建设工程质量安全监督登记与施工安全措施备案

3.4.1 建设工程质量安全监督登记

建设单位在完成工程施工与监理招标、施工组织设计与监理规划的审批之后，应到建设局质量安全监督站办理质量安全监督登记。

（1）百色市建设工程质量安全监督登记的办理手续

① 实施权限和实施主体

a. 根据《建设工程质量管理条例》（国务院令第 279 号），由自治区、地级市、县级住房和城乡建设行政主管部门负责建设工程质量安全监督登记。

b. 自治区住房和城乡建设厅负责办理自治区人民政府确定的重点建设工程质量安全监督登记。

c. 地级市住房和城乡建设行政主管部门负责办理本行政区域内建设工程质量安全监督登记。

d. 县级住房和城乡建设行政主管部门负责办理本行政区域内建设工程质量安全监督登记。

② 行政审批条件。根据《建设工程质量管理条例》（国务院令第279号），行政审批条件为：

a. 市（县）规划区范围内的所有建设工程项目；

b. 村庄、集镇规划区内，建筑跨度、跨径或者高度超过自治区人民政府建设行政主管部门规定范围的建筑工程以及2层（含2层以上）的住宅。

③ 实施对象和范围。根据《建设工程质量管理条例》（国务院令第279号）规定，在广西区域内建设工程质量安全监督登记的对象为市（县）规划区范围内的所有建设工程项目。

④ 申请材料。根据桂建质〔2014〕13号和桂建质〔2005〕21号申请建设工程质量安全监督登记，需提交如下材料。

a. 申请书（法人代表及受委托人身份证复印件）。

b. 建设工程质量安全监督登记书（原件，一式四份）。

c. 《建设工程规划许可证》。

d. 施工、监理单位中标通知书，建设工程施工合同备案表、监理合同。

e. 施工、监理单位资质证书，施工企业安全生产许可证及年审记录。

f. 项目部授权书及人员名单（原件）、证件（公司质量安全管理部门人员中级职称证书；项目经理建造师注册证书、安全生产考核合格证书B证；技术负责人中级职称证书；安全员岗位证书、安全生产考核合格证书C证；施工员、质检员、资料员等资格证和岗位证书；以上人员的继续教育培训情况；企业及所有人员信息应及时按规定录入建筑业企业网上报送信息系统）；监理部授权书及人员名单（原件）、证件（公司质量安全管理部门人员中级职称证书；总监执业资格证及其他监理员培训合格证、继续教育培训情况；企业及所有人员信息应及时按规定录入建筑业企业网上报送信息系统）。

g. 经监理单位审定的，包含施工安全技术措施的施工组织设计；危险性较大的分部分项工程清单和专项安全施工方案（原件）。

h. 建设、施工、监理签署的质量、安全承诺书，房屋质量、市政质量、建设工程安全告知书（原件，一式四份或五份）。

i. 建设工程开工安全条件情况报告书、应组织专家论证的危险性较大工程情况报告书（原件）。

⑤ 办结时限

a. 法定办结时限：5个工作日。

b. 承诺办结时限：3个工作日。

⑥ 行政审批数量：无数量限制。

⑦ 收费项目、标准及其依据：不收费。

⑧ 建设工程质量安全监督登记审批流程见图3-8。

(2) 广州市建设工程质量安全监督登记的办理手续

① 报监程序

a. 取得建设工程施工中标通知书、《建设工程规划许可证》后，将质监资料报质监部门。

b. 收案后到办公室取得《建设工程质量安全监督登记表》。

c. 填写建设工程质量安全监督登记表（一式五份），加盖单位公章。

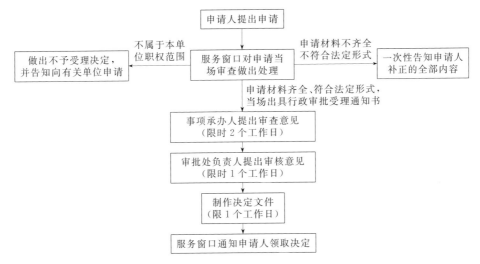

图 3-8 百色市建设工程质量安全监督登记审批流程

注：法定办结时限 5 个工作日、承诺办结时限 3 个工作日。

d. 约请市质检站执法科工作人员查勘现场。

e. 在办公室办理完毕登记手续后，将《登记表》及有关资料送监督业务科室查阅安排监督工作人员。

f. 凭登记表到站财务室按项目建安工作量的 0.25% 开《交款通知书》。

g. 持《交款通知书》到市工商银行各营业网点交款并将回执送办公室。

h. 将该项目的项目经理证书原件送办公室备案。

i. 取得登记表后取得安全文明施工情况表。

② 所需资料

a. 建设工程施工中标通知书。

b. 建设工程质量安全监督登记表。

c. 地质勘察报告。

d. 报建审核书。

e. 旁站监理方案及施工组织设计。

f. 淤泥渣土排放证。

③ 收费标准：工程建安工作量的 0.25%。

④ 办理质量安全监督登记手续流程见图 3-9。

(3) 惠州市建设工程质量监督和安全监督的办理手续

① 办理建设工程质量监督手续。需提交的申报材料如下。

- 《建设工程规划许可证》（交复印件）。
- 施工、监理中标通知书（交复印件）。
- 施工、监理合同（交复印件）。
- 施工图设计文件审查意见（交复印件）。
- 工程质量监督登记表原件（一式五份）。
- 施工组织设计或施工方案（交原件）。
- 监理规划。
- 民用建筑节能设计审查备案登记表（交复印件）。

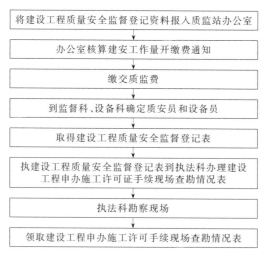

图3-9 广州市办理质量安全监督登记手续流程

- 施工图一套（盖审查章）（交原件）。
- 地质勘查报告（交原件）。
- 建设单位提供委托送样见证人的证明和相片（交原件）。

② 办理建设工程安全监督手续。需提交的申报材料如下。

a. 建设单位

- 报送申请办理建设工程施工安全监督手续的报告。
- 领取并填报建设工程各方人员登记表（1份）。
- 领取并填报建设工程安全监督登记表（一式四份）。
- 领取并填报建设工程施工前期安全措施登记表（一式四份）。
- 建设工程规划许可证复印件（含附件）。
- 建设工程施工中标通知书复印件或有关部门的审批意见。
- 建设工程监理中标通知书复印件或有关部门的审批意见。
- 建设工程项目地质勘察报告（审查后退回）。
- 建筑施工图及结构施工图（审查后退回）。
- 领取并填报建设工程重大危险源登记备案表（1份）。

b. 施工企业

- 项目管理人员任命书及项目安全、文明施工管理机构网络图：必须根据工程项目实际设置情况进行任命和绘制网络图。
- 项目安全生产、文明施工责任制：必须根据现场管理人员的职责进行编制，其中项目经理安全生产责任制由公司法人代表与项目经理签订，其余管理人员安全生产责任制由项目经理与各管理人员签订，双方均应在安全生产责任制上签字认可。
- 安全管理各项制度：包括安全检查制度、安全教育培训制度、消防责任制度、应急救援预案制度等。
- 管理目标：包括伤亡控制指标、安全达标、文明施工目标。
- 施工企业安全生产许可证、施工企业分管本项目的技术负责人（总工）、安全员及项目负责人、施工员、资料员、特种作业人员等花名册、资格证书复印件：资格证书要求提供原件及复印件，原件审查后退回。施工现场应按工程项目大小配备安全员，建筑工程、装修工程可按建筑面积1万平方米及以下的工程为1人；1万～5万平方米的工程为2人；5万～

10 万平方米的工程为 3 人；10 万平方米以上的大型工程应当设置安全总监，按土建、机电设备等专业设置专职安全生产管理人员（原则上不少于 5 人）。土木工程、线路管道与设备安装工程按总造价 5000 万元以下的工程为 1 人；5000 万~1 亿元的工程为 2 人；1 亿~2 亿元的工程为 3 人；2 亿元以上的大型工程应当设置安全总监，按土建、机电设备等专业设置专职安全生产管理人员（原则上少于 5 人）。

- 单位工程施工组织设计、专项施工组织设计、方案（脚手架、井字架、卸料平台、施工用电、桩基工程、基坑支护、模板工程、高支模、临时设施搭设等）：必须按规定办理审批和监理单位审查等签证手续。
- 拟进场施工机械、设备型号和数量。
- 建设工程安全生产、文明施工设施经费落实情况。
- 意外伤害保险办理情况。
- 经办人身份证明及联系电话。

（4）建设工程质量安全监督登记书范本

见本书电子文件。

3.4.2 建设工程施工安全措施备案

根据《建设工程安全生产管理条例》，建设单位在申请领取《建筑工程施工许可证》时，应当提供建设工程有关安全措施的备案资料。

（1）东莞市建设工程施工安全措施备案的办理手续

① 申请资料

a. 该工程施工组织设计（施工组织设计由施工单位按规定编制盖章，并经监理单位审核后，施工企业技术负责人、监理单位总监理工程师签字提交建设单位），包括以下内容。

ⅰ．施工安全管理机构组织结构图，安全生产责任人、专职安全管理人员名单（应当按企业资质类别和等级，根据企业生产能力或施工规模足额配备）。

ⅱ．安全生产、文明施工责任制度及项目安全管理目标。

ⅲ．安全技术措施。

ⅳ．施工现场总平面布置图，临时设施规划方案，施工现场临时用电方案。

ⅴ．依据《建设工程安全生产管理条例》第二十六条所列七项分部分项工程需提交专项施工方案。

- 基坑支护与降水工程。按东建[2006]60 号《东莞市建设局建筑深基坑工程管理规定》规定，深基坑工程（以下简称深基坑工程）是指开挖深度超过 4m（含 4m），或虽未超过 4m 但地质情况和周围环境复杂的建筑基坑工程。包括工程勘察、支护设计、支护施工、地下（表）水处理、检测验收、基坑监测、土方挖填等内容。
- 土方开挖工程。土方开挖工程是指开挖深度超过 5m（含 5m）的基坑、槽的土方开挖。
- 模板工程。各类工具式模板工程，包括滑模、爬模、大模板等；水平混凝土构件模板支撑系统及特殊结构模板工程。
- 起重吊装工程。
- 脚手架工程。高度超过 24m 的落地式钢管脚手架、附着式升降脚手架（包括整体提升与分片式提升）、悬挑式脚手架、门型脚手架、挂脚手架、吊篮脚手架、卸料平台。

- 拆除、爆破工程。采用人工、机械拆除或爆破拆除的工程。
- 其他危险性较大的工程。建筑幕墙的安装施工、预应力结构张拉施工、隧道工程施工、桥梁工程施工（含架桥）、特种设备施工、网架和索膜结构施工、6m以上的边坡施工、大江与大河的导流和截流施工、港口工程、航道工程，以及采用新技术、新工艺、新材料，可能影响建设工程质量安全，已经行政许可，尚无技术标准的施工。

ⅵ．下列专项工程需递交由施工单位组织专家（专家应当不少于5名，并经住房和城乡建设部或广东省建设厅或东莞市建设局认可的）进行论证、审查的书面论证审查报告。

- 基坑支护与降水工程。开挖深度超过4m（含4m），或虽未超过4m但地质情况和周围环境复杂的建筑基坑工程。包括工程勘察、支护设计、支护施工、地下（表）水处理、检测验收、基坑监测、土方挖填等内容。

应提交深基坑工程的设计文件（包括计算书、图纸和文字资料等）、专项施工方案、专项监测方案以及专家论证审查意见书。

- 地下暗挖工程。地下暗挖（包括人工挖孔桩）及遇有溶洞、暗河、瓦斯、岩爆、涌泥、断层等地质复杂的隧道工程。
- 高大模板工程。水平混凝土构件模板支撑系统高度超过8m，或跨度超过18m，施工总荷载大于$10kN/m^2$，或集中线荷载大于15kN/m的模板支撑系统。
- 30m及以上高空作业的工程。
- 大江、大河中深水作业的工程。
- 城市房屋拆除爆破和其他土石大爆破工程。

ⅶ．工程施工员、安全员和特种作业人员的资格证书复印件。

b．施工单位安全作业环境和文明施工、安全施工措施费用的使用计划。

附：建设单位已列明费用的工程预算复印件、合同支付条款复印件。

c．人工挖孔桩工程。建筑工程采用人工挖孔桩的，建设单位可在办理施工图审查前，将下列资料送市建设局办理使用人工挖孔桩备案，由市建设局签发《东莞市建筑工程使用人工挖孔桩备案意见书》后，设计单位方可按人工挖孔桩进行施工图设计，并由建设单位委托施工图审查机构进行施工图审查：

ⅰ．建设单位会同勘察、设计单位共同提交的《建筑工程使用人工挖孔桩申请表》；

ⅱ．建设单位会同勘察、设计单位提交的采用人工挖孔桩的可行性报告；

ⅲ．地质勘察报告原件；

ⅳ．周边建（构）筑物、道路、管线等环境示意图。

② 审批受理机构：市建设局。

③ 审批程序

a．建设工程保证安全施工的措施备案纳入施工许可一并审查。

b．建筑工程使用人工挖孔桩申请可先行按下列程序进行。

ⅰ．由市建设局办事窗口收验材料。对资料不齐全项目，即时做出《补正材料通知书》，一次性告知申请人需澄清、补充的有关情况或文件，或对相关内容进行调整。

ⅱ．自收到之日5个工作日内，对备案材料进行审查，符合条件的由市建设局签发《东莞市建筑工程使用人工挖孔桩备案意见书》。对不符合条件的项目，在5个工作日内出具《不予备案通知书》，并说明理由。

ⅲ．凭《东莞市建筑工程使用人工挖孔桩备案意见书》设计单位可按人工挖孔桩进行施工图设计，并由建设单位委托施工图审查机构进行施工图审查。

④ 审批时限：使用人工挖孔桩申请自收到齐全资料之日起 5 个工作日内。
⑤ 审批收费：无。

(2) 建设工程安全施工措施备案表范本

见本书电子文件。

3.5 建设工程施工许可阶段相关费用的缴纳

在申请《建筑工程施工许可证》之前，建设单位、施工单位需要先缴齐新型墙体材料专项基金、散装水泥专项基金、建设工程质量监督费、工程定额测定费、劳动保证金等费用。

(1) 东莞市建设工程施工许可阶段相关费用缴纳的办理手续

① 缴费须知。在申领《建筑工程施工许可证》前，工程发包人和承包人应当缴齐以下费用：建设工程质量监督费；新型墙体材料专项基金；散装水泥专项基金；工程定额测定费。

② 办理程序。第一步：领取缴费通知单。

发包人（建设单位）凭施工合同及中标通知书（应招标项目提交）在市建设局一楼办事大厅领取建设工程质量监督费、新型墙体材料专项基金和散装水泥专项基金的《缴费通知书》；

承包人（一般指总承包单位）凭施工合同及中标通知书（应招标项目提交）在市建设局一楼办事大厅领取工程定额测定费的《缴费通知书》。

第二步：根据缴费通知单缴款。

③ 办理时限：即到即办。
④ 办理地点：市建设局办事窗口。
⑤ 收费依据见表3-1。

表 3-1 东莞市办理《建筑工程施工许可证》的收费依据

收费项目	收费标准	依据
建设工程质量监督费	按建筑面积定额收费，收费标准：框架（含砖混）结构 2.0 元/m²，高层建筑 2.5 元/m²，超高层 3.2 元/m²。一项工程建筑工程质量监督费低于 800 元的，按 800 元收费	根据广东省物价局和广东省财政厅《关于调整工程质量监督费计算方式的复函》（粤价函[2004]477 号）规定
新型墙体材料专项基金	按照工程概算确定的建筑面积每平方米 8 元收取	根据国家财政部、国家发改委发布的《新型墙体材料专项基金征收和使用管理办法》（财综[2007]77 号文）第六条规定
散装水泥专项基金	按工程预算水泥总量每吨 3 元征收，不能按工程预算计算的按下列标准进行计算 (1) 6 层（含本数）以下的，按建筑面积每平方米使用水泥量 0.20t 计算 (2) 7～16 层（含本数）的，按建筑面积每平方米使用水泥量 0.25t 计算 (3) 17～36 层（含本数）的，按建筑面积每平方米使用水泥量 0.30t 计算 (4) 37 层（含本数）以上的，按建筑面积每平方米使用水泥量 0.35t 计算 (5) 其他建筑物或构筑物工程按混凝土体积每立方米使用水泥量 0.40t 套算	根据财政部、国家发改委发布的《新型墙体专项基金征收和使用管理办法》（财综[2007]77 号文）第六、第七条规定

续表

收费项目	收费标准	依据
工程定额测定费	按建安工作量的1‰收取	根据原国家计委、财政部《关于全面整顿住房建设收费取消部分收费项目的通知》（计价格[2001]585号）精神及广东省物价局《关于取消和降低涉及住房建设收费的通知》（粤价[2001]323号）规定

（2）天津市建设工程新型墙体材料专项基金缴纳的办理手续

① 行政服务事项名称：新型墙体材料专项基金征收。

② 法律法规规章依据

a.《天津市墙体材料革新和建筑节能管理规定》（天津市人民政府第56号令）第十三条：建设单位新建、扩建、改建建设工程，未全部使用新型墙体材料的，应当按照国家和本市有关规定向墙体材料革新和建筑节能办公室缴纳新型墙体材料专项基金。

b.《新型墙体材料专项基金征收使用管理办法》（财综[2007]77号）第五条：凡新建、扩建、改建建筑工程未使用《新型墙体材料目录》规定的新型墙体材料的建设单位（以下简称建设单位），应按照办法规定缴纳新型墙体材料专项基金。第六条：未使用新型墙体材料的建筑工程，由建设单位在工程开工前，按照规划审批确定的建筑面积以及每平方米最高不超过10元的标准，预缴新型墙体材料专项基金。

③ 申请该行政服务事项应具备的条件。已取得：施工招标中标通知书；图纸审查合格书；建筑施工图纸。

④ 应提交的全部申请材料目录：天津市新型墙体材料专项基金缴款表（一式两份）；施工招标中标通知书（原件及复印件）；图纸审查合格书（原件及复印件）；建筑施工图纸（原件）。

注：原件验后退回，复印件留档。

⑤ 办理程序

a. 第一步：申请人备齐申请材料到市行政许可服务中心报送申请材料，窗口工作人员进行审核，发现材料不齐全或不符合法定形式的，当场一次性告知申请人需要补正材料的全部内容。

b. 第二步：申请材料齐全且符合法定形式的，窗口工作人员出具财政局的统一缴款书。

c. 第三步：申请人持统一缴款书可到行政许可中心的建设银行交支票或者现金，也可在本单位开户银行办理电汇手续。

d. 第四步：申请人持银行缴款到账凭证到行政许可服务中心办结。

⑥ 是否需要现场踏勘：否。

⑦ 是否需要审图：是。

⑧ 法定审批时限：无。

⑨ 承诺办结时限：1个工作日。

⑩ 有无收费及收费依据和标准。《天津市新型墙体材料专项基金收缴实施细则》（津财综[2002]14号）第三条凡在本市行政区域内，采用黏土烧结而成的实心和空心黏土砖的新建、扩建、改建的建筑工程的建设单位，应按天津市墙体材料革新和建筑节能办公室（以下简称墙改办）核准的建筑面积，按每平方米8元缴纳新型墙体材料专项基金（以下简称墙改基金），未全部使用新型墙体材料的建筑工程，按应交金额的30%缴纳墙改基金。农村村民自建住房不向社会发售的，不适用本办法。

（3）天津市建设工程散装水泥专项基金缴纳的办理手续

① 行政服务事项名称：散装水泥专项基金征收。

② 法律法规规章依据

a.《天津市发展散装水泥管理办法》(天津市人民政府令第92号)第十七条：新建、扩建、改建的建设工程，建设单位应当根据工程预算使用水泥数量，在申请领取施工许可证前，按照国家和本市有关规定预先缴纳散装水泥专项资金。

b. 财政部、国家发改委《关于印发〈新型墙体材料专项基金征收和使用管理办法〉的通知》(财综〔2007〕77号第三条)：新型墙体材料专项基金征收、使用和管理政策由财政部会同国家发改委统一制定，由地方各级财政部门和新型墙体材料行政主管部门负责组织实施，由地方各级墙体材料革新办公室具体负责征收和使用管理。

③ 申请该行政服务事项应具备的条件。已取得：施工招标中标通知书；图纸审查合格书。

④ 应提交的全部申请材料目录：天津市散装水泥专项资金缴款申请确认书（一式两份）；施工招标中标通知书（原件及复印件）；图纸审查合格书（原件及复印件）。

注：原件验后退回，复印件留档。

⑤ 办理程序

a. 第一步：申请人备齐申请材料到市行政许可服务中心报送申请材料，窗口工作人员进行审核，发现材料不齐全或不符合法定形式的，当场一次性告知申请人需要补正材料的全部内容。

b. 第二步：申请材料齐全且符合法定形式的，窗口工作人员出具财政局的统一缴款书。

c. 第三步：申请人持统一缴款书可到行政许可中心的建设银行交支票或者现金，也可在本单位开户银行办理电汇手续。

d. 第四步：申请人持银行缴款到账凭证到行政许可服务中心办结。

⑥ 是否需要现场踏勘：否。

⑦ 是否需要审图：是。

⑧ 法定审批时限：无。

⑨ 承诺办结时限：1个工作日。

⑩ 有无收费及收费依据和标准

财政部、国家发改委《关于印发〈新型墙体材料专项基金征收和使用管理办法〉的通知》(财综〔2007〕77号第六条)：对使用袋装水泥的单位按照最高不超过每吨3元征收散装水泥专项资金。

(4) 广州市建设工程劳动保证金缴纳的办理手续

① 办事程序

a. 取得建设工程施工施工中标通知书后，持中标通知书、报建审核书到劳保办核算劳保金金额；

b. 劳保金额较大的，负责签订劳保金分期缴交合同，并缴交劳保费；

c. 签证金额较小，负责签订劳保金缴交合同；

d. 交纳完毕保证金后当天取得交缴证明。

② 所需资料：中标通知书、报建审核书。

③ 收费标准见表3-2。

表3-2　广州市建设工程劳动保证金缴纳的收费标准　　　　单位：%

工程项目	一类工程	二类工程	三类工程	四类工程
建筑工程	4.12	3.41	2.68	1.95
园林绿化	4.48	3.49	1.72	1.43

续表

工程项目	一类工程	二类工程	三类工程	四类工程
安装工程	1.45	1.45	1.45	1.45

注：数据为占工程造价费用的百分比。

(5) 新型墙体材料专项基金缴款表范本

见本书电子文件。

(6) 散装水泥专项资金缴款申请确认书范本

见本书电子文件。

3.6 《建筑工程施工许可证》的办理

《建筑工程施工许可证》是建筑施工单位符合各种施工条件、允许开工的批准文件，是建设单位进行工程施工的法律凭证，也是房屋权属登记的主要依据之一。在建筑工程开工之前，建设单位必须到当地建设局申请领取《建筑工程施工许可证》（工程投资额在30万元以下或者建筑面积在300m² 以下的建筑工程可以不申请办理施工许可证），建设局在收到申请的15日内，对符合条件的建设单位颁发《建筑工程施工许可证》。

3.6.1 《建筑工程施工许可证》办理的条件与注意事项

(1)《建筑工程施工许可证》办理的条件

建设单位申请领取《建筑工程施工许可证》，应当具备以下条件。

① 依法应当办理用地批准手续的，已经办理该建筑工程用地批准手续。

② 在城市、镇规划区的建筑工程，已经取得《建设工程规划许可证》。

③ 施工场地已经基本具备施工条件，需要征收房屋的，其进度符合施工要求。

④ 已经确定施工企业。按照规定应当招标的工程没有招标，应当公开招标的工程没有公开招标，或者肢解发包工程，以及将工程发包给不具备相应资质条件的企业的，所确定的施工企业无效。

⑤ 有满足施工需要的技术资料，施工图设计文件已按规定审查合格。

⑥ 有保证工程质量和安全的具体措施。施工企业编制的施工组织设计中有根据建筑工程特点制订的相应质量、安全技术措施。建立工程质量安全责任制并落实到人。专业性较强的工程项目编制了专项质量、安全施工组织设计，并按照规定办理了工程质量、安全监督手续。

⑦ 按照规定应当委托监理的工程已委托监理。

⑧ 建设资金已经落实。建设工期不足1年的，到位资金原则上不得少于工程合同价的50%，建设工期超过一年的，到位资金原则上不得少于工程合同价的30%。建设单位应当提供本单位截至申请之日无拖欠工程款情形的承诺书或者能够表明其无拖欠工程款情形的其他材料，以及银行出具的到位资金证明，有条件的可以实行银行付款保函或者其他第三方担保。

⑨ 法律、行政法规规定的其他条件。

(2)《建筑工程规划许可证》办理的注意事项

① 因办理《建筑工程施工许可证》的前提条件较多，因此要精心策划，做好同步和穿

插报建工作,以尽量节省时间。

② 办理招投标手续时尽量协调缩短公示期,以早日取得中标通知书,加快《建筑工程施工许可证》的办理。同时应与招投标部门沟通,降低工程造价的标注,减少开发报建规费。

③ 提前进行施工图审查,缩短开发报建时间。

④ 对于有提前动工要求的建设工程,应及时协调质监部门和安监部门提前介入,并提前与城管部门进行协调,需要办理先行施工的处罚的,要协调按已完成的投资额作为处罚依据。在质监站现场查勘时协调形象进度的描述与城管处罚决定书相一致。

⑤ 为顺利办理施工许可证,现场的配合工作也很重要,规划管理科应加强与施工现场的沟通,及时检查施工现场是否三通一平,是否建好围墙、洗车槽,施工工棚,现场安全维护设施是否已落实,施工材料、机械是否按要求规范布置,安全文明生产的管理制度是否落实,施工用电是否按规范敷设,现场查勘及发证时,建设、施工、监理、设计相关人员是否到位等。

⑥ 对于分层办理规划许可证的项目,可以续建的方式办理《建筑工程施工许可证》,避开施工图审查、质监站现场查勘、缴交劳保金手续等,缩短办证时间。

3.6.2 《建筑工程施工许可证》的办理手续

建设单位在办理完建设工程施工图的审查备案、施工与监理的招标、质量与安全监督登记、安全施工措施备案、建设工程相关费用的缴纳等手段之后,便可以到建设局申请领取《建筑工程施工许可证》。

《建筑工程施工许可证》办理的基本程序如下。

① 建设单位到建设局领取《建筑工程施工许可证申请表》。

② 建设单位持加盖单位及法定代表人印鉴的《建筑工程施工许可证申请表》及上述的申请材料向建设局提出申请。

③ 建设局在收到建设单位报送的《建筑工程施工许可证申请表》和所附证明文件后,对于符合条件的,应当自收到申请之日起 15 日内颁发《建筑工程施工许可证》;对于证明文件不齐全或者失效的,应当当场或者 5 日内一次告知建设单位需要补正的全部内容,审批时间可以自证明文件补正齐全后作相应顺延;对于不符合条件的,应当自收到申请之日起 15 日内书面通知建设单位,并说明理由。

(1) 东莞市《建筑工程施工许可证》的办理手续

① 证件有效期。建设单位应当自领取施工许可证之日起 3 个月内开工。因故不能按期开工的,应当在期满前向发证机关申请延期,并说明理由;延期以两次为限,每次不超过 3 个月。既不开工又不申请延期或者超过延期次数、时限的,施工许可证自行废止。

② 审批类型及法律效力:行政许可。在东莞行政区域内的房屋建筑工程,能源、石化、制造等工业工程和农业、林业、市政公用、环保设施等土木工程,线路管道和设备安装工程及装修工程,市政基础设施工程等建设项目的施工许可的审批和管理由市建设局负责。建设单位必须申请领取施工许可证,方可进行施工。

③ 设定依据

a. 《中华人民共和国建筑法》第七条。

b. 《建筑工程施工许可管理办法》(2001 年 7 月 4 日修正)第二条。

c. 《广东省加强建设工程项目开工管理若干规定》(粤府办〔2006〕6 号)第三条。

d.《关于加强既有建筑装修、改扩建质量安全监督管理的通知》(建安办函[2007]4号)第三条、第四条。

④ 审批条件

a. 土地征收被依法批准,且征地(或拆迁)单位已与被征用人(或房屋被拆迁人)签订征地(或拆迁)补偿安置协议;征地(或拆迁)的各项补偿款已按征地(或拆迁)补偿安置协议的约定,足额发放给土地被征收人(或房屋被拆迁人)。

b. 建设项目已按规定完成了项目审批、核准或备案和规划审批、用地审批、环境影响评价、初步设计审查、招标投标等工作,具备法定开工条件。

c. 工程投资额在 30 万元以下或者建筑面积在 $300m^2$ 以下的建筑工程,军事设施工程、抢险救灾工程和农民自用的 3 层及 3 层以下住宅,可以不申请办理施工许可证。

d. 按照国务院规定的权限和程序批准开工报告的建筑工程,不再领取施工许可证。

⑤ 申请资料

a.《东莞市建筑工程施工许可证申请表》(1 份)。

b. 建设工程规划许可证复印件(加盖建设单位公章或业主私章)。

c. 市建设局签发的合同(施工、监理)备案凭证复印件。

d. 市建设局签发的《房屋建筑和市政基础设施工程施工图设计文件审查合格书》备案凭证复印件。

e. 施工总承包企业、专业承包企业的安全生产许可证复印件(加盖企业公章,需提交原件核对)。

f. 项目经理证书复印件(加盖企业公章)。

g. 已在工程所在地的镇街规划办办理登记的《东莞市建筑工程监督登记表》。

h. 建设工程保证安全施工措施备案资料(详见安全施工措施备案指南)。

i.《商品混凝土购销合同》复印件(加盖施工单位公章,需提交原件核对)和商品混凝土公司已办理质量监督的《东莞市预拌(商品)混凝土生产企业监督登记表》(复印件)或申请建设工程项目使用袋装水泥和现场搅拌混凝土申请核准资料:

ⅰ.《建设工程项目使用袋装水泥和现场搅拌混凝土申请表》;

ⅱ. 建设、施工和监理单位盖章的场地示意图(加盖建设、施工和监理单位公章)。

j. 建设工程地质勘察报告复印件(一式两份,加盖勘察单位公章)。

k. 建筑意外伤害保险凭证、保险合同、保险发票复印件(保险合同应明确约定购买的险种、保险金额、保险面积或人数、费用支付以及约定造成损失后承担的责任等条款,需提交原件核对)。

l. 加盖审查机构章的全套施工图纸 1 份,建筑施工图 1 份。

m. 属既有建筑装修、加层、改建、扩建项目还需提交以下资料:

ⅰ.《改变房屋使用性质和结构部位登记表》(1 份);

ⅱ. 既有建筑安全性咨询报告及咨询单位资格证书、营业执照复印件(加盖咨询单位公章);

ⅲ. 既有建筑工程施工许可证及竣工验收报告的复印件。

n. 新型墙体材料专项基金、建设工程散装水泥专项基金、建设工程定额测定费、建设工程质量监督费的缴费凭证原件。

⑥ 审批受理机构:市建设局。

⑦ 审批程序

a. 市建设局办事大厅窗口收验材料。

对材料不齐全或者不符合法定形式的行政许可申请,即时做出《建设行政许可补正材料通知书》发送申请人,一次性告知申请人需澄清、补充的有关情况或文件,或对相关内容进行调整。对属于本局职权范围,材料(或补正材料)齐全、符合法定形式的行政许可申请,当场制作《建设行政许可受理通知书》,发送申请人。

b. 自收到之日15个工作日内,对申请材料进行审查,符合条件的由市建设局签发加盖东莞市建设局印章的《建筑工程施工许可证》。

对不符合法定条件、标准的或者申请人隐瞒有关情况或者提供虚假材料申请行政许可的,制作《不予建设行政许可决定书》,说明理由。

注:申请人对许可事项的办理意见有异议的,可依法向市人民政府(或省建设厅)申请行政复议或者向人民法院提起行政诉讼。

⑧ 审批时限:自收到齐全资料之日起15个工作日内。

⑨ 审批收费:无

(2) 郑州市《建筑工程规划许可证》的办理手续

① 办事程序。申请办理施工许可证,应当按照下列程序进行。

a. 建设单位向发证机关领取《建筑工程施工许可证申请表》。

b. 建设单位持加盖单位及法定代表人印鉴的《建筑工程施工许可证申请表》,及规定的证明文件,向发证机关提出申请。

c. 发证机关在收到建设单位报送的《建筑工程施工许可证申请表》和所附证明文件后,对于符合条件的,应当自收到申请之日起15日内颁发施工许可证;对于证明文件不齐全或者失效的,应当限期要求建设单位补正,审批时间可以自证明文件补正齐全后作相应顺延;对于不符合条件的,应当自收到申请之日起15日内书面通知建设单位,并说明理由。

② 办理流程见图3-10。

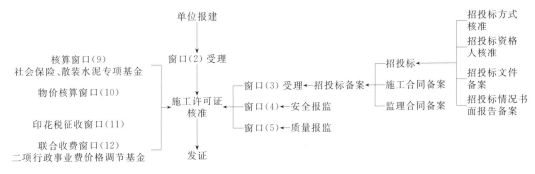

图3-10 郑州市《建筑工程规划许可证》办理流程

③ 所需材料:施工许可证申报表;建设单位法人委托书;建设工程规划许可证原件及复印件;建设工程中标通知书原件及复印件;项目资金证明原件;建设工程安全施工措施审查备案表;工程质量监督登记表;郑州市行政事业性收费建委系统专用缴款通知书;郑州市建筑领域农民工工资保障金存储通知书(建设、施工单位)及承、发包方承诺书;房地产开发项目担保收讫证明;施工合同;监理合同;商品混凝土合同;进郑企业单项工程备案(仅对外地企业)。

④ 办理时限:20个工作日。

⑤ 办理地点:郑州市城乡建设委员会。

(3) 建筑工程施工许可证申请表范本

见本书电子文件。

3.7 建设工程施工现场的准备

为了保障建设工程能如期顺利开工,建设单位在取得《建设用地规划许可证》和《国有土地使用权证》之后,便可以开始组织施工现场的准备工作,具体包括围蔽工程、申请临水临电、现场查勘及场地清理、组织详勘、"三通一平"的实施等内容。

3.7.1 建设工程施工现场准备的工作内容

(1) 围蔽工程

① 围蔽前应进行的准备工作

a. 规划管理科办理齐全的收地手续后(取得《国有土地使用证》及《建设用地规划许可证》),由工程管理科进行收地围蔽工作。

b. 围蔽工程可按零星工程的委托办法委托施工单位施工。

c. 对征收地块的围蔽应做到围蔽范围准确,围蔽速度快捷,避免或减少与当地群众的纠纷。

d. 明确征地红线。工程管理科根据国土局提供的红线控制坐标点,按征地红线图放出征地红线,做好标记;若征地红线图中给出的坐标点与国土局提供的红线控制坐标点出入较大,应联系规划管理科协调相关部门解决。

e. 测算围蔽工程量,办理围蔽工程委托,做好围蔽工程的实施方案,做好围蔽工程的材料准备,做好围蔽工程的人员准备,做好机械设备的进场准备。

② 围蔽工程注意事项

a. 积极与当地政府部门沟通,取得当地政府部门的支持。

b. 按已制订的实施方案组织施工。

c. 工程管理科应与规划管理科等部门协同做好解决突发事件的应急处理措施。

d. 围蔽完成后,应安排保安部门巡视,防止围蔽遭受恶意破坏。

(2) 申报临水临电

① 申报临水临电时,应会同规划管理科确定临水临电的容量,同时了解申报流程及办理周期。

② 临电系统尽可能有足够的富余容量,在条件容许的情况下,应考虑首期交房可能采用临时供电的需要,有的楼盘交房后较长一段时间小业主(房主)的生活用电仍使用临电系统供电。

(3) 现场查勘及场地清理

① 收地后,工程管理科应对场地进行现场查勘,对场地内的情况进行详细的了解。

② 正常情况下,已收地块内的拆迁、坟地迁移、青苗补偿、高压线的迁移等都应在规划管理科的协调督促下由当地政府相关部门完成。

③ 往往因各种原因的影响,收地后仍有部分迁移工作尚未完成,影响工程建设进度,因此,工程管理科进场后,也应积极协助规划管理科协调当地相关部门解决,进一步清理场地。

④ 规划管理科应向工程管理科通报原有地下管网的概况，工程管理科应探明地块内电信、煤气、给排水管，特别是军用光缆的分布、走向情况，如影响工程施工，应及时协调相关部门解决。

⑤ 所收地块内的林木砍伐，需协调规划管理科取得砍伐证后，根据规划管理科下发的砍伐图组织砍伐，并根据实际地形与总规进行比较，砍伐如果对周边环境破坏大，应及时反馈并进行调整后，再实施砍伐。

（4）详勘

① 取得总规批复后，工程管理科可组织勘察单位进场，对阻碍详勘钻孔的障碍物，工程管理科应提前组织清理。

② 勘察单位根据规划管理科提供的详勘方案、总规图上的坐标点定出孔位，工程管理科应复核。

③ 根据工期要求，督促勘察单位组织足够的钻机进场。一般一台钻机一个工作日可钻一个孔（30m 计）。

④ 所有钻孔工程量必须有两名监理人员进行验收，并在验收记录上签字，及时存档。

⑤ 现场钻孔取样完成后，应督促勘察单位在详勘开钻后 15 天内出柱状图并按合同要求提供勘察报告。

（5）三通一平的实施

工程开工之前，工程管理科负责监督施工单位进行现场前的"三通一平"（水通、电通、路通、场地平整），同时，根据项目发展计划并按照政府有关之规定及程序办理各项施工许可证的报批报建手续。协助相关部门的其他工程报建工作。

① "三通"的实施。规划管理科应及时办理临水、临电的报批及施工手续，临时道路出入口报批手续（包括市政道路绿化迁移报批手续）、办理余泥排放证等。工程管理科应马上组织场地平整、临时道路的施工。

② "一平"的实施

a. 场地平整实施的主要步骤

ⅰ. 场地标高根据审定后的综合策划方案确定。

ⅱ. 场地及边坡土方量计算。场地土方量计算的方法有两种：方格网法和断面法。

场地比较平坦时，一般采用方格网法；场地地形较为复杂或挖填深度较大、断面不规则时，一般采用断面法。

ⅲ. 土方调配。对挖土的利用、堆弃和填土的取得三者之间关系进行综合处理，确定挖/填方区的调配方向和数量，使土方工程的施工费用最小、工期短，施工方便。

土方调配步骤为：划分调配区，计算土方调配区之间的平均运距（或单位土方运价或单位土方施工费用），确定土方的最优调配方案，绘制土方调配图表。

b. 场地平整需注意的问题

ⅰ. 注意勘察地下已有给排水管道、电线电缆的情况。

ⅱ. 场地的挖方与填方尽量平衡，避免在短期内既有土方外运又要土方外购。

ⅲ. 根据总规进行放线，如存在开挖过大影响周边环境的情况，应及时进行反馈并进行总规调整。

3.7.2 建设工程临时施工设施的报批

建设单位在取得《建设用地规划许可证》、总平面图以及临时施工用水、用电、出入口、排水设计等方案后，需要到当地水务局、供电局、市政局等部门申请建设工程临时施工设施的审批。此项工作是保证工程顺利开工的前提条件，因此，建设单位在取得上述报批所需的材料之后，即可以开始申请，争取早日完成，避免影响工程施工。

（1）广州市建设工程临时施工用水报批的办理手续

① 介入条件

a. 取得小区《建设用地规划许可证》及附图。

b. 取得研发中心总平面图（以报入规划局为准）。

c. 取得工程管理科、规划管理科会签的临时施工用水方案（给水总平面图，包括永久水表的位置、口径、施工水表的位置、口径），保证施工水表与永久水表位置一致。

② 准备资料：申请报告；申请表格；《建设用地规划许可证》及附图。小区总平面图、地形图（一式两份、打上建筑物的位置）。

③ 工作程序

- 报入市自来水公司大户组临时施工用水方案。
- 约请大户组经办人勘察施工现场，并初步确定供水管的接入点。
- 取得大户组经办人供水方案。
- 取得市自来水公司供水管理部供水方案审查意见。
- 取得市自来水公司领导供水方案审查意见。
- 取得市自来水公司临时施工《供水协议》。
- 与市自来水公司设计室设计人员勘察现场，确定供水管的具体接入点。
- 取得施工图。向大户组申请先行施工。施工图交招标中心发包，发包合同要求施工单位办理装表和开挖许可证。
- 设计室报入市规划局综合处施工图设计审查案。
- 综合处将施工图设计审查案转到市政处。
- 约请市规划局市政处人员勘察施工现场。
- 取得市政处施工图审查意见。
- 取得市规划局市政处主管领导的审核意见。
- 市自来水公司取得市规划局核发的该管线工程《报建审核书》和《市政管线工程验收勘测费预收款缴费通知》。
- 到市规划院缴交验收勘测费预收款。
- 市自来水公司设计室取得该管线工程《建设工程规划许可证》。
- 缴交设计费。
- 施工单位取得施工图并提供道路开挖方案。
- 取得给水工程《道路开挖许可证》。
- 施工单位完成管道安装后，向区供水管理所申请安装临时施工用水表。
- 区供水管理所在管道工程竣工验收合格后，安装施工水表。

④ 流程如图 3-11 所示。

（2）广州市建设工程临时施工用电报批的办理手续

① 介入条件

a. 取得小区《建设用地规划许可证》及附图。

b. 取得规划管理科总平面图（以报入规划局为准）。

图 3-11　广州市建设工程临时施工用水报批流程

c. 取得工程管理科临时施工用电方案（变压器容量和安装位置）。
② 准备资料：申请报告；申请表格；《建设用地规划许可证》及附图；小区总平面图。
③ 工作程序
a. 报入区供电局临时施工用电方案。
b. 约请区供电局营业部与生技部人员勘察施工现场，并取得供电出线点初步方案。
c. 取得营业部供电初步方案的审查意见。
d. 取得生技部供电负荷初步方案审核意见。
e. 取得区供电局领导供电初步方案审核意见。
f. 约请市供电局用电处人员勘察施工现场。
g. 取得用电处供电方案审查意见。
h. 取得市供电局施工用电《供用电方案协议》（空白件），公司先行签章。
i. 取得市供电局《供用电方案协议》（正式件）。
④ 报批流程见图 3-12。

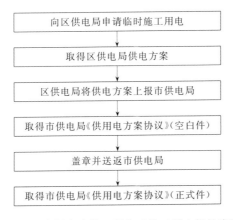

图 3-12　广州市建设工程临时施工用电报批流程

(3) 广州市建设工程开设临时施工出入口报批的办理手续
① 介入条件
a. 取得《建设用地规划许可证》及附图。

b. 取得规划管理科总平面图（以报入规划局为准）。

c. 取得工程管理科临时施工出入口的设计方案。

② 准备资料：申请函；开挖道路申请表；《建设用地规划许可证》及附图；小区总平面图。

③ 工作程序

a. 报入市政园林局（区建设局）道路开挖申请，取得受理编号。

b. 与区交警大队经办人勘察现场。

c. 取得区交警大队道路开挖审批意见，将开挖方案报入市交警支队。

d. 与市交警支队勤务处、市政园林局市政管理处（区建设局市政科）经办人勘察现场。

e. 取得市交警支队道路开挖方案审批意见。

f. 取得市政园林局（区建设局）市政道路开挖修复费（预收款）和占道费缴费通知。

g. 缴纳修复费（预收款）和占道费，取得施工出入口《道路开挖许可证》。

h. 工程完工后，向市政园林局（区建设局）报验收，并对现场的道路开挖进行现场实测，核算道路修复费，多退少补。

④ 报批流程见图 3-13。

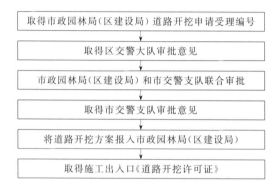

图 3-13　广州市建设工程开设临时施工出入口的报批流程

（4）广州市建设工程临时施工排水报批的办理手续

① 介入条件

a. 取得修建性详细规划及附图。

b. 取得规划管理科总平面图（以报入规划局为准）。

c. 取得工程管理科临时施工排水的设计方案。

② 准备资料：临时城市排水许可证申请表；临时接驳设施方案图；施工单位的资质证明文件；周边地下综合管线资料；城市规划部门审核同意文件；授权委托书，申请人身份证明。

③ 工作程序

a. 报入市政园林局。

b. 与市政园林局排水处经办人勘察现场。

c. 取得市政园林局排水处审批意见。

d. 取得《临时排水许可证》。

④ 成果交接：《临时排水许可证》（原件）转交工程管理科组织施工。

（5）临时占用城市道路（或挖掘城市道路）申请表范本

见本书电子文件。

3.7.3 建设工程《余泥渣土排放证》的办理

在余泥渣土等建筑垃圾排放之前，建设单位需要到工程所在地的城市管理局申领《余泥渣土排放证》，该证是建设单位取得施工标牌和进行规划验收的前提条件。下面是广州市《余泥渣土排放证》的办理手续。

(1) 办事程序

① 建设单位需要排放（收纳）余泥渣土的，应在排放（收纳）前到工程所在地的区余泥管理所申报，领取一式两份广州市余泥渣土排放申请书，并按要求填写好，加盖单位公章。

② 规划管理科提供的相关图纸资料。

③ 申请单位开具来人单位介绍信，用两个标准档案袋装好《广州市余泥渣土排放申请书》及图纸资料，到工程所在地的区余泥所申办。

④ 区余泥所对申请单位交来的申报资料进行审查验收。

⑤ 余泥所对实地进行现场查勘，核对用地红线与用地范围，核对地貌，检查前期手续，检查工地现场围闭和洗车设备，对各种原因造成不能设置洗车槽的责令限期整改。

⑥ 申请单位凭余泥渣土管理部门开出的交款通知书，到工商银行缴交建筑垃圾处置费。

⑦ 申请单位凭收款银行的交费回执单，到余泥渣土管理部门领取有关证件。

(2) 所需资料

需要提供以下资料：建筑物平立刨及承台大样图等图纸；余泥运输合同；标高证明；报建审核书；《建设用规划许可证》及红线图；建设单位及施工单位的责任状。

(3) 收费标准

3元/m^3余泥。

(4) 办理余泥渣土排放手续流程

具体见图3-14。

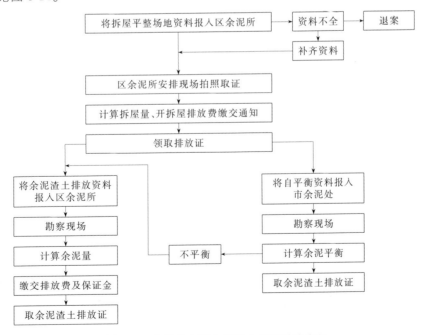

图3-14　广州市办理余泥渣土排放手续流程

3.8 建设工程放线与验线

建设工程放线是指在施工图纸出来之后,通过测量、定坐标等技术手段将图纸上的建筑物在实地上落实一个具体的位置。在工程正式开工之前,建设单位必须先进行放线,放线后向规划局申请验线,验线合格的才可以动工。

3.8.1 建设工程放线管理

(1) 建设工程放线管理流程

① 施工单位在开工前,应根据建设单位提供的图纸和坐标,放出规划红线,建立平面和高程控制系统。建立控制主轴线(基线)标桩,并在现场清楚标明主轴线位置。

② 施工单位自行核验无误后,填报单位工程坐标定位测量记录表及放线报验单,经工程管理科、规划管理科及政府规划局复核验收后才能进行结构施工。

③ 放线报审流程如图 3-15 所示。

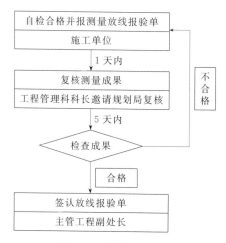

图 3-15 放线报审流程

注:属于工程管理科的核审范围的,由工程管理科移交给主管工程副处长签认。

(2) 定位放线复核记录表范本

见本书电子文件。

(3) 施工放线报验单范本

见本书电子文件。

3.8.2 建设工程放线与验线的办理手续

(1) 广州市建设工程放线的办理手续

① 介入条件

a. 跨越单体方案报建的项目。取得修建性详规批复,并满足条件:非主干道(40m)一线;总建筑面积 2 万平方米以内;高度为 18 层以下;取得拟报建建筑施工图(平立剖)及四至图;工程项目现场场地平整。

b. 需经建筑设计方案审定的项目:取得建筑设计方案复函;取得拟报建建筑施工图

(平立剖)；工程项目现场场地平整。

② 准备资料

a. 跨越单体方案报建的项目：用地红线图；修建性详规批复意见及图纸（总平面图、道路网图）；拟报建建筑施工图两套（平立剖）。

b. 需经建筑设计方案审定的项目：用地红线图；建筑设计方案复函及其图纸（平立剖）1套；拟报建建筑施工图及四至图2套。

③ 工作程序

a. 将资料报入市规划院建设工程测量队委托测量；

b. 约请市规划院建测队放线组到现场放线；

c. 协调建测队放线组完成《建设工程放线测量记录册》的编制；

d. 协调建测队检查员完成图纸与记录册检查；

e. 协调建测队队长完成图纸与记录册复检；

f. 取得核定放线费，并办理请款及缴费手续；

g. 取得项目的《建设工程放线测量记录册》。

④ 报建流程见图3-16。

图3-16　广州市申请建设工程放线报建流程

(2) 济南市建设工程规划验线的办理手续

① 办事机构：济南市规划局。

② 申报条件。已取得建设工程规划许可证并已履行施工图规划备案手续的建设工程，申请人在施工现场醒目位置设置规划批后公示牌（除法律、法规规定的涉密内容）后，委托具有相应测绘资质的测绘单位进行建设工程放线，形成规划放线测量成果。申请人持建设工程规划放线测量成果等资料向市规划局相应直属分局申请规划验线。地下管线等隐蔽工程在覆土前申请规划验线。规划验线合格的，核发建设工程规划验线合格通知书。

③ 办理所需证件

a. 建设工程规划验线申请表（申请函）。

b. 施工图规划备案证明。

c. 规划放线测绘成果（临时建设工程、居民私房提供放线示意图）。

④ 办理流程

a. 申请与受理。市规划局在市行政审批服务中心设总服务窗口，高新区分局、直属第三分局（历城）和第四分局（长清）分别在辖区内设服务分窗口。

b. 审查、审批。承办处室（分局）根据《济南市规划局业务项目分类与分级规定》确定的工作流程研究办理。

c. 核发证件或函复意见。申请人凭行政审批事项收件受理通知单领取审批结果，发件窗口确认后发出。

⑤ 收费标准：按国家规定收费。

3.9 建设工程开工报告的审批

开工报告是建设工程开工的依据，在工程开工前，建设单位应要求施工单位向监理单位提出开工申请报告，并具备下列条件方可批准开工：《建筑工程施工许可证》已办妥；施工图已会审；施工组织设计已审批；施工现场的准备已具备开工条件。

（1）建设工程开工报告的审批流程

建设工程开工报告的审批流程见图 3-17。

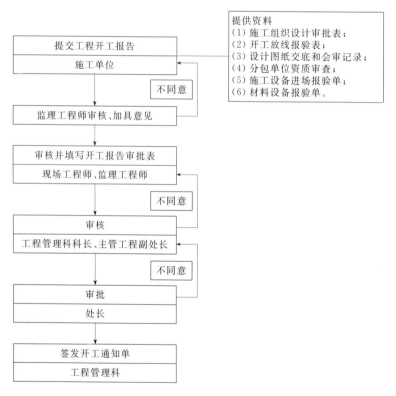

图 3-17　建设工程开工报告的审批流程

（2）建设工程开工报告的审查内容

工程管理科应从以下两方面审查开工报告。

① 形式审查。审查施工单位提交的资料是否齐全，监理是否出具了意见。资料包括：

a. 施工组织设计（方案）报审表；

b. 施工放样报验申请表；

c. 施工单位资质证书及管理人员证书、特殊岗位工人上岗证书等；
d. 工程材料/构配件/设备报审表；
e. 设计图纸技术交底及会审记录。
② 实质审查，内容包括：
a. 进场道路及水、电、通信等已满足开工条件；
b. 征地拆迁工作能满足工程进度的需要；
c. 机具、施工人员已进场，主要工程材料已落实；
d. 施工组织设计（方案）已获批准；
e. 《建筑工程施工许可证》已获审批。

（3）建设工程开工报审表范本

见本书电子文件。

（4）建设工程开工审批表范本

见本书电子文件。

（5）建设工程开工通知单范本

见本书电子文件。

第4章
建设项目施工阶段工作指南

建设项目施工阶段的管理是指建设单位在完成工程施工的各项准备工作并签发开工通知单后，工程开始施工直至工程竣工的整个过程的管理。在工程的施工阶段，建设单位的主要管理工作包括建设工程施工进度管理、质量管理、安全文明施工管理、工程变更与签证管理、停工与复工管理、工程结算与工程款支付管理等工程管理工作与建设工程永久设施的报批等。本章分别对上述的各项管理内容进行详细说明。

4.1 建设工程施工进度管理

施工进度管理是指在项目建设过程中按经审批的工程进度计划，对建设工程的实际进度状况进行跟踪、检查等的管理。工程进度控制是工程项目建设中与质量控制、投资控制并列的三大目标之一。这三者相互依赖、相互制约，必须处理好三者的关系，以提高项目开发的整体效益。

4.1.1 建设工程施工进度管理的依据

（1）工程施工合同

工程施工合同是进行工程管理的主要依据之一，合同文件包括总工期和阶段性的进度要求，以及工期签证条件、工期奖罚规定等内容，特别是总承包合同，内容广泛、详细。监理人员必须熟悉相关合同，才能在进度控制的过程中做好各项工作。

① 工程总施工进度控制计划。工程管理科应根据项目总体的开发计划和施工单位编写的工程施工总进度计划，编制项目工程施工总进度控制计划，作为确定各单位工程施工进度计划的依据，同时安排施工图设计、设备交付、道路、供水、供电等的协作配合。计划内容具体为：前期准备工作时间、基础施工图出图、基础部分承建商进场施工、基础验收、上部工程施工出图、主分包单位进场、主体工程施工及验收、装修工程施工、室外及园建出图、室外及园建施工单位进场、外架拆除、室外工程施工、工程验收及入伙等时间。该计划在编制时应注意综合考虑各种因素，科学安排分部工程之间的搭接关系，留有一定余量，保证经过有效的组织和努力能够达到。同时该计划将作为建设单位开展工作的时间参考依据，应有一定的提前量。编制时采用甘特图或网络图。

② 阶段性施工进度控制计划。在施工图确定、主包单位进场后，根据项目建设计划分阶段编制。该计划应明确主要分项工程的起止时间，确定分项工程之间衔接，应能够对施工

单位的合同工期进行有效控制，便于监理工程师在施工过程中随时对照检查，分析施工单位施工进度计划安排和设备、周转材料和劳动力等资源的投入是否能保证合同工期的实现。编制时采用甘特图或网络图。

③ 在项目施工总进度计划的基础上规划管理科编写的项目出图计划；工程管理科编写的项目工程分包计划和甲供物资采购计划；预决算科编写的项目材料限价计划。

④ 图纸交付计划、分包商进场计划、样品确认计划、甲供设备材料进场计划、资金使用计划由工程管理科根据项目发展计划及施工总进度控制计划和阶段性施工进度控制计划分批提出，也作为管理依据之一。

⑤ 建设单位审批单位工程进度计划和进度控制点后，与施工单位共同确认、签章并交付实施。施工单位接到完整施工图纸后，应根据项目工程施工总进度计划编制单位工程进度计划，报工程管理科审查后送主管工程副处长和处长审批，以作为工程进度控制的基本依据。房屋建筑的单位工程应把各进度控制点的计划完成时间列入合同，主要进度控制点包括：桩基础、±0.000、主体封顶、外排栅拆除、管线开通、单位工程验收、室外工程、交付使用。

⑥ 设计进度计划。工程管理科应根据项目工程施工总进度计划、单位工程进度计划与规划管理科协调确定设计进度计划，保证按时提交各阶段施工所需的图纸技术资料。同时，工程管理科按设计进度计划及时向规划管理科提供相关的基础资料。

（2）工期签证资料

① 单位工程开工报告。单位工程具备开工条件后，施工单位应提交单位工程开工报告，由工程管理科科长审核后报主管工程副处长和处长审批。单位工程开工报告应如实填写开工日期，以作为计算工期的依据。未办理开工手续的工程不得擅自开工。

② 进度确认资料。施工单位在工程进度达到控制点后应填写进度控制点确认表，经工程管理科审核后报主管工程副处长审批。工程进度达到付款条件或按合同规定需办理进度确认时，施工单位应应填写工程形象进度确认表，经工程管理科审核后报主管工程副处长审批。进度控制点确认表和工程形象进度确认表经审批后作为工程付款和进度奖罚的依据。

③ 工程竣工验收报告。单位工程具备验收条件后，由施工单位向工程管理科申请办理竣工验收手续。房屋建筑工程应具备工程竣工验收条件审核表、消防验收合格证、工程竣工验收报告，室外工程应具备竣工资料审查认定表、市政工程质量认定书、化粪池验收、排水许可证等相应专业验收合格证。竣工日期以施工单位、建设单位办理室内（外）单位工程竣工移交书的移交日期为准。

（3）会议、协议纪要

工程施工过程中，根据现场情况召开的协调、协商会议，甲乙双方签订的补充协议，可对工程的进度计划、奖罚条件等做出调整，书面意见经双方共同确认后作为进度管理的依据。

4.1.2 建设工程进度管理的工作流程

（1）建设工程进度管理的常规流程

对工程进度进行管理，首先就是施工单位（也叫承包商）要制订科学的、切实可行的施工进度计划。该施工进度计划经审批通过后就要严格执行。若由于特殊原因使得工程延期时，则必须重新制订新的进度计划。工程进度管理的常规流程见图 4-1。

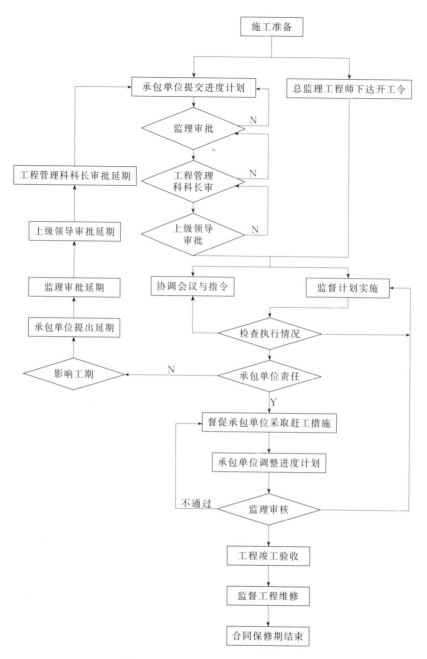

图 4-1 工程进度管理的常规流程

(2) 建设工程进度滞后的管理流程

当进度发生滞后时,必须弄清楚产生滞后的原因,并采取相应的措施尽量把工期赶回来。图 4-2 是一个能清晰反映如何处理工程滞后的工程进度管理流程,供读者参考。

4.1.3 建设工程施工进度管理的工作要点

为了保证工程进度处于受控状态,确保工程建设顺利进行,在工程施工阶段,建设单位必须明确工程进度管理的工作要点并做好建设工程进度计划的审批与执行、建设工程施工进度控制计划的编制、建设工程延期延误的管理等的管理工作。

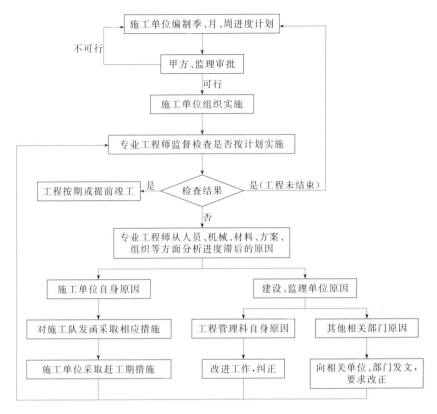

图 4-2 工程进度管理流程举例

(1) 建设工程进度计划的审批与执行

① 工程管理科科长督促施工单位根据批准的施工组织设计在两周内编制《工程进度计划表》，举例如下：

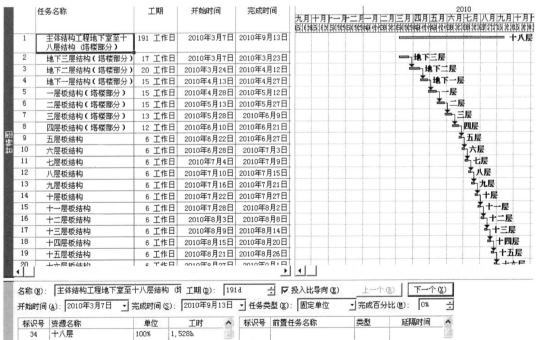

② 工程管理科科长督促监理工程师对施工单位提交的总进度计划2个工作日内提出审核意见。

③ 监理方对总进度计划提出审核意见后，填写《施工总体计划内部审批表》（见表4-1）报送甲方工程管理科、主管工程副处长审核及处长批准。

表 4-1　施工总体计划内部审批表

文件紧急程度：□特急　□急　□一般

工程名称		文件编号	
呈送日期		经办部门	

内容：
　　我部监控的＿＿＿＿＿＿＿＿＿＿＿＿＿＿工程，施工单位已根据施工合同的有关规定完成施工总体计划的编制，并提交我部审核，经审核同意该施工计划，请各部门领导予以审查！
　　附：施工总体计划表

专业工程师签名：＿＿＿＿＿＿
日期：＿＿＿＿＿＿

工程管理科科长意见	签名：＿＿＿＿＿＿ 日期：＿＿＿＿＿＿
主管工程副处长意见	签名：＿＿＿＿＿＿ 日期：＿＿＿＿＿＿
处长意见	签名：＿＿＿＿＿＿ 日期：＿＿＿＿＿＿

④ 审批通过的施工总进度计划由监理工程师送达施工方实施执行；总进度计划原件应一式四份：施工方、监理工程师、工程管理科及建设单位领导存档。

⑤ 施工总进度计划一经批准，是工程项目管理进度控制的目标计划，必须严格监督管理实施，确保批准的施工总进度计划的实现。

(2) 建设工程施工进度控制计划的编制

工程管理科根据项目施工总进度计划、发展计划及初步设计图纸，充分考虑施工工艺、做法要求等，完成施工总进度控制计划的编制。必要时可以将施工总进度控制计划分解为年度施工进度控制计划和季、月度施工进度控制计划。关键线路上的关键点可另行编制详细计划以便更好地组织和监控施工。

① 工程施工进度控制计划的分类

a. 工程管理科编写的项目施工总进度控制计划、阶段性施工进度控制计划、图纸交付计划、分包工程进场计划、甲供物资进场计划、项目工程分包计划和甲供物资采购计划。

b. 规划管理科编写的项目出图计划。

c. 预决算科编写的项目材料限价计划、材料限价计划及资金使用计划。

② 各类计划编制的依据

a. 项目施工总进度控制计划编制的依据：规划设计或初步设计；施工总进度计划；项目发展计划；工期经验资料（应注意参考本建设单位以前做过的同类工程施工周期）；施工季节性；材料采购及订货周期；工程所在地理环境等。除此之外还要考虑到国家及政府部门的法律法规，政府部门办事效率等进行编制。

b. 阶段性施工进度控制计划编制的依据：项目施工总进度控制计划；施工合同和施工图纸；项目建设计划；建设地区原始资料（水、电、路、地质地形、水文、气象及当地社会环境等）；工程概算和预算资料；施工单位提出的施工进度控制计划，充分考虑施工单位各阶段资源投入情况等进行编制。

c. 出图计划编制的依据：根据项目施工总进度控制计划；分包商进场计划，充分考虑好招标所需时间。

d. 分包商进场计划编制的依据：根据项目总施工进度控制计划进行编制。

e. 甲供材料设备进场计划编制的依据：根据阶段性施工进度控制计划和施工合同编制。

f. 资金使用计划编制的依据：根据阶段性施工进度控制计划及成本指导书编制。

g. 甲供物资采购计划编制的依据：工程管理科根据样品确认计划，考虑采购周期，以及必要的生产周期编制。

h. 工程分包计划编制的依据：工程管理科根据分包商进场计划，项目出图计划，招投标周期编制。

③ 各类计划编制的步骤和要点

a. 项目施工总进度控制计划编制的步骤和要点如下。

ⅰ. 研究发展计划、规划方案报建图及其他相关资料，根据工程施工总进度计划来分析细化实现该计划所需的各项工作及需经历的各个阶段，定出具体时间点。

ⅱ. 按照施工阶段顺序，列出单位工程，并分解至分部工程，确定进行各单位工程及分部工程施工前需进行的各项工作，初步估算工程量及工作量。

ⅲ. 根据施工总进度计划和有关工期定额，参考以往经验，合理确定各项工作的持续时间；科学安排各项工作之间搭接关系，绘成甘特图或网络图。

ⅳ. 检查总工期是否满足项目发展计划要求，进行必要的调整优化。

b. 阶段性施工进度控制计划编制的步骤及要点如下。

ⅰ. 熟悉施工图、施工合同，参研项目施工总进度控制计划及施工单位提出的施工进度计划，研究原始资料。

ⅱ. 确定施工流向，划分施工段和施工层，分解细化至分项工程。

ⅲ. 分解施工过程，确定施工顺序，在工序复杂的部位要理清工序前后逻辑关系，必要时绘制工序网络图。

ⅳ. 计算工程量，确定各项工作持续时间。

ⅴ. 合理确定各项工作之间相互逻辑关系，绘制横道图或网络图，并根据建设计划的工期要求进行优化。

c. 承建商进场计划、施工图纸交付计划和甲供材料进场计划编制的步骤及要点如下。

ⅰ. 工程施工总进度控制计划审定后，工程管理科工程师根据项目施工总进度控制计划完成项目的乙供材限价计划、承建商进场计划、施工图纸交付计划以及甲供材料进场计划的编制工作，并分别抄送规划管理科、预决算科等，以便各职能部门根据项目时间要求和工作本身周期安排部门工作计划。在每月的工程月报中对下月需要职能部门完成的工作列出时间清单，前瞻性地敦促和协助职能部门完成相关的工作。

ⅱ. 图纸交付计划、分包商进场计划要根据项目施工总进度控制计划和阶段性施工进度控制计划的时间要求、规划管理部的样品确认范围及要求编制。

ⅲ. 编制时应估算工作量，充分考虑完成工作以及施工准备或生产加工运输需用的时间。

　　ⅳ．甲供材料设备进场计划编制一般依据阶段性施工进度控制计划。

　　ⅴ．编制甲供材料设备进场计划时要根据材料性质、现场库存及保管能力，适当提早进场。

　　ⅵ．工程管理科可以按进场的时间要求，参考有关生产、采购运输周期制定采购计划。

　　ⅶ．限价工作在施工图确定后应尽可能早进行，以便于后续工作的安排，在排计划时应注意提前考虑。

　　ⅷ．工程管理科根据分包商进场计划，编制工程分包计划，并提出对相关图纸的要求。

　　ⅸ．规划管理科根据图纸交付计划，考虑工程分包和物资采购方面的进度要求，设计院和政府部门报建情况编制项目出图计划。

（3）建设工程进度计划实施情况的管理

① 工程项目月（周）报表的管理

a. 施工单位根据本月（周）工程项目施工完成情况和合同约定、监理工程师条例和工程项目的实际情况，编制《工程项目月（周）报表》（如表4-2），报监理公司和工程管理科科长审核，处长批准。

表 4-2　工程项目月（周）报表

工程名称：_____　　计划周期：_____　　编制人：_____

一、上月（周）工程完成情况（___年___月___日至___月___日）：

序号	部位	计划完成工程量	计划完成时间	实际完成情况	超前滞后天数	工期滞后原因
1						
2						
3						
4						

二、本周进度计划（___年___月___日至___月___日）：

序号	施工项目部位	具体进度计划
1		
2		
3		
4		

三、人料机投入情况：

序号	项目	投入详单					
1	主要机械设备	混凝土泵机	台	圆盘锯	台	砂轮机	台
		钢筋调直机	台	电焊机	台	砂浆机	台
		钢筋弯曲机	台	大潜水泵	台	水管套丝机	台
		钢筋切断机	台	振动棒	台		
2	主要材料（累计）	钢筋	吨	门设架	套	木方条	条
		模板	张	钢管（6m）	条	商品混凝土	m^3
3	各工种人工	木工	人	电工	人	水电安装	人
		钢筋工	人	混凝土工、普通工	人	施工管理	人

安全文明生产投入：	需要协调事项：

　　b. 工程月（周）报内容包括：工程实际完成情况与总进度计划比较；本月实际完成情况与计划进度比较；本月工、料、机动态；对进度完成情况的分析（含停工、复工情况）；

本月采取的措施及效果；本月在施工部位工程照片。

　　c. 工程项目月报是工程项目月度投资完成情况的统计报表和月度工程进度款的支付依据，必须认真履行职责，严格核算、审查，确保业主的投资利益得到保证。

　　② 监理例会的管理。工程管理科科长监督监理公司每周定期组织监理例会，针对实际施工与计划的偏差，及时平衡、调整，并形成监理例会会议纪要。

　　③ 工程进度调整与工作日记的填写

　　a. 工程管理科科长每周采用横道图比较法进行工程实际进度和计划进度统计对照，控制分析，提出进度调整方案，报主管工程副处长审核批准。

　　b. 工程管理科科长按计划实施情况，填写工作日记。

　　④ 施工进度计划执行情况的检查

　　a. 工程管理科根据工程进度管理规定，每月（周）对各项目进行检查，必要时进行协调，督促各项目严格按进度计划进行操作，每月周对各项目进行进度考评。

　　b. 工程管理科科长负责监督监理单位检查施工单位的进度计划及完成情况。检查现场作业面劳动力、机械设备、材料的到位情况，进度款是否专款专用，对周、月及总进度控制计划与实体实际进度进行对比，分析进度滞后的原因，针对影响进度的因素前瞻性地采取措施，及时报批报建、合理安排工序穿插，解决图纸、限价、甲方分包、甲供材料等甲方需协助的问题。

　　c. 监理人员必须对工程进度实行动态管理，定时进行检查，督促施工单位按计划组织施工并随时检查材料、设备、劳动力投入情况能否满足施工进度的要求。项目工程管理科主管应每天对各单位（单项）工程进度检查，并将检查情况措施汇报项目工程管理科科长。项目工程管理科科长每周应对各单位（单项）工程进度进行检查，并将检查情况及措施汇报规划管理科。当工期出现延误时，应采取赶工措施，形象进度比计划拖延3天的，应分析原因并要求施工单位采取赶工措施，形象进度比计划拖延7天以上，施工单位应提交书面报告，制订赶工措施，以保证下阶段赶上计划进度。

　　⑤ 工程进度的确认。施工单位在工程进度达到控制点后应及时填写进度控制点确认表，经工程管理科审核后报主管工程副处长审批。工程进度达到付款条件或按合同规定需办理进度确认时，施工单位应填写工程形象进度确认表，经工程管理科审核后报主管工程副处长审批。工程管理科的监理人员应认真核对实际的工程进度，确认的工程量其质量必须满足有关规范和设计要求，要求工程管理科在3天内完成审核并送主管工程副处长，主管工程副处长在3天内完成审批。

（4）建设工程延期延误的管理

　　发生符合延期条件的事件后，施工单位应在7天内向工程管理科报送工程延期申请表，逾期不予受理。工程管理科应核实影响天数，并会同规划管理科签证。

　　① 常见的工程延期原因有：甲方未能按合同约定提供图纸；设计变更；增加工程量；甲方未能按约定提供开工条件。

　　② 工程延期的条件：合同要求的条件；由于不可抗力的原因（如地震、暴风等）；应建设单位要求。

　　③ 审核工程延期申请时，应遵循下列原则。

　　a. 工程延期必须符合合同条件，即导致工期拖延的原因是属于施工单位自身以外的。

　　b. 发生延期事件的工程管理科位，必须在施工进度计划的关键线路上，否则不能批准整个工程延期，但可视情况对具体的分项（部）工程或进度控制点进行延期。

c. 批准的工程延期必须符合实际情况。监理人员应核查现场和施工单位的实际情况，认真分析，合理批准顺延的工期。

④ 批准工程延期时间的依据

a. 施工合同中有关工程延期的约定。

b. 工期拖延和影响工期事件的事实和程度。

c. 影响工期事件对工期的量化程度。量化按以下步骤确定：

ⅰ. 以事先批准的详细的施工进度计划为依据，确定假设工程不受影响工期事件影响时应该完成的工作或应该达到的进度；

ⅱ. 核实受该影响工期事件影响后，实际完成工作或实际达到的进度；

ⅲ. 查明因受该影响工期事件的影响而受到延误的作业工种；

ⅳ. 查明实际进度滞后是否还有其他影响因素，确定其影响程度；

ⅴ. 最后确定该影响工期事件对工程竣工时间或区段竣工时间影响值。

⑤ 工程延期及延误的处理

a. 当影响工期事件具有持续性时，现场工程师在收到施工单位提交的书面申请《工程联系单》（见本书电子文件），经监理单位审核后，报主管工程副处长及处长审批。

b. 当施工单位未能按照施工合同要求的工期竣工交付，造成工期延误时，工程管理科应按施工合同规定从施工单位应得款项中扣除延误工期损害赔偿费。

4.1.4 建设工程进度控制的主要措施

（1）协调会议

工程施工受多种因素影响，监理人员应将施工进度检查作为主要工作之一，如出现不符合进度计划要求或人力设备不足等情况应及时指令施工单位进行调整，对影响工程进度的问题如资金、设计图纸、材料供应、设备到位、分包协作等，及时组织协调会议，解决存在问题，消除障碍，保证工程施工顺利进行。

（2）结合实际情况处理

现场管理过程中，经常出现各种障碍，影响工程进度，监理人员应分析具体原因，根据实际情况，采取合理措施。特别是材料供应环节，会出现厂商供货不及时、招投标拖延、总承包公司内部影响、指定供货单位拒绝供应材料等多种情况，严重影响正常施工，造成工程延误。针对以上情况，监理人员可考虑采取甲供材料、更换材料、更换材料供应商等多种措施。

（3）奖励和处罚

单位工程的进度控制点完成后，工程管理科应督促施工单位及时办理确认手续，并根据确认的时间按合同和进度计划对施工单位进行奖励和处罚。工程进度达到控制点后，如施工单位不及时办理确认手续的，工程管理科可按实际情况确定控制点完成时间，并书面通知施工单位。

（4）工程付款

施工单位应及时办理进度确认手续，按合同规定申报工程量，否则，工程管理科有权拒绝支付工程进度款，工程管理科应通过控制工程付款促进施工单位执行进度计划，配合进度管理。工程进度款付款的程序如图4-3所示。

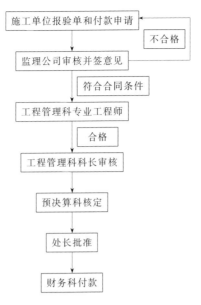

图 4-3 工程进度款付款的程序

(5) 要求施工单位更换管理人员

由于施工单位原因造成工程进度严重拖后，现场主要管理人员督促不力，工程管理科有权建议施工单位对相关人员进行更换。在总承包合同中可以做如下规定。

① 承包人在工程项目开工前，应将项目管理人员的架构报发包人确认、备案，管理人员的架构一经确认，不得随意改变，承包人更换主要施工管理人员时，应事先征得发包人的同意。

② 承包人项目经理、总施工、技术副经理、质安组长在管理过程中出现管理不力等情况的，发包人有权要求承包人撤换以上主要管理人员，承包人应在 15 天内撤换，否则每延误撤换 1 天向发包人支付 1 万元人民币的违约金，同时发包人有权拒付工程款，所引起的一切责任由承包人承担。

③ 承包人项目主要管理人员不配合发包人的项目开发、维修，工程质量或进度明显不符合要求的，工程管理科可要求总承包对项目主要管理人员进行撤换。

(6) 按合同扣款或终止合同

① 施工单位的工程进度明显拖后，工程管理科可根据合同条款对施工单位扣罚违约金或终止合同。在总承包合同中可以做如下规定。

承包人未按合同的规定办理有关工程验收合格证交给发包人或逾期办理和移交发包人，影响发包人办理竣工综合验收手续的，每逾期 1 天，由承包人按工程造价的万分之一向发包人支付违约金。合同工期延误达 10 天的，按工程造价的 95% 结算；合同工期延误达 20 天的，按工程造价的 90% 结算；合同工期延误达 30 天的，发包方有权与承包方终止合同。

② 终止合同是迫不得已才实施，工程管理科应提前知会建设单位的有关职能部门做好各种准备。

4.1.5 建设工程进度管理的常用表格

在工程进度管理中，会采用到各种各样的表格，本书电子文件中提供一些常用表格［包括年度工作计划表、周（月）施工计划表、月度工程进度报表、工程月进度报审核定表、工程进度控制点完成情况统计表、工程进度申请表]的范本,供读者参考借鉴。

4.2 建设工程质量管理

为保证和提高项目的质量,建设单位应对工程质量进行管理。工程管理科作为建设单位派驻施工现场的专门机构,应认真做好质量控制工作。在评审招标文件和合同条款中,注意有关质量和现场配合的条文的审核,确立明确的质量目标。在施工过程中按照合同规定和规范的要求督促监理单位和施工单位严格履约实现质量目标。

4.2.1 建设工程质量管理的主要工作方式

(1) 旁站监督

在以下的工程内容施工时,工程管理科必须安排现场工程师进行旁站监督(非全程监督),做好相关台账,将旁站记录记入施工日志,及时处理并上报施工中的突发事件。须进行旁站的工程:勘探施工、工程桩施工、护壁工程施工、钢结构吊装施工、关键部位装修、重要设备安装、混凝土浇捣施工以及主管工程副处长认为有必要实行旁站监督的工程。旁站监督的工作流程如图 4-4 所示。

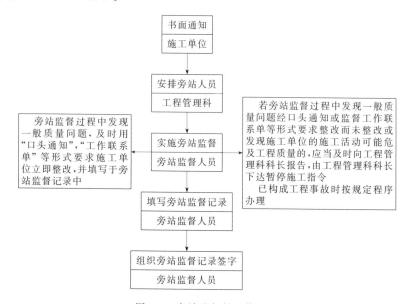

图 4-4 旁站监督的工作流程

(2) 巡视检查

现场各专业现场工程师,必须每天对所管现场的正在施工的部位或工序进行定期或不定期的巡视检查活动,一般规定在两次以上,在施工方自检的基础上,按照一定比例独立进行检查和检测,及时了解现场质量、进度、安全等情况,发现问题及时解决,并把巡视状况填写在施工日志中;工程管理科会同监理单位每周组织一次全体现场专业技术人员对施工现场进行质量、进度、安全、文明施工大检查,并评出优劣,作为绩效考评的依据。工程管理科每月组织一次由工程管理科科长、全部现场工程师、资料员对施工现场进行质量、进度、安全文明施工及报验监理资料大检查,并评出优劣,作为考查施工单位工作考评依据。

(3) 隐蔽验收

以下工程需进行隐蔽验收：岩土工程勘察；工程桩：预制桩、冲孔桩、搅拌桩、人工挖孔桩；基坑验槽；锚杆；防水工程；模板工程；钢筋工程；砌体工程；门窗塞缝；墙体保温；地暖工程；水电线管暗埋和预留；防雷、接地工程。

(4) 维权取证

① 工程管理科工作人员必须熟悉合同关键条款，对索赔反索赔事件保持高度敏感，尤其对于停工事件、反复进出场事件、材料人工价格剧烈波动期间、质量安全事故等，一旦发生或潜在发生，必须及时汇报、取证，并与预决算科密切沟通，共同制订防范措施或处理方案。

② 对于施工单位常规性的不履约行为如管理人员不足、机具设备不足、材料不符、隐蔽工程工艺材料等不合要求、偷工减料、不按图施工等情况必须及时取证并由工程管理科签发整改通知单，不整改的需及时上报，并与工程管理科、预决算科沟通。

③ 严格执行发文收文签收手续，及时归档工程资料，加强工程档案文件及各种会议纪要的签认归档管理。

4.2.2 建设工程的质量管理流程

市政工程、土建工程、设备安装工程、电气安装工程及给排水工程的质量管理流程分别见图 4-5～图 4-9。

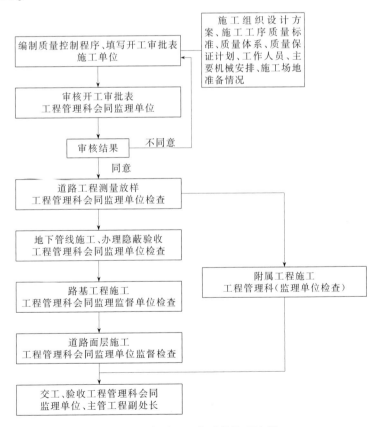

图 4-5 市政工程的质量管理流程

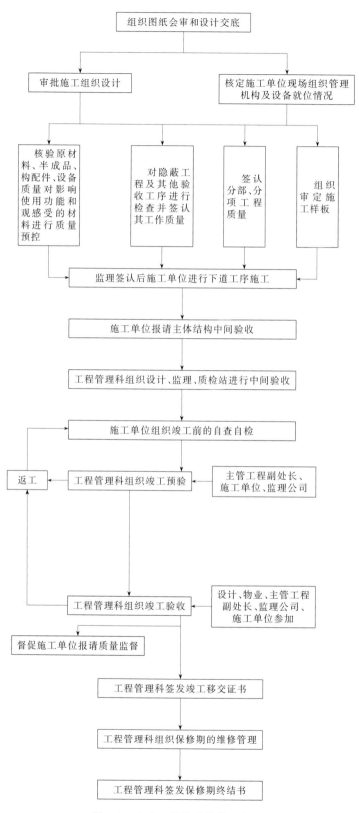

图 4-6 土建工程的质量管理流程

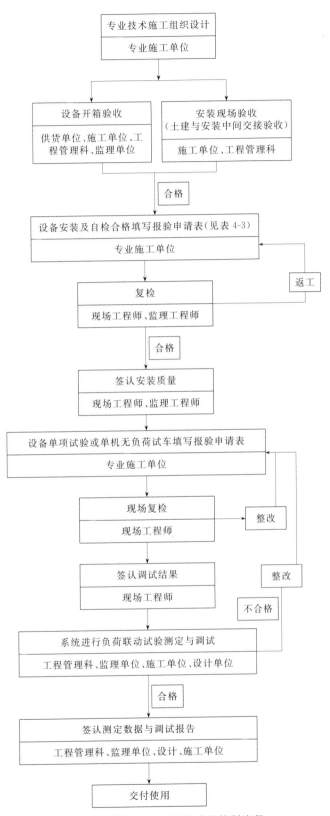

图 4-7 设备安装工程的质量控制流程

表 4-3　报验申请表

文件紧急程度：□特急　□急　□一般

工程名称		文件编号	
呈送日期		经办部门	

内容：

　　由_____单位承建的_____工程，于__年__月__日已完成_____。现该单位将质量证明文件及自检结果报上我司，请各部门领导予以审核，以便要求施工单位按报验标准施工。

　　附件：

专业工程师：_____
日期：_____

工程管理科 科长意见		签名：_____ 日期：_____
主管工程副 处长意见		签名：_____ 日期：_____

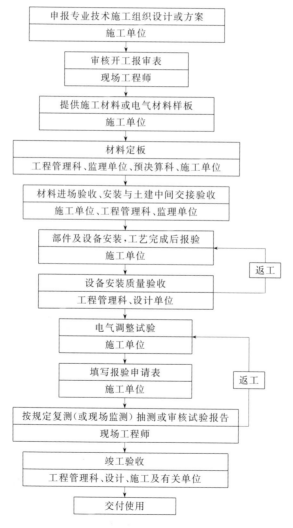

图 4-8　电气安装工程的质量管理流程

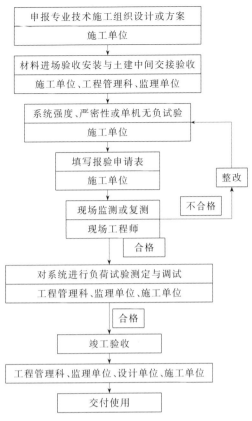

图 4-9　给排水工程的质量管理流程

4.2.3　建设工程质量问题及事故处理

工程质量管理应以防为主，但一旦出现质量问题或质量事故，应及时采取相应的处理措施。

（1）工程质量问题及事故的分类

① 质量问题的分类

a. 一般质量问题：不影响建筑物的近期使用，也不影响建筑物结构的承载力、刚度及完整性，但却影响美观或耐久性。

b. 较严重质量问题：不影响建筑物结构的承载力，却影响建筑物的使用功能或使结构的使用功能下降，有时还会使人有不舒适和不安全感。

c. 严重质量问题：影响建筑物结构的承载力或使用安全。

② 质量事故的分类

a. 一般质量事故：由于勘察、设计、施工过失等，造成直接经济损失在 5000 元以上（含 5000 元）、10 万元以下的。严重质量问题大面积出现或建筑物倾斜超过设计和规范允许值造成建筑结构临近破坏或局部破坏，损失在 10 万元以下的，也可当作一般质量事故来处理。

b. 重大质量事故：发生人员死亡事故；重伤 3 人以上事故；直接经济损失达 10 万元以上者等。

（2）工程质量问题及事故的处理方案

① 质量问题

a. 对施工中出现的质量问题，工程管理科可根据缺陷严重程度做出修整或返工处理的决定，填写工程联系单，责成施工单位提交措施及工程质量事故处理方案报审表、报工程管理科审批备案。

b. 工程管理科下达工程整改通知单，施工单位在限期内完成后报工程管理科验收签证。

c. 施工单位在接到工程整改通知单后没有在指定的期限内进行整改或整改不彻底的，工程管理科有权对其采取相应的措施和手段。整改完毕后，由工程管理科组织有关部门验收鉴定。

② 一般质量事故。施工单位应在事故发生后 4h 内，将事故简要情况向工程管理科报告，工程管理科应做好善后处理、保护现场、调查取证、等待处理，并按单位的有关规定和程序处理。

③ 重大质量事故。施工单位应在 1h 内将事故概况报告工程管理科，并采取措施保护现场，由工程管理科组织调查取证及处理。工程管理科应在事故发生 4h 内上报领导，事故处理完毕后应将处理结果报建设单位备案。

④ 出现下列情况之一者，工程管理科必须发出停工指令，防止工程出现重大质量事故：

a. 擅自使用未经认可的原材料；

b. 擅自变更设计图纸进行施工；

c. 上一道工序未经验收擅自进行下一道工序施工；

d. 未经审核同意，不合格分包单位进场施工；

e. 出现质量、安全事故；

f. 施工质量出现异常，施工单位不整改或未采取有效措施整改。

⑤ 工程停工及复工通知程序

a. 局部停工的，由工程管理科科长签发停工、复工通知。

b. 停工范围较大或影响较大的，必须由主管工程副处长签发停工、复工通知。

（3）工程质量问题或事故处理流程

见图 4-10。

（4）工程质量问题及事故处理的常用表格

事故报告单、工程安全/质量事故处理方案报审表见本书电子文件。

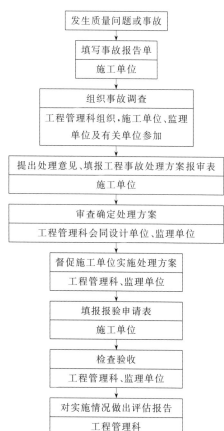

图 4-10 发生工程质量问题或事故的处理流程

4.2.4 合作单位质量行为管理

对工程质量进行管理，单靠建设单位是不够的，还必须有监理单位、施工单位的配合。

（1）监理单位质量行为管理

① 监理单位应严格按国家法律和有关技术、经济法规以及房建工程标准、规范等以及施工合同文件所规定的监理任务进行工作。

② 监理单位和监理人员应按照严格监理、热情服务、秉公办事、一丝不苟的原则认真贯彻执行有关施工监理的各项方针、政策、法规，制订详细的质量监理工作计划，提高预见性，减少质量问题发生。

③ 监理人员应对施工全过程进行平行检查、监督和管理；关键点工序应跟班旁站。

④ 监理单位应按照所承担的监理任务和监理合同向工程现场派驻相应的监理机构、人员和设备，不合格的应予调换，且专业人员数量和配置应征得甲方项目部认可。

⑤ 监理单位应严格审查施工单位的专检和质量保证体系。质量关键点项目未经施工单位自检的都应拒绝检查，避免和杜绝监理工程师代替自检的错误做法，同时，没有甲方项目工程师参加的质量关键点项目不应单独验收。监理工程师验收的项目验收单应反馈项目工程师检查。

⑥ 验证施工单位的复测资料，并100％审核施工单位对轴线、50线、放样和沉降观测等的测量结果。

⑦ 施工单位的混凝土配合比及砂浆配合比必须经监理工程师批准才能使用；并做好开盘鉴定和过程检查。开盘鉴定和末盘应会同项目工程师共同进行。

⑧ 加强对进场材料的检验工作，及时检查进场材料是否有出厂合格证及产品质量检验单，指示施工单位做好送检工作，并做好抽检工作；符合《材料、专业工程进场验收管理规定》要求。

⑨ 认真对设计文件中的图纸和文字资料进行详细而全面的审查，发现问题后，及时通知项目工程师处理，同时切实加强对变更设计图纸的审核。

⑩ 对于工程中存在的质量问题要做好跟踪验证，随发生随反馈随处理。重点是通过加强对质量通病的防治与监管，将质量投诉消灭在萌芽状态。

⑪ 监理单位要加强对监理人员的技术业务素质和职业道德的教育培养，使监理人员具有独立、公正、有效开展业务的能力和责任感。监理人员不得以任何理由向施工单位介绍分包单位或材料、设备供应商，不得利用监理权向施工单位索取任何合同规定以外的生活待遇和经济利益。

(2) 施工单位质量行为管理

① 施工单位是工程质量最直接的责任者，应建立明确的工程质量管理岗位责任制，对于不合格的质量人员要求更换。

② 项目经理应组织技术人员认真核对设计图纸，提出设计中存在的问题，及时向监理、甲方人员反映，将设计图纸中的错、漏修正补齐，另外，通过熟悉图纸，了解设计意图，实现"真正意义"上按图施工。

③ 建立严格的专人专检制度，使工程的每道工序都处于受控状态。

④ 建立测量复核制，使测量数据真实、准确可靠，并达到技术规范要求和功能要求。

⑤ 建立质量技术交底制度和质量通病防治保证措施实施制度。技术人员要认真编制质保措施，并对施工员、班组长及全体工人进行开工前的技术交底，同时明确确保工程质量的措施和注意事项，将质量通病消灭在施工开始阶段。

⑥ 施工单位应加强标准计量基础工作和材料采购检验、报验工作，严格控制进场材料的质量。进场材料必须出具生产许可证、出厂合格证，并及时见证取样和送检，做好自检和抽检工作，不合格产品必须坚决及时清理出场。未经监理工程师验收批准的材料一律不准投入使用。

⑦ 施工单位必须重视质量通病的研究和治理，施工组织设计中应编制针对性的住宅工程质量通病防治措施，在施工中以治理和消灭质量通病为突破口，解决主要矛盾，杜绝重大质量事故，提高质量管理水平。

⑧ 施工单位必须按房建工程质量检验评定标准规定对工程进行分项、分部和单位工程划分；现场质量检查、质量验收资料按划分的分项、分部和单位工程归档。现场质量原始资料必须真实、准确、可靠，不得追记、复记，接受质量检查时必须出示原始资料原件。分项报验时间宜符合监理单位正常工作时间安排，不得人为改动报验时间。

⑨ 工程发生质量事故，施工单位必须按规定向监理、甲方工程管理科及有关部门报告，并保护现场接受调查，认真进行事故处理，不得掩盖处理。

4.3 建设工程安全文明施工管理

为了确保工程建设顺利进行，建设单位必须加强对工程现场安全和文明施工的管理，落实"安全生产，文明施工"。

4.3.1 建设工程安全文明施工的监督管理制度与管理程序

（1）建设工程安全文明施工监督管理制度

建筑工程施工必须坚持安全第一，预防为主的方针。工程管理科科长和现场工程师应严格按照以下各项要求，加强对监理单位的监督和现场各施工单位的管理。

① 甲方需在施工合同中对现场硬地化处理、安全网、施工机械、脚手架、围墙、标牌、围护、场地清洁等安全文明施工措施做出明确的规定。对于施工单位不按合同履行安全文明施工措施的违约行为，按合同罚则扣除相应的措施费。

② 工程管理科科长必须指定一名专业工程师负责现场安全文明施工管理，建立安全文明施工资料。

③ 安全文明施工监理细则由工程管理科科长组织相关专业工程师负责编制。

④ 工程管理科科长负责督促监理单位做好施工安全和文明施工的监控管理；在每周的监理例会或其他工程会议上要由监理讲评现场安全和文明施工的落实情况。对于存在的严重隐患要以整改通知单的形式发监理公司，责令施工单位限期整改，并负责验证和封闭。

⑤ 工程管理科科长负责监督施工单位建立健全安全文明施工管理组织及管理制度，审查安全文明施工管理组织名单。

⑥ 工程管理科科长负责监督工程承建单位严格执行本市建设工程安全责任制，检查施工单位现场各类人员上岗证、检查安全教育的实施情况。

⑦ 工程管理科科长负责在开工前审核临时用电方案、施工现场总平面、安全技术方案，严禁野蛮施工。

⑧ 工程管理科科长和指定的专业工程师负责检查施工场地布局管理，检查施工机具临时用电系统的安装、消防器材的设置、检查脚手架搭设和安全防护。检查承建单位在重要部位、危险部位安装安全警示标志牌，设置夜间警示灯。在施工现场设置五牌一图、安全宣传栏。

⑨ 工程管理科科长负责审核施工机具安全检测证、安全设施的质量保证资料、阶段性的安全检查资料。

⑩ 工程管理科科长负责监督施工单位分别在基础、主体、装饰、安装阶段例行安全检查不少于两次，每月进行安全检查不少于一次，并保存检查记录。

⑪ 工程管理科科长和指定的专业工程师负责检查施工单位实行硬地化施工，检查工地宿舍、食堂、厕所的卫生及安全用电。

⑫ 工程管理科科长负责组织按有关程序处理质量安全事故。
⑬ 对于政府及公司检查过程中发现的安全隐患和文明施工问题,工程管理科科长要督促监理跟踪落实。

(2) 建设工程安全文明施工的检查程序

为了确保工程现场安全、文明施工处于受控状态,强化检查工作的制度化,便于建设单位全面了解各项目的安全、文明施工等情况,工程管理科必须定期对工程现场进行安全文明施工检查,建设单位的其他相关部门协助其工作。安全文明施工的检查程序如下。

① 检查步骤

a. 对施工单位申报的有关文明施工和安全措施进行审批,7天内必须答复,否则为默认。

b. 现场检查安全落实情况,是否与申报的做法一致。

② 检查时间与人员

a. 对在建项目每周例行检查一次(特殊工序、重点部位;不定期)。

b. 对在建项目每月例行检查一次。

c. 检查人员:工程管理科、监理单位、各施工单位。

③ 检查依据

a. 国家、地方相关文明施工和安全检查的规范、规定。

b.《建筑工程安全生产常用手册》(省建筑工程管理局编制)。

c.《市建筑业施工现场标准化管理规定》。

d.《市大树移植技术规程》。

e.《市植树造林绿化管理条例》。

④ 检查内容

a. 现场文明施工和安全情况。

b. 施工单位安全自检记录和文件资料管理情况。

c. 工地文明施工和安全技术交底和会议纪要。

d. 上月检查整改意见落实情况。

⑤ 检查方法有现场实物检查和相关资料抽查。

⑥ 检查结论

a. 检查结果现场开会讲评。

b. 存在问题提出整改意见,工程管理科负责监督监理、施工单位落实。

c. 形成纪要备案。

4.3.2 建设工程安全文明施工的评分标准

(1) 评分说明

① 对建筑施工文明工地管理,采取检查评分的形式进行。

② 每一次检查各子项扣分后其实得分数不得出现负分数(即该检查项目最低得分为0分)。

③ 安全管理检查评分表和文明施工检查评分表满分均为100分。

④ 建筑施工安全与现场文明施工检查以表中各项实得分数相加之和,作为对一个施工现场安全文明施工情况的评定依据。分合格、不合格两个等级。每表格得分值在80分及其以上为合格;80分以下(不含80分)为不合格。

⑤ 文明施工检查每双周周三定期检查一次，到工程竣工为止。

⑥ 现场检查参加人员

a. 施工单位：项目经理、现场负责人参加，或其中一人参加，如两人均不参加，视为检查不合格。

b. 监理方：总监、监理工程师。

c. 甲方：工程管理科科长、土建工程师。

⑦ 检查后受检单位应在汇总表上签字确认，受检单位拒不签字的，视为检查不合格。

⑧ 竣工结算前，主管工程副处长、工程管理科科长在竣工验收证明中签署文明施工合格情况，即加权得分不少于80分的为合格；不合格的施工单位在结算款中扣除文明施工措施费。

（2）安全管理检查评分表

见表4-4。

表4-4 安全管理检查评分表

序号		检查项目	扣分标准	应得分数/分	扣减分数/分	实得分数/分
1	保证项目	安全生产责任制	未建立安全责任制的扣10分 各级各部门未执行责任制的扣4~6分 经济承包中无安全生产指标的扣10分 未制订各工种安全技术操作规程的扣10分 未按规定配备专（兼）职安全员的扣10分 管理人员责任制考核不合格的扣5分	10		
2		目标管理	未制订安全管理目标（伤亡控制指标和安全达标、文明施工目标）的扣10分 未进行安全责任目标分解的扣10分 无责任目标考核规定的扣8分 考核办法未落实或落实不好的扣5分	10		
3		施工组织设计	施工组织设计中无安全措施，扣10分 施工组织设计未经审批，扣10分 专业性较强的项目，未单独编制专项安全施工组织设计，扣8分 安全措施不全面，扣2~4分 安全措施无针对性，扣6~8分 安全措施未落实，扣8分	10		
4		分部（分项）工程安全技术交底	无书面安全技术交底扣10分 交底针对性不强扣4~6分 交底不全面扣4分 交底未履行签字手续扣2~4分	10		
5		安全检查	无定期安全检查制度扣5分 安全检查无记录扣5分 检查出事故隐患整改做不到定人、定时间、定措施扣2~6分 对重大事故隐患整改通知书所列项目未如期完成扣5分	10		
6		安全教育	无安全教育制度扣10分 新入厂工人未进行三级安全教育扣10分 无具体安全教育内容扣6~8分 变换工种时未进行安全教育扣10分 每有一人不懂本工种安全技术操作规程扣2分 施工管理人员未按规定进行年度培训的扣5分 专职安全员未按规定进行年度培训考核或考核不合格的扣5分	10		
		小计		60		

续表

序号	检查项目		扣 分 标 准	应得分数/分	扣减分数/分	实得分数/分
7	一般项目	班前安全活动	未建立班前安全活动制度,扣10分 班前安全活动无记录,扣2分	10		
8		特种作业持证上岗	一人未经培训从事特种作业,扣4分 一人未持操作证上岗,扣2分	10		
9		工伤事故处理	工伤事故未按规定报告,扣3~5分 工伤事故未按事故调查分析规定处理,扣10分 未建立工伤事故档案,扣4分	10		
10		安全标志	无现场安全标志布置总平面图,扣5分 现场未按安全标志总平面图设置安全标志的,扣5分	10		
		小计		40		
检查项目合计				100		

(3) 文明施工检查评分表

见表 4-5。

表 4-5 文明施工检查评分表

序号	检查项目		扣 分 标 准	应得分数/分	扣减分数/分	实得分数/分
1	保证项目	现场围挡	在市区主要路段的工地周围未设置高于2.5m的围挡扣10分 一般路段的工地周围未设置高于1.8m的围挡扣10分 围挡材料不坚固、不稳定、不整洁、不美观扣5~7分 围挡没有沿工地四周连续设置的扣3~5分	10		
2		封闭管理	施工现场进出口无大门的扣3分 无门卫和无门卫制度的扣3分 进入施工现场不配戴工作卡的扣3分 门头未设置企业标志的扣3分	10		
3		施工现场	工地地面未做硬地化处理的扣5分 道路不畅通的扣5分 无排水设施、排水不畅通的扣4分 无防止泥浆、污水、废水外流或堵塞下水道和排水河道措施的扣3分 工地有积水的扣2分 工地未设置吸烟处、随意吸烟的扣2分 温暖季节无绿化布置的扣4分	10		
4		材料堆放	建筑材料、构件、料具不按总平面布局堆放的扣4分 料堆未挂名称、品种、规格等标牌的扣2分 堆放不整齐的扣3分 未做到工完场地清的扣3分 建筑垃圾堆放不整齐、未标出名称、品种的扣3分 易燃易爆物品未分类存放的扣4分	10		
5		现场住宿	在建工程兼作住宿的扣8分 施工作业区与办公、生活区不能明显划分的扣6分 宿舍无保暖和防煤气中毒措施的扣5分 宿舍无消暑和防蚊虫叮咬措施的扣3分 无床铺、生活用品放置不整齐的扣2分 宿舍周围环境不卫生、不安全的扣3分	10		
6		现场防火	无消防措施、制度或无灭火器材的扣10分 灭火器材配置不合理的扣5分 无消防水源(高层建筑)或不能满足消防要求的扣8分 无动火审批手续和动火监护的扣5分	10		
		小计		60		

续表

序号	检查项目		扣 分 标 准	应得分数/分	扣减分数/分	实得分数/分
7	一般项目	治安综合治理	生活区未给工人设置学习和娱乐场所的扣4分 未建立治安保卫制度的、责任未分解到人的扣3~5分 治安防范措施不利,常发生失盗事件的扣3~5分	8		
8		施工现场标牌	大门口处挂的八牌一图内容不全,缺一项扣2分 标牌不规范、不整齐的,扣3分 无安全标语,扣3分 无宣传栏、读报栏、黑板报等扣5分	8		
9		生活设施	厕所不符合卫生要求,扣4分 无厕所,随地大小便,扣8分 食堂不符合卫生要求,扣8分 无卫生责任制,扣5分 不能保证供应卫生饮水的,扣10分 无淋浴室或淋浴室不符合要求,扣5分 生活垃圾未及时处理,未装容器,无专人管理的,扣3~5分	8		
10		保健急救	无保健医药箱的扣5分 无急救措施和急救器材的扣8分 无经培训的急救人员,扣4分 未开展卫生防病宣传教育的,扣4分	8		
11		社区服务	无防粉尘、防噪音措施扣5分 夜间未经许可施工的扣8分 现场焚烧有毒、有害物质的扣5分 未建立施工不扰民措施的扣5分	8		
		小计		40		
	检查项目合计			100		

(4) 处罚通知单范本

在工程施工的过程中,若发现了施工单位有违反施工安全文明规定的行为,相关管理人员应向施工单位发出处罚通知单。处罚通知单范本见本书电子文件,供读者参考借鉴。

4.4 建设工程变更与签证管理

建设项目在施工过程中,难免会发生工程变更。工程变更包括设计变更和现场变更,设计变更是对设计内容的完善、修改及优化,现场变更是施工现场管理所引起的变更,一般需要设计单位的签字、盖章,并经发包单位的有关职能部门(工程管理科等)签章后执行。在发生工程变更时,必须进行签证确认,从而作为工程款结算的依据。为了控制项目的开发成本,必须对工程变更与签证进行严格管理。

4.4.1 建设工程变更管理

(1) 建设工程变更的管理流程

① 建设单位、施工单位、设计单位都可以提出工程变更的要求。不同的主体提出的工

程变更，其审核变更程序也存在着一定的区别，具体如图 4-11 所示。

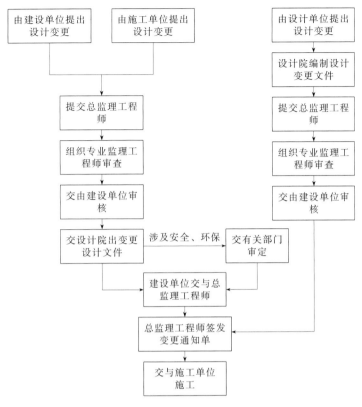

图 4-11　工程变更的审核程序

② 审核变更的步骤比较多，图 4-12 是更详细的、由施工单位提出变更的变更控制流程，供读者参考借鉴。

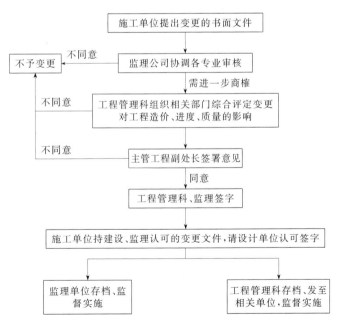

图 4-12　由施工单位提出变更的受更控制流程

(2) 建设工程变更管理的具体步骤

① 所有工程变更需遵循"先申请,后实施"的原则。工程变更在正式施工15天前提出变更申请,正式施工7日前确认变更;若现场变更遇特殊情况时,可及时沟通再行报批;对于特急项目的变更,经主管工程副处长批准同意可先行施工,报预决算科备案,施工后7天内补办变更申请及签证的手续。

② 下发工程变更指令性文件时,要附审批完成的相应工程变更申请单,否则工程管理科有权拒绝变更。

③ 工程变更申请单必须统一编号;工程管理科报送工程签证单时,应在发包单位情况说明一栏中注明相应工程变更单编号。

④ 工程管理科、物业公司在遇到需要对工程进行调整,即要发生工程变更时,要求由提请部门在1天内填写办理《工程变更申请单》(见本书电子文件),确定该变更费用承担单位,出具变更初步方案,并需注明施工方法及详图、技术性能参数等(物业公司提出的,由物业公司出具现状描述及最终效果描述和可能情况下的技术方案;如附有变更图纸请作为本申请单附件一并提交)。

⑤ 对于必须执行的变更,变更成本低于50万元的工程变更由工程管理科办理审批,报预决算科科长、规划管理科经理审批,再由主管工程副处长签批,审批在2天内完成。

⑥ 对于必须执行的变更,变更成本高于50万元(含)的,在以上签批的基础上,由处长在1天内确认批准方可下发执行;属于重大设计变更的,应协调设计院出具2套以上(含2套)设计变更方案及相关设计变更方案的测算可行性分析报规划管理科、预决算科、处长审批。

⑦《工程变更申请单》填写完成后,根据需要应与设计院沟通进行变更完善,变更完善所需时间不能超过1天半,如需要设计院出具方案,所需时间不能超过3天。

⑧ 预决算科进行变更费用核算,预决算科在接到《工程变更申请单》3日内应完成成本核算工作,特殊情况可适当延长时间。

⑨ 预决算科科长根据测算情况判定变更级别(一般设计变更或重大设计变更)。

⑩ 对于已经设计单位和建设单位正常手续评审、批准的设计变更项目,应全部由工程管理科组织实施。

⑪ 工程管理科应将最终申请单和正式设计变更报预决算科备案。

⑫ 预决算科在接到工程管理科报送的施工单位的工程签证单时,应核查变更实际成本发生费用额是否在批准额度内,如超出批准额度±5%,需分析偏差原因,并报处长。

⑬ 预决算科随时调整动态成本变化情况,每月编制成本监控月报。

⑭ 所有变更单全部汇总至预决算科存档备案,预决算科每月对本月所有已完变更进行分类、汇总整理、责任费用等评估,汇总在成本监控月报中。

⑮ 杜绝由施工问题造成的变更,如果发生此类变更要追究施工单位的责任,由此发生的费用由施工单位负责。

⑯ 杜绝变更滞后,造成施工完毕后才提出变更,出现此类情况要追究责任部门和责任人的责任。

⑰ 规划调整或重大设计方案调整(在原招标项目基础上增加新的项目)的变更,需在设计院提供可能的多种方案前提下,并经预决算科进行费用测算及方案成本比较,经专题会议讨论批准后方可实施。

⑱ 审批后的《工程变更申请单》属于建设单位内部文件,只在建设单位内部使用,不

得对外下发。

⑲ 审批后的《工程变更申请单》必须经主管工程副处长签批同意后，方可下发至相关部门执行。

⑳ 注意事项

a. 图纸审查意见原则上应计入主体工程发包范围内，若因特殊情况在签订合同后发生，应办理变更申请，基于必须执行且量大，可以在办理变更申请时同时下发，时间可控制在变更下发1个月内办理完成。

b. 图纸会审需要办理变更申请，不必每一条办理一张变更申请，可以一并报批，也可以分专业报批，办理时间可以同图纸审查意见变更申请。

c. 变更额度的界定是指一张变更申请单上的单项变更为标准，但不允许人为肢解工作内容逃避变更审批。

d. 工作联系单等形式的工程变更指令要办理变更审批，签发后可以作为变更签证依据。

e. 变更额度为负值时按照小于5000元的要求办理审批，但涉及功能变化、减少系统等变更，要经规划管理科审批。

f. 变更申请单编号应填写在工程签证单中发包人情况说明一栏。

g. 工程变更内容、原因、工程量应明确具体且不得涂改，图示应符合有关规范要求，深度应满足施工和预算要求。

h. 同一部位、同一时间、同一设计变更发生的工程签证不得分拆处理，必须一次签证完毕。

i. 各类设计变更、施工变更的《现场签证单》（见表4-6）由施工单位负责草拟编写，由监理工程师、现场工程师、工程管理科科长审核、签字确认后报主管工程副处长审批。

j.《现场签证单》必须详细标注日期、工程名称、专业、变更图号、工程变更编号及施工单位名称，并需简要说明工程变更的原因。

表 4-6　现场签证单

工程名称：		合同编号：
专业：		变更编号：
下发时间：	执行时间：	
签证原因和工作内容及完成时间	承包人(签章)：＿＿＿＿＿　　日期：＿＿＿＿＿	
监理单位审核意见	监理单位(签章)：＿＿＿＿＿　　日期：＿＿＿＿＿	
建设单位审核意见	项目负责人：＿＿＿＿＿　　日期：＿＿＿＿＿	

注：1. 本表由施工单位填报，一式四份，经业主审批后，业主留两份，施工单位、监理单位各一份。

2. 本表根据具体情况需附图纸、照片、计算式以及施工单位预算等有效资料。

(3) 建设工程变更指令性文件整理要求

① 对于工程变更指令性文件，重点将工程变更内容，如工程名称、变更原因、变更部位、图纸比例、图示尺寸、规格型号、材料材质、施工方法等描述清楚，以达到根据变更单

可准确计算工程量的程度并符合定额要求的目的。对于描述不清的变更单，工程管理科需要严格把关，如果变更单描述不清，实际施工已发生，需要工程管理科书面说明描述清楚。

② 对于承包方在施工过程中提出的工程变更或材料代用，需填写工程变更单报送监理公司和甲方审批，审批中一定要对承包方提出的全部内容逐一答复，逐条写清楚同意的部分和内容，不能笼统地签署"同意执行"、"同意变更"等字样。

③ 由承包方原因造成的变更（含返工），一切损失（包括工期延误造成的间接损失）由承包方承担，对于此类签证单，监理公司和工程管理科不予认可，直接退回承包方。

④ 隐蔽工程要以现场实际施工情况为依据填写隐蔽工程验收记录，标明被隐蔽部位、项目和工艺、质量完成情况，如果被隐蔽部位的工程量在图纸上不确定，要求必须附上简图，并标明几何尺寸，以备工程结算时查阅；实际无法绘制简图或不能说明情况的，可以由甲方、监理公司、施工方共同在现场确定工程量，并后附原始记录。需要明确的是，如隐蔽工程验收时乙方通知甲方，甲方没参加，则视为甲方认可乙方统计工程量，此时要追究甲方相关人员责任。

⑤ 涉及工程费用变更的监理公司资料必须有甲方的签字盖章认可，方能生效。

4.4.2 建设工程签证管理

（1）建设工程签证管理制度

科学、规范地办理工程签证单，能够加快工程进度与工程结算速度，同时，也能减少管理与协调的工作量。为此，需制订相关的工程签证管理制度，由施工单位、监理公司和建设单位的相关部门共同遵守。

① 职责分工

a. 建设单位授权派驻工地代表（简称甲方代表）负责工程施工现场签证工作的管理与实施。

b. 工程施工方（简称乙方）负责对甲方下达的指令或需由乙方签证的文件的签证。

② 需要签证的工作内容

a. 基础开挖到满足设计要求时，必须进行签证确认。

b. 合同以外的土方工程。

c. 施工图和设计变更以外的工程内容。

d. 甲方确定的必须通过签证才予以确认的内容。

e. 工程施工合同中约定必须签认的内容。

f. 法律、法规及现行有效标准规定必须签证的内容。

③ 现场签证参加人员：甲方代表、甲方预算员、乙方代表、监理单位代表。

④ 现场签证单填写要求。所有工程量必须经现场测量后填写，到场人员必须当场在现场签证单上签字或当场在记录的原始数据上签字，后补签证单。现场签证单一式四份，甲方工程管理科、预决算科、监理单位、乙方各留一份，现场签证单必须在一个星期之内四方签字盖章完毕，否则签证单视同无效。签证原则上不允许签计时工，如有特殊临时用工情况，必须列明用工人数及用工时间。

⑤ 现场签证结算方式

a. 单体施工单位分三个阶段分别办理签证结算，即基础部分、主体结构部分和安装及装修部分。每个阶段在正式验收前施工单位必须将结算资料提交到甲方预决算科，否则停止拨付工程进度款。

b. 外网、景观及零星工程合同外签证，必须在规定时间内将签证结算资料提交到甲方预决算科，逾期停付工程款。

⑥ 签证的效力

a. 乙方应予提报签证的文件，但未经甲方签证的，均属无效。已实施未经签证所产生的经济责任由乙方承担。乙方对甲方的指令确有异议（拒签），在甲方坚持要求执行时，乙方应予以执行，因指令错误发生的费用和给乙方造成的损失由甲方承担，延误的工期相应顺延。因拒不执行指令而造成的损失则由乙方承担。

b. 凡签证责任人未按法律、法规、现行有效标准及合同约定时间内对对方提出的文件予以签证或签复的，应视为要求已被确认，由此产生的责任由甲方承担。

c. 本规定为甲乙双方在合作中的经济或法律责任界定的依据，包括返工、返修、停工损失、延误的工期及其他经济损失。

⑦ 例外处置

a. 必要时，甲方可发出口头指令，施工方对甲方的口头指令应予以执行。但乙方应在48h内提出书面文件，甲方必须签证确认。

b. 在特殊情况下，乙方有权要求甲方下达指令的要求，并将需要的理由和迟误的后果书面通知甲方，甲方在48h内不予下达或答复，应承担由此造成的经济支出及顺延的工期，赔偿乙方的有关损失。

⑧ 工程管理科在收到签证单后2天内必须签署完毕并在台账上记录，若甲方签证意见与乙方有分歧时，工程管理科必须在规定期限内签署意见返还施工单位并存档，同时必须在5天内双方协商解决完毕。

⑨ 工程签证应包含如下内容：签证理由；工程量；签证内容发生的起止时间；原始记录必须有两个或两个以上现场监理工程师签字。

⑩ 工程签证的原始凭证，监理工程师必须当天签署完毕，并上报工程管理科科长后存档。

⑪ 合同明确需签证的项目，由工程管理科直接签证，主管工程副处长审核签字确认。

⑫ 工期签证由工程管理科与施工单位谈判，报主管领导审批。

⑬ 工程管理科及时整理存档工程签证单并送预决算科作结算依据。

⑭ 工程管理科做好工程签证的汇总工作，并编制《季度工程签证汇总表》（见表4-7），于每个季度结束前层报建设单位领导。

表 4-7　季度工程签证汇总表

项目名称：_____　　汇总时间：___年__月至___年__月　　编制人：_____

前置审批编号	下发时间	执行时间	签证原因	工作内容	完成时间	进度、成本影响	审批人意见

⑮《签证报审核定表》范本见本书电子文件。

（2）建设工程签证单整理要求

在变更执行后，施工单位要及时申报变更签证单，由甲方与监理方审定、签证，作为工程款结算的依据，对于这些工程签证单的整理有以下要求。

① 时间要求。严格按照合同约定的时间处理变更签证单：

a. 乙方在变更内容执行完毕后十四日内申报，未在规定时间内申报的，视为乙方自动放弃变更增加费用，监理及甲方在收到乙方合格资料的基础上 28 日内回复。

b. 乙方应在工程签证单上"情况说明"一栏明确填写实际施工完成时间，并由监理公司和甲方认可，如果不合格被退回再次申报时应填写再次申报时间和实际施工完成时间，并将退回情况说明清楚。原则上限定施工单位资料不合格重新报送的机会为 2 次。

② 内容要求

a. 三证齐全：施工单位、监理公司、建设单位均有专业工程师及技术负责人签字，并加盖公章，建设单位应由工程管理科和预决算科两个部门签章，若未经监理公司监理应予注明。达不到上述要求的签证单原则上不能进入结算。

b. 依据明了：工程签证单里的"签证依据"一栏必须填写具体、清楚。对于现场发生的无变更指令性文件的变更，更应该将签证的原因叙述清楚，事件发生的责任单位、责任人、是否应该扣款、扣款标准等等，必要时，可后附情况说明。若发生对其他单位的扣款情况，工程管理科必须后附对其他单位的扣款通知单。

c. 内容有序、清楚：工程签证单里的"工作量变更"一栏填写内容要与所附的变更文件逐项对应，不能把一份变更文件中的各项变更汇总后列入工程签证单，以利于双方核对；"情况说明"一栏要求监理公司及甲方专业工程师必须对变更执行前、后的完成情况详细说明，包括工期、质量情况。对于返工工程，还应说明返工的原因、范围、具体做法及拆除材料的重新利用情况。

d. 现场专业工程师对于变更签证单中签署意见把握不准的，可以就该签证单同预算工程师共同协商处理。

e. 经常容易发生工程量描述不清的项目有：室内给排水管道变更引起的拆除工程量和二次安装工程量；现场挖、填、运土方的土质、具体尺寸和运距；建筑变化引起的电气预埋管盒的变化；开关、插座、配电箱变更移位引起的管线的变更；切槽及回补的具体部位和尺寸，是混凝土还是砖，是墙还是地面等。请在签证中注意。

③ 统一编号要求。对于工程签证单，要根据不同单位工程名称分土建和安装两个专业分别按顺序编号。如果一张工程签证单上有多项变更，要求变更内容按照顺序编号，并与后附的原始资料顺序对照。

④ 后附资料要求。工程签证单必须后附相关工程变更指令性文件复印件（施工蓝图可不附）及其他有关特殊资料（如情况说明、草图等）。要求所附的资料清晰、真实、完整（现场专业工程师应对所附的各种原始资料的准确性、真实性、完整性负责）。

⑤ 特殊变更的要求。对于施工现场临时发生的、无变更指令性文件的工程变更内容，施工单位也应及时填写"工程签证单"，并在工程变更施工完毕后 14 天内报监理公司和甲方审核。对于此类《工程签证单》，原则上不能笼统地签认工程量和工程造价，必须将签证的原因叙述清楚，内容描述客观准确，如有必要：绘出简图或文字说明变更发生的具体部位及几何尺寸等附在工程签证单的后面，达到第三者通过此单的叙述和所附资料即可完全了解到工程变更的实际情况、计算工程量和套用定额的标准。

⑥ 变更减少签证要求。属于造价减少的工程变更，施工单位也应在规定的时间内以"工程签证单"的形式报审。若施工单位未及时申报，监理公司应在变更完成后的 28 日内核实工程量报甲方共同审核，再以监理备忘录的形式报送甲、乙双方，直接计入竣工结算。需要明确的是，监理公司必须对工程减少量及时申报，若超过时限没有申报，被甲方发现后将

根据情节进行处罚,同时扣减承包单位相应费用。

⑦ 对于擅自涂改行为的处罚。由于资料填写不规范退回施工单位整理完善重新报送的资料,若发现施工单位对实质性内容有涂改迹象的,其申请的变更费用不予认可,且要处以同等费用的罚款。

⑧ 工程签证单见表 4-8。

表 4-8 《工程签证单》范本

工程名称:_____ 申报时间:_____ 编号:_____

签证依据					
工作量变动	变更项目	单位	变更工程量	监理初审数量	监理和发包人最终审定数量
情况说明	承包人情况说明:		监理单位施工说明:		发包人情况说明:
签章	承包人(签章) 技术负责人: 项目经理:		监理单位(签章) 监理工程师: 项目总监:		发包人工程管理科(签章) 专业工程师: 工程管理科科长: 发包人预决算科(签章) 造价工程师: 预决算科科长:

4.5 建设工程结算与工程款支付管理

由于在项目建设的过程中存在着各种变更,因此,在工程结算前要对工程量进行结算。对工程量进行计算又简称为工程计量。

4.5.1 工程量计算管理

(1) 工程量计算管理规定

① 预决算科负责工程量的计算或审核。工程计量分专业由造价工程师完成。

② 需要工程计量的工作环节:

a. 编制施工图预算;

b. 编制非委托招（议）标标底；
c. 设计变更的调整；
d. 经济签证的确认；
e. 审核竣（完）工造价结算；
f. 工程进度付款计量。

③ 工程管理科应根据现场情况落实本专业现场变更，确认现场工程量。发生后，严格控制合同外签证，对发生的合同外签证会同监理一同计量，真实反映签证情况。

④ 工程计量必须有依据进行，无书面依据的工程量为无效工程量。

a. 施工图预算（或标底）的计量依据是：设计施工图纸，书面设计交底，施工组织设计文件，勘察设计资料。

b. 设计变更调整计量的依据是：设计变更，原设计施工图，必要的施工方案。

c. 工程进度付款及竣（完）工造价结算（按实）计量依据是：工程竣（完）工图纸（含设计交底、设计变更），经济签证，必要的隐蔽验收纪录，施工组织设计文件，形象进度签证（进度付款计量用）。

d. 计量依据由工程管理科提供。

⑤ 工程计量必须在具备工程计量的条件时进行。工程计量的先决条件是：

a. 工程管理科提供的资料齐全；
b. 工程已经竣（完）工验收，并符合质量要求（仅限于工程进度付款及竣工造价按实结算计量）；
c. 技术交底或设计变更已经批准；
d. 符合合同约定。

⑥ 工程计量方式必须与工程计价方式相统一（匹配）。分项工程单价中包含的工程量不得重复计量。

⑦ 以招（议）投标方式签订的合同必须有工程量清单作为附件。

⑧ 工程进度付款计量累计工程量不得大于合同工程量清单量。

⑨ 工程计量必须精确，力争准确，计量误差率不得大于3%。

(2) 工程量签证单审批流程

见图4-13。

工程量签证单申报必须及时，一般情况下必须在工程实施前报送，或工程变更确认后7日内报送，特殊情况必须在隐蔽前报送，并在隐蔽前预留出现场核查时间，不及时的工程量签证单监理及甲方有关人员不予签证。

工程量签证单审核时间限一般情况下为7个工作日，其中监理公司审核期限为自收到工程量签证单开始2个工作日内，甲方审核期限为自收到监理公司签署意见后转发的工程量签证单开始7个工作日内，逾期视为同意。特殊情况三方及时沟通，确定时间。

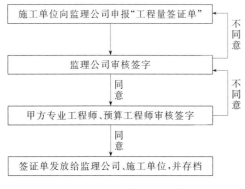

图4-13 工程量签证单审批流程

(3) 工程量签证单范本

见本书电子文件。

4.5.2 工程结算管理

为了规范合同结算管理,确保结算的及时、公平和准确,及时反映开发项目的实际成本,建设单位应对工程结算进行管理。

(1) 工程结算管理规定

① 总则

a. 所有设计类合同结算、工程类合同结算(包含建安工程、装饰工程、材料设备采购、环境配套工程、智能化工程及非政府性收费的区内管网设备工程),均需执行本规定。

b. 所有合同结算时必须遵循原合同约定的结算原则,严禁出现与结算原则违背的现象。

c. 所有结算均需逐级审批签字后方能生效,结算金额需公司预决算科及时反映到合同台账及动态成本中。

② 职责

a. 工程管理科负责汇总并确认合同结算资料,确保结算资料的真实准确。

b. 预决算科负责编制公司合同结算月度计划。

c. 预决算科负责审核结算资料、确定结算价款,并对结算数据及结算价款的准确性负责。

d. 基建处处长负责审核建设单位工程结算是否执行本管理规定;并对结算中的价款、结算资料进行审核,对结算结果有询问权。对于工程量计算误差超过1.5%,材料、设备及取费标准高于市场平均水平的结算,有权要求相关部门重新结算,并以此作为对各专业预算工程师的考核依据。

e. 在结算审核过程中,发现弄虚作假、损害公司利益的,追究相关责任人责任。

③ 工作程序

a. 合同履行完毕并验收合格后,工程管理科向承包单位发放结算通知书。

b. 承包单位收到通知后在约定时间内向工程管理科提报竣工结算书及相关结算资料;工程管理科将相关资料汇总后,填报结算申请单,这些资料包括:合同工期的完成情况;工程质量情况判断;现场签证单、技术核定单和设计变更台账的比较核对;设备、材料数量统计;工程款支付情况的确认;业主索赔资料的整理统计,业主索赔资料包括但不限于减账指示、信函、备忘录、声明等,索赔类别包括减账、漏做工程、质量不合格工程、拖期、扰民、闹事、员工停工、不配合工作、不协调、偷工减料、代替品等;竣工图纸的审核确认。

c. 工程管理科将核查完毕的结算资料及核查结果连同承包单位提交的结算书提交预决算科,预决算科根据结算资料,编制结算书。结算资料至少应该包括以下内容:招投标文件有关资料;工程施工总、分包合同,补充合同或施工协议书;工程竣工全套图纸(土建、安装等);设计变更图纸、设计变更签证单、技术核定单、图纸会审交底纪要;施工组织设计;施工过程中双方签证资料(甲方认可的);地质勘探报告;工程预(结)算书(加盖编制单位公章、预算员签章);甲供料、甲控材清单;主要材料分析表;主要材料差价证明材料;施工形象进度月报表。

d. 预决算科预算工程师根据编制的结算书对承包单位的结算进行核定,并确定结算价款报部门负责人审核。

e. 预决算科负责人签署审核意见后,将结算书及结算资料一并报处长审批。

f. 审批通过后的结算书按照相应程序盖章后生效。

④ 其他规定

a. 工程管理科依据签字盖章完毕后的结算书，按照合同及结算规定进行尾款的申请、支付。未经处长审批的结算，工程管理科不得对承包单位支付结算尾款。

b. 对甲供材料（三方协议）的结算付款要求有三方签字盖章认可的结算书方可支付结算工程款。

c. 结算资料需具有100%的可复查性，并随同结算审批单流转。结算手续完毕后，所有结算资料由预决算科统一编号留档，以备后期查询。

（2）工程进度结算管理流程

见图4-14。

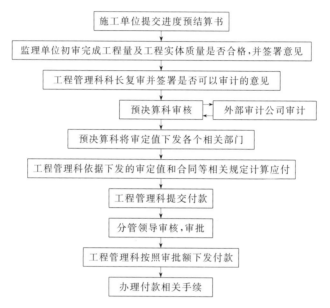

图4-14　工程进度结算管理流程

（3）工程结算管理的常用表格

在工程结算的过程中，会采用到各种的通知书、申请表、计划表、审批表等，本书电子文件中提供这些表格范本，供读者参考借鉴。

4.5.3　工程款支付管理

为了确保工程款支付的准时性和准确性，建设单位应对工程款支付工作进行管理。

（1）工程款支付管理规定

① 建设项目工程进度款支付的前提必须是满足合同规定的付款节点，同时已完成工程项目质量满足合同要求。

② 工程节点及相关工作完成且自检合格后，施工单位向监理公司报送付款申请。各节点付款时，承建方必须承诺定额发放民工工资，付款前必须填写承诺书。

③ 监理公司收到施工单位的付款申请后，总监必须派人现场核实节点、质量完成情况及相关工作完成情况，全部工作完成，由现场相关监理工程师签署意见，报总监，总监审核后，签署工程款支付证书报项目部。否则，签署明确书面意见退回施工单位，限期

整改。

④ 工程管理科收到工程款支付证书后，由工程管理科科长派相关专业工程师去现场负责核实内业资料完成情况，各项工作是否满足要求，签署意见上报。若发现未完成工作而上报，由工程管理科写明书面意见，退还监理公司，由监理公司退还施工单位，进行限期整改。

⑤ 同一份工程款支付证书（或同样原因）施工单位和监理公司被退回的次数各限一次，若发生第二次退回，对施工单位罚款 500 元，监理公司罚款 100 元；第二次退回再报仍不合格，将对施工单位罚款 2000 元，监理公司 500 元。

⑥ 工程支付证书若被预决算科退回，则要追究工程管理科科长的责任。

⑦ 监理公司、工程管理科、预决算科对工程支付证书的审批时间分别为 1.5 个工作日、1.5 个工作日、2 个工作日。

⑧ 付款审批前工程管理科必须检查相关工作内容是否完成：

a. 工地安全文明是否达标；

b. 所发的整改通知单内容是否整改完毕；

c. 所发文件是否签收、手续是否齐全；

d. 签证单是否按月按要求汇总上报；

e. 工作配合是否到位；

f. 工程扣款是否签署。

如上述内容未完成工程管理科有权拒绝审批付款。

(2) 工程款支付管理程序

① 目的：确保及时、准确向分供商付款。

② 适用范围

a. 工程款的审批、支付，包括预付款、进度款、结算款（保修金）。

b. 材料、设备款的审批、支付。

c. 设计费的审批、支付。

③ 职责

a. 项目主办人根据进度、质量状况及合同规定提出付款书面申请。

b. 工程管理科科长负责复核付款申请并签署意见。

c. 预决算科科长复核付款申请并签署意见。

d. 主管工程副处长负责审核付款申请并签署意见。

e. 财务科科长负责审核付款申请并签署意见。

④ 程序

a. 付款申请

ⅰ. 项目主办人依据合同、进度及质量状况确定是否申请付款。

ⅱ. 项目主办人按以下内容填写付款通知单和付款申请单并交工程管理科科长复核：付款缘由；质量及进度状况；已付款、扣款及本次付款金额；随付款申请单提交预算所需资料。

b. 工程管理科科长复核。工程管理科科长对照合同、进度、质量状况复核是否付款、付款金额，并在付款申请单上签署意见后交预决算科科长复核。

c. 预决算科科长复核

ⅰ. 付款资料的齐全性与准确性。

ⅱ．已付款、扣款和本次付款金额。
ⅲ．在付款申请单签署意见并交主管工程副处长审核。
d．主管工程副处长审核：主管工程副处长负责审核a、b、c所述内容并在付款申请单上签署意见后交预决算科。
e．财务科审核
ⅰ．主管工程副处长将项目合同内付款审批权赋予财务科科长。
ⅱ．财务科经办人及财务科科长接付款通知单、付款申请单及相关资料后察看审批签名过程，若有主管工程副处长签字同意字样，则由经办人在付款通知单"复核"栏内签字，财务科科长在付款通知单"审批"栏内签字，同时开具支票或交付现金。
f．支票或现金的领取
ⅰ．预决算科综合岗从财务科出纳处领取支票或现金。
ⅱ．项目主办人向分供商索取发票与综合岗交换支票或现金。
ⅲ．项目主办人将支票或现金交给分供方入账。
g．建立台账
ⅰ．项目主办人应建立台账，登记每笔付款、扣款情况，并接受主管工程副处长的检查、监督。
ⅱ．预决算科综合岗应建立台账、登记每笔付款、扣款情况，并接受预决算科科长的检查、监督。
ⅲ．每月10日（节假日顺延）主办人、综合岗、财务科出纳根据各自台账进行核对、总结并形成备忘报处长和主管工程副处长。
h．核查：处长随时可以对付款、进度、质量状况进行抽查、核评。

(3) 工程款支付审核审批程序
① 目的：杜绝错付、超付，以确保工程进度、控制成本。确保第一时间正确解决问题。
② 范围
a．工程款的审核审批（包括预付款、进度款、结算款）。
b．设备款的审核审批。
c．设计款的审核审批。
d．保修金的审核审批。
e．零星工程款的审核审批。
f．登记台账。
③ 职责。严格执行合同条款、公司的规定和管理程序，仔细审核已付款情况，即时做好台账，加强各流转部门信息传递，合理安排付款时间，保障工程进度。
④ 审核审批工作要求
a．审核主管工程师上报的付款申请单以及所附资料，若发现资料不符合工程付款手续管理程序即退回并说明所缺资料、内容。
b．按照合同条款，仔细审核每项付款。
c．深入工地现场，了解工程进展，在审核审批时做到心中有数。
d．与项目主管工程师保持良好沟通。
e．及时做好台账，严格核对"已付款"，杜绝超付。
f．各部门及时审批，做好解释工作，对财务科提出各种工程进展问题，做到有问必答。
g．合理安排每笔付款，做到急事急办，绝不拖延时间，不影响工期。

h. 做好发放支票、收齐发票的工作。

⑤ 付款审批流程见图 4-15。

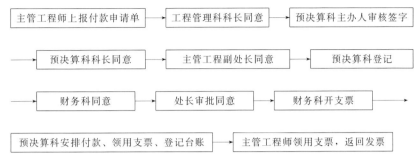

图 4-15　付款审批流程

⑥ 付款审核依据

a. 工程预付款审核：预付款＝合同金额×预付的百分比。

b. 工程进度款审核：由施工单位编制上报，工程管理科主管工程师签署意见的已完工程进度报表，经预决算科审核，双方确认，并核对有关合同条款无误。

ⅰ. 工程进度款＝合同金额×已审核进度的百分比。

ⅱ. 检验是否超付，工程款不超付时：合同金额－合同金额×已审进度％－已付金额＜合同金额×(1－下浮％)×(1－保修金％)。

c. 工程结算款审核：根据预决算科已审核工程结算。

工程结算款＝结算总价－下浮价－保修金(或扣留金额)－预付款－进度款－甲供料款－扣款。

d. 保修的审核：在合同规定之保修期满后，经物业公司核实无质量问题时方可办理。

保修金＝(结算价－下浮价)×保修％－扣款。

e. 设备款的审核：材料设备款的支付，主办人必须附上相应送料单、入库单、施工单位领用单及材料设备发票，再根据合同审核支付；工程结束后，按实结算，若发生新增加材料设备，必须经规划管理科签认后给予结算。

f. 零星工程款的审核：零星工程即无合同的工程按实结算后给予付款。

零星工程款＝结算金额－(1－优良率)×2％－扣款。

(4) 工程支援款的支付管理

工程支援款是比较特殊的工程款，在此另作说明。当工程后续施工资金压力较大时，施工方可根据实际情况向甲方提出工程支援款的申请。

① 当工程的进度大于已支付工程款的相应工程进度且具备完善的合同手续才达到工程支援款的支付要求。

② 工程支援款申请由施工单位提出书面报告，报告应包括支援款的用途，下一步工程节点达到时间承诺和违约处罚等内容。

③ 工程支援款由工程管理科科长、预决算科科长研究后，向处长汇报。按处长批准后的数额填写相关单据，经处长签批后，报预决算科备案，财务科拨付。

④ 工程支援款数额原则上不能超过下一个节点应付款额的 50％。同时在下一个节点付款时应将支援款扣除。特殊情况的支援款由处长特批。

⑤ 工程支援款申请格式如下。

工程支援款申请

建设单位：

由_____公司施工的_____项目，当前进度为_____，贵方已经按合同付款至_____，由于工程施工后期资金压力较大，为更好的完成施工目标，特申请支援工程款_____元，我公司保证将支援的工程款全部用于本项目上，在____月____日达到如下工程形象进度：

1. _____
2. _____
3. _____

如到期未能完成上述工程内容，我方愿意承担_____的处罚。

公司项目部

____年____月____日

⑥ 工程支援款审批支付流程见图 4-16。

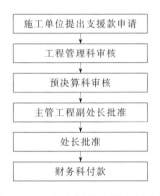

图 4-16　工程支援款审批支付流程

（5）工程款支付管理的常用表格

在工程付款管理中，会采用各种各样的表格，本书电子文件中提供这些常用表格范本，供读者参考借鉴。

4.6　建设工程施工其他管理

在工程施工中还有其他比较零散但又非常必要的施工管理内容，下面对这些施工管理进行介绍。

4.6.1　建设工程施工现场用水用电与建筑垃圾管理

（1）施工现场用水管理

① 任何单位用水必须报经工程管理科批准，方可进行用水管道的连接，并装表计量，水表初始读数报工程管理科备案。严禁任何单位和个人私接取水管道，违者处罚 300～500 元。

② 任何用水点必须安装水表进行计量，并在每月 20 日将水表读数报至工程管理科，水费依此据实收取。所报水表读数如不属实，按实际用水量两倍收取水费。

③ 严禁在给水管道上直接管道泵，水压不足时应设置储水池再经加压设备进行提升，且进水管必须高于储水池水面。违反此条者按市水务处罚规定处罚。

④ 用水单位对用水管道有维护管理的义务。对用水管道的任何破坏造成水量损失，当月分摊水量全部由该用水单位承担；且用水单位必须及时修复用水管道，若未能及时修复，当月施工水损费用由该事故用水单位全部承担。

（2）施工现场用电管理

① 所有施工及配合施工单位用电均由工程管理科统一管理，用电单位必须持用电方案经工程管理科审核批准，并严格按批准方案认真组织施工。方案未经工程管理科批准，擅自接电者处以 500~1000 元罚款，并承担当月分表与总表的全部差额。

② 施工单位进入工地，首先向甲方工程管理科提交施工用电申请表与机械设备明细表，经甲方工程管理人员核实后，确定供电方案。

③ 供电方案确定后，乙方将施工电缆引到甲方供电配电柜前，在甲方的监督下进行接线工作；电缆下端由乙方电工操作接线接入乙方配电柜，双方核对无误后，方可送电。

④ 送电前，甲、乙双方共同核对施工用电电表读数，并做签字记录。以后每月双方同时现场抄表，核对电量，签字认可，作为分摊电费的依据。

⑤ 施工单位临时供电配电柜，要安装在固定的基础上，基础需高出自然地坪 500mm 以上，安装要牢固，门锁可靠，箱体要有防水措施，接地可靠。

⑥ 乙方配电柜主开关，必须采用漏电开关，配电柜到运行设备，必须采用三级保护，实行一闸一机制，严禁一闸多机运行，接线压接要牢固，$16m^2$ 以上电源线必须用接线鼻，严禁采用挂线。

⑦ 进线电源零线，必须作重复接地，正常工作时不带电的设备金属外壳应可靠接地或接零（在同一个系统中，只能采用一种保护措施），接地电阻不大于 4Ω。

⑧ 现场施工主电缆，采用地埋方式，埋深不得低于 700mm，做铺沙、盖砖保护或者穿入电缆保护套管内，电缆走向路径及转角处必须加装指示标牌，字体为红色，高度为 1m 左右，每 30m 设一标牌。

⑨ 施工单位现场不允许有架空线，所有线路必须入地暗埋，必须架空的应采用橡套电缆，固定在瓷瓶上，严禁挂绑在脚手架上，采用地拖线临时施工时，只允许使用橡套电缆，所有架空线、临时线，不允许使用花线、铜塑线、铝塑线、黑皮线、电话线等做电源线，否则，每发现一次罚款 50 元。

⑩ 施工单位临时检修，警示标志牌应配全，检修时应先停电，验电无误，悬挂警示牌后，方可进行维修作业；必须带电作业时，必须有专业人员监护，保护措施齐全方可作业。

⑪ 各施工单位办公室、民工住室内，严禁使用电炉做饭、烧水、取暖等，一经发现每次处罚 200 元。

⑫ 民工住房内应统一安装照明线路，线路必须穿绝缘套管，加装漏电保护开关，每套房内合理地安装手机充电插座，严禁个人私拉乱扯，不经电工同意，不许私自加装电源插座。

⑬ 民工住房内应统一安装降温排风设施，严禁个人私自安装小型床顶小电扇，一经发现私自安装，每次罚款 50 元。

⑭ 各用电单位用电安装及维护人员，必须持证上岗，无电工上岗证者不得进行该项工作。

⑮ 一级配电柜内，必须使用计量合格的电表进行计量，并对各自的电表计量负责，工

程管理科有权要求用电单位对所用电表重新进行校验。如经检查发现由于私自改动接线方式，造成电表计量不准或倒走，一律按窃电论处。

⑯ 电费的收取。抄表日期为每月20～25日，按照供电局电费单据实收取，在每月进度款中予以扣除。

⑰ 各用电单位对各自的用电线路负有维护管理责任，应经常对所属用电线路进行检查，发现安全隐患应立即整改。若用电线路存在安全隐患而不能得到及时整改的，工程管理科将停止供电。

⑱ 甲方不定期的对各施工单位现场和生活区进行安全用电检查，发现安全隐患，即时下发整改通知书（经过监理下发）限期整改，逾期不整改或者整改不合格的，甲方有权罚款或者进行停电整改，停电期间发生的损失由施工单位自负。

⑲ 施工单位所用的计量装置，必须经过相关技能部门的检验，并在检测有效期内，严禁施工单位私自改动电表和表箱接线等，一经发现，除追缴正常电费外，并按正常用电负荷的5～10倍罚款。

(3) 施工现场建筑垃圾管理

为规范施工现场管理，促进文明施工，保障后期配套及园林工程顺利进行，建设单位需要做好施工现场的建筑垃圾管理工作。

① 建筑垃圾包括：桩头、下房土、碎砖、混凝土（砂浆）块等伴随施工产生的建筑废弃物以及在施工过程中产生的生活垃圾。

② 施工现场必须砌筑垃圾堆放池，要求墙体坚固，且池高不低于60cm；建筑垃圾、生活垃圾必须分池堆放，不得外溢，白天封闭覆盖。

③ 施工单位产生的建筑垃圾应做到日产日清，垃圾归池，定期清除；在外网工程和园林工程施工之前，各标段施工单位须自行清理垃圾，凡未在规定时间清理完毕，建设单位组织进行清理，费用由施工单位承担，同时根据情况给予处罚。

④ 现场塔吊及卷扬机基础、场地硬化等在外网施工之前必须清理完毕；逾期没有清理的，建设单位组织进行清理，费用由施工单位承担，同时根据情况给予处罚。

⑤ 确因场地原因临时在楼内办公的，在交付期1个月前必须全部搬出，将房间恢复至交房标准，否则甲方有权强行清理，所产生的一切损失由施工单位负责，同时承担清理费用。

⑥ 运输、倾倒建筑垃圾应当遵守政府相关规定，由此产生的处罚由施工单位自行承担责任。

4.6.2 建设工程混凝土施工管理

(1) 混凝土施工管理流程

见图4-17。

(2) 混凝土施工的申报

单位工程重要部位的混凝土浇筑，施工单位必须在浇筑前24h向工程管理科提出申报，提交混凝土施工申报表（见表4-9）并附上简要的施工方法，说明本次浇筑的数量、计划浇筑的时间、混凝土标号、配合比、坍落度、浇

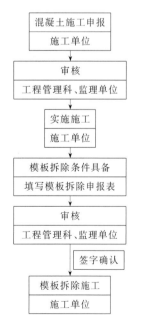

图4-17 混凝土施工管理流程

筑方法、养护方法、人力和机具的准备、应急措施等,报工程管理科现场工程师审核认为具备浇筑条件后,方准施工。

表 4-9 混凝土施工申报表

编号:_____

工程名称	

致_____：
下列工程(部位)的模板、钢筋工程等已施工完毕,经自检符合技术规范及设计要求,并请准予浇筑混凝土。
附件 1.
2.
3.
4.

申请单位:(盖章)_____
负责人:_____
____年____月____日

工程或部位名称	混凝土强度等级	备注

混凝土开始浇筑时间：
预计浇筑结束时间：

监理单位审核意见：

监理单位:(盖章)_____
负责人:_____
____年____月____日

工程管理科审核意见：

工程管理科科长:_____
____年____月____日

（3）混凝土施工的审核

工程管理科科长组织各专业现场工程师、各专业监理工程师对审核确认是否具备混凝土浇筑条件,审核的要点包括：钢筋的绑扎是否合乎规范,模板工程施工是否合乎图纸规范,各项预埋是否到位等。确认符合条件后,工程管理科科长、监理工程师、各专业现场工程师在《混凝土施工申报表》上签名确认,施工单位方可施工。

（4）模板拆除的申报

施工单位认为已达到模板拆除的条件时,应编制模板拆除申报表（见表 4-10）,报工程管理科审批。

表 4-10 模板拆除申报表

编号:_____

工程名称			
总承包施工单位			
拆模部位			
浇筑时间		申请拆模时间	
混凝土设计强度等级		混凝土实测强度	
混凝土龄期		试验报告编号	

续表

拆模要求	项目技术负责人：_____ 项目负责人：_____
审查意见：	

4.6.3 建设工程施工阶段监理管理

为了对工程监理工作进行有效监控，促使监理单位切实履行合同，使工程质量、投资、进度处于受控状态，确保工程建设顺利进行，建设单位必须按照以下管理要点做好对监理方的管理工作。

（1）监理单位资质及人员要求

① 所有监理人员进场后，必须填写监理人员登记表（见表4-11），并于2日内收回工程管理科进行审核。

表 4-11 监理人员登记表

文件编号：_____

姓名	性别	职位	学历	职称	身份证号码	岗位	到岗时	离岗时

② 审核监理单位确定的总监理工程师，必须是合同中确定的总监理工程师，也必须是监理单位提供考察项目的总监理工程师。否则，甲方在有权终止合同，监理单位必须无条件退场，并承担由此造成的一切损失。

③ 要求监理单位配备的监理工程师必须专业对口，特别是绿化、河道工程监理必须配备专业的监理工程师，允许监理单位将这部分监理业务分包给更为专业的监理单位，但必须经工程管理科科长批准，报建设单位备案。

④ 要求土建工程师不少于2名，配套工程师不少于2名，其中必须配备一名弱电工程师，其余的专业工程师均不得少于1名，专职资料员1名。

⑤ 要求现场监理人员每周上班时间为6天（周六、周日轮休，轮休期间应根据甲方要求随时到工地投入工作），每天的工作时间应为8：30～17：30（根据工程施工需要，夜间安排值班），并做到24h现场有监理工程师值班，能及时处理发生的问题。总监每周在工地办公时间不少于5天。

⑥ 总监应制订各岗位监理人员的考核细则，定期把考核情况通报甲方。同时，工程管理科将定期对各岗位监理人员进行考核，填写监理工作考核表（见表4-12），并保留对不称职的监理人员要求调换的权力。

表 4-12　监理工作考核表

文件编号：_____

标段		监理公司		日期		检查人		
项目	考核内容	检查要求				检查情况		
						优	良	差	得分
办公区域	现场办公室(5分)	用品摆放整齐，环境干净整洁，做好美化布置。注意安全防火、防盗措施。标识上墙							
	文件管理(5分)	资料有档案目录查询，各阶段资料齐全无遗漏按贯标要求整理归档，资料有收发记录							
	工具设备(5分)	办公设备的配置符合合同要求，使用的检测工具的满足现场实际需要。仪器有专人保管保养，检测标识齐全，工具有固定场所摆放							
生活区域	文明与卫生(5分)	居所干净整洁，实施卫生值日制度。与周围邻居关系和谐无矛盾，遵守当地物业管理部门的规定，无投诉事件							
监理工作检查	图纸审核(5分)	图纸审核工作细致认真，及时发现问题提出合理建议，保证建筑物的经济性、安全性、可靠性，减少工程变更、合同外项目付款，降低了工程投资或加快工程进度							
	试件、原材料检验控制(5分)	原材料、试件按规定做好取样复试，无不合格或未经检验的材料用于施工，试验资料收集完整。配合甲方对供应商做好考察和评审，对成品、半成品在生产过程中能主动深入现场，掌握生产的实际动态							
	工程量审核(5分)	审核无大失误，减少月报误差。对不符合质量要求的部位及时指出并采取相应措施							
	工程质量控制(7分)	对各过程施工内容，有系列性的监理实施细则。做好事前交底、事中检查、事后验收。手段合理有效。分部质量评定达到优良等级，无质量事故发生，有关部门检查无批评整改							
	文明安全施工(5分)	制订管理措施，确定工作重点，明确内部分工。及时发现并整改安全隐患，现场无事故发生							
	工程进度控制(7分)	严格做好周、月、季度、年度进度计划的审批调整和回复，及时分析计划执行偏差，提出整改意见，并富有成效。由于其他非预见因素造成进度落后，能提出合理有效措施使进度加快							
	监理工作成果(5分)	有施工合理化建议，加快进度或减少工程费用，或有监理成果文章在期刊上发表							
	信息管理(5分)	日记书写完整齐全及时，工作内容反映真实。每周及时做好例会或专项会议纪要。及时掌握和检查各类监理控制资料的规范性、完整性							
	项目管理体系(8分)	配备的人员年龄、资历合理，能胜任现场需要。项目的管理结构合理科学。监理公司定期对项目进行贯标检查，检查结果向甲方反馈。在新材料、新工艺的施工上有技术指导和支持。定期对员工进行业务和规范培训，开展职业道德和质量意识教育							
	现场工作人员(6分)	工作敬业认真，现场施工无脱班，出勤率良好。有施工问题及时协调解决不拖拉，为甲方做好服务与配合。认真执行廉政协议，员工未受到甲方或施工单位投诉							

续表

项目	考核内容	检查要求	检查情况			
			优	良	差	得分
监理工作检查	合同检查(4分)	协助业主作好合同的审批,保证工程顺利进行,消除产生索赔的诱因。检查各承包商合同的履约情况,并配合业主做好对各承包商合同履约情况的评审工作				
	工序检查(5分)	分阶段审查施工单位的施工组织设计,并有相应的监理实施细则指导监理人员开展工作。检查上道工序的完成情况,材料、人员的准备情况,相关手续、图纸资料是否健全、完备				
	旁站、巡视和定期检查(7分)	及时做好隐蔽验收检查的工作,监理工程师对现场施工情况熟悉了解。各分部、分项及时检查评定,对现场质量情况做到可控。复检、验收定位放线及时,定期做好建筑物的沉降观测				
	甲供材料(设备)控制(5分)	协助业主做好甲供材料的进场计划。材料(设备)进场审批无重大失误,配合甲方做好夜间材料进场交接验货。根据工程进展情况,分阶段提交各供货商供货的质量及进度考核情况报告,并做好施工单位对甲供材料管理工作的考评				
总分						

注:考核由各标段工程师根据日常工作情况综合打分,汇总取平均分作为各、标段监理考核的得分值

⑦ 所有监理人员及其组织机构经甲方审定确立后,不得在中途私自更改,如有变动,应书面提前一周通知甲方,并经同意后方允许变换,否则将按有关合同条款予以处罚。

(2) 检查资料设备

① 查看办公设施及检测工具是否齐备。

② 检查办公室布置:岗位职责、平面图、进度计划等是否上墙,办公室布置是否符合公司统一形象、观感较好。

③ 检查资料记录:岗位职责表、作业指导书、监理日记、实测记录、沉降观测记录等日常资料是否完备、准确、及时记录。

④ 检查资料整理和装订:是否及时装订成册并归档,文件柜内图纸和资料摆放整齐。

(3) 检查监理单位对工程进度的控制

① 要求监理单位审核施工单位提出的工程总进度计划,对总进度计划是否满足规定的竣工日期的要求提出意见。

② 监理单位要在总进度计划的前提下,审核施工单位月、周进度计划的可行性,如发现执行过程中不能完成工程计划时,应检查分析原因,督促施工单位及时调整计划和采取补救措施,以保证工程进度的实现。

③ 要求监理单位每周定期主持与设计院、各施工单位间的有关施工进度、质量及安全的协调会议并做好会议记录,及时协调处理相关的问题。若情况特殊,监理单位应能立即研究并提出召开现场会议,协调解决有关问题,同时报建设单位签字认可。

④ 监理单位必须建立工程监理日记制度,详细记录工程进度、质量、设计修改、工地洽商等问题和其他有关施工过程中必须记录的问题。

⑤ 监理单位应于每月25日前向甲方提交当月监理报告,监理报告内容包括:本月工程情况(含质量、进度、签证、文明施工、配合销售等),工期滞后或质量达不到要求等问题

的原因分析及处理措施，下月工程计划（包括报建、工程分包、材料采购、预计下月进度款、工程施工等），以及其他规定内容。

⑥ 监理单位有权利和义务督促施工单位按照施工合同控制工期完成工程施工，如工程不能按控制工期完成（因甲方原因或不可抗力造成的除外），罚监理单位每项每天1000元。

（4）检查监理单位对工程质量的控制

① 要求监理单位根据施工图纸、国家及本省相关施工规范和施工承包合同中的施工技术操作规范的要求严格监理施工质量，督促施工单位，确保工程合格率为100％。同时配合甲方进行施工质量100％细部检查工作，经甲方批准的检查表单需完整、真实填写，该分部工程结束10天内将表单提交给甲方备查。

② 监理单位应分基础、主体、装饰、总体配套、细部检查四个阶段制订详细的、有针对性的现场监理实施细则和相应的检查表单（按分项工程写），并严格按此进行操作。每个分部工程开工前需提交一份该分部工程的质量通病或可能产生的质量问题、采取的预防措施和施工过程中有针对性的办法。

③ 实行分项工程样板引路制。监理单位必须在各分项工程、特殊的工艺、重要的部位及新材料新工艺的应用等方面把好样板审核关，明确工艺流程和质量标准，经审查合格后方可大面积展开。

④ 要求监理单位必须用激光经纬仪、测距仪等复核、验收单体工程角点的定位放线，做好沉降观测等的复核工作。

⑤ 监理单位在开工后，应及时制订施工单位管理人员及工程质量的考核细则提交甲方，并定期（半月一次）进行考核，将考核情况上报给甲方。

（5）检查监理单位对安全和文明施工的监督

① 要求监理单位监督和定期（每周一次）检查施工总包单位现场施工的安全、文明措施并做好记录。

② 要求监理单位督促施工单位施工管理制度和质量、安全、文明施工保证体系的建立、健全与实施。

（6）检查监理单位对工程投资的控制

① 监理单位要审核施工单位已完工程数量（月报、工程签证），准确率应达到90％以上，如不能满足要求，每发现一次，罚款1000元。

② 负责现场技术核定及工程签证，对超出承包合同之外的设计修改、工地洽商，如涉及费用的需提醒甲方并征得甲方签证认可方为有效。

③ 监理单位会签有关各种设计变更，应侧重审查对工程质量、进度、投资是否有不利影响，如发现有不利影响时，应明确提出监理意见，及时向甲方反映。

（7）监理单位工程验收及工程质量事故处理

① 监理单位负责隐蔽工程验收、中间验收和竣工初验，对存在问题要督促施工单位整改。对工程施工质量、安全、文明施工提出评估意见。

② 监理单位要配合甲方进行单位工程竣工验收工作。

③ 监理单位要提供专业检测仪器和工具，协助甲方在中间验收、竣工验收、每月的例行检查时对工程实体进行实测实量。

④ 要求监理单位审查总包单位编制的竣工图，保证其正确无误，并及时提交甲方。
⑤ 监理要负责工程监理文件的整理和归档，经甲方认可后移交甲方。
⑥ 要求监理单位协助甲方组织施工总包单位、设计单位研究处理工程质量、安全事故，监督整改方案的实施，并监督检查整改工作实施。
⑦ 施工期间由于施工单位违反安全操作规范，而监理单位又没有及时指出整改，被政府有关部门处罚，如通报批评、警告和罚款等，将给予监理单位 1500 元/次的罚款。施工期间未受处罚，待施工单位人、机、物退场后将给予一次性奖励 5000 元。

4.6.4 建设工程施工日志填写管理

施工日志是对各专业现场工程师具体工作的反映，是现场管理工作量和价值的体现，也是预决算科进行核算的重要依据。因此，每个专业现场工程师要把施工日志的填写工作作为做好日常工程管理工作的重要职责。工程管理科科长、主管工程副处长负责审查。

（1）施工日志的填写规范

① 每个现场工程师都要认真填写每天的施工日志，工程管理科科长必须每周至少两次对施工日志的填写情况进行审查并签名，主管工程副处长必须每周至少一次对施工日志的填写情况进行审查签名并作为每月考核的依据。

② 施工日志内容填写要齐全，每个栏目的内容必须是根据当天的施工、监理情况填写，写明是哪些层、段、部位等，禁止用"同昨天、正常"等不明确的填写方法。

③ 各栏目中如发生资料归档的应注明归档资料名称、编号。

④ "施工及现场情况"栏应填写以下内容。

a. 记录当日分项工程名称，施工部位，工作班组，作业人数/机械，完成情况等。

b. 实际施工情况包括实际施工的时间、所用材料的尺寸、规格等详细参数，并配以文字、数据和照片说明。

⑤ "存在问题及处理措施"栏应填写以下内容。

a. 在质量自检、互检和交接中发现的质量、进度、安全问题及其处理措施，处理结果以及之前发现问题的跟进处理情况。

b. 旁站或巡视过程中检查了哪些材料、配合比、施工操作与工艺，发现了什么问题，如何进行纠正、处理及其结果如何。

c. 对于问题比较严重，不能当即解决的则将填入存在问题及处理措施栏及备忘栏中。

d. 若没发现问题（施工正常），也应写明材料质量与用量符合设计（或配合比）的要求，操作工艺符合施工规范要求等。禁止用"正常"两字代替。

⑥ "验收情况"栏应填写：参加验收单位、人员，验收部分，验收存在问题，问题产生原因，处理措施，预计完成时间等。

⑦ "设计变更、洽商情况"栏应填写以下内容：变更原因、内容、工程量、价格，施工单位合理变更建议，现场工程师初审意见，变更审批进程等。

⑧ "材料及设备进场情况"栏应填写以下内容。

a. 当日进场主要材料的名称、数量及相关资料记录（如材料报验单、材料出厂合格证、试验单等）归档情况。

b. 不合格材料的处理情况。

c. 机械情况，应填写种类、数量、进退场情况及机械运转是否正常，若出现异常，应注明原因及处理情况。

⑨ "技术交底、技术复核记录" 栏应填写以下内容。

a. 技术交底：交底单位、接受交底单位、交底时间、交底地点、交底部分、交底内容等。

b. 技术复核：施工单位、分部（项）工程名称、施工图纸编号、复核次目、复核部位、复核数量、复核意见等。

⑩ "归档资料交接" 栏应填写：主题、归档编号、内容摘要（主题不能反映事件概况时）。

⑪ "外部会议或内部会议记录" 栏应填写：当天召开的内外部会议会议名称、会议地点、主持人、与会人员、会议主题、会议内容、会议决议等。

⑫ "上级单位领导或部门到工地现场检查指导情况" 栏应填写：检查指导时间、检查指导部门或人员、对工程项目所做的决定或建议，后续跟进情况等。

⑬ "质量、安全、设备事故（或未遂事故）发生的原因、处理意见和处理方法" 栏应填写以下内容：事故时间、事故地点、事故经过及原因、事故责任人、经济损失、处理意见、处理方法、后续跟进情况等。

⑭ "其他事项备忘" 栏应该填写以下内容：当出现当日不能解决的问题，需要在日后工作中继续跟进的问题时，应在 "其他事项备忘" 栏中加以记录，并且当问题得到解决时应将解决日期和情况填入本日 "备忘" 栏；如问题最终确认无法解决，也应将原因和确认日期填入本日 "备忘" 栏。

⑮ 施工日志的书（填）写要求用语规范、内容严谨。

（2）施工日志范本

见本书电子文件。

4.6.5　建设工程工地检查管理

（1）目的

保证工程质量、进度、工程安全处于受控状态，强化检查工作的制度化，便于建设单位全面了解各项目的质量、安全等情况，确保工程建设顺利进行。

（2）职责

由工程管理科管理并实施，其他相关部门配合实施工作。

（3）检查时间

对在建项目每月例行检查一次（特殊工序、重点部位可增加检查次数）。

（4）检查人员

主管工程副处长、工程管理科科长、规划管理科、预决算科、监理单位总监、各施工单位。

（5）检查依据

国家、地方相关质检、安检的规范、规定，工程设计文件。

（6）检查内容

① 工程实体质量。

② 现场安全、文明施工。

③ 上月检查整改意见落实情况。
④ 重要工序施工计划安排。
⑤ 本月隐蔽验收资料。
⑥ 工程进度完成情况。
⑦ 质量记录和文件资料管理情况,图纸管理和变更标识情况。
⑧ 合同管理情况。
⑨ 甲供料管理情况。

(7) 检查方法
① 观感检查。
② 利用相关仪器检查。
③ 相关资料抽查。

(8) 检查结论
① 对检查结果现场开会讲评。
② 填表汇总报基建处处长（由工程管理科科长、规划管理科和成本管理科参加人员共三人填写）。
③ 对存在问题提出整改意见,由监理单位填写《整改通知单》（见表4-13）,工程管理科负责监督监理施工单位落实。

表4-13 《整改通知单》模板

编号：_____

工程项目		建设单位	
施工单位		设计单位	
监理单位		合同编号	

整改内容：

建设单位专业工程师：			日期：
监理单位监理工程师：			日期：
施工单位：	负责人：	主管施工：	日期：

注：本表一式三份,由工程管理科、施工单位、监理单位各留一份。

4.6.6 建设工程停工与复工管理

在工程施工过程中,若出现了不利于工程后续施工的因素,建设单位必须及时做好工程停工与复工的管理工作,确保工程安全顺利地进行。

(1) 建设工程停工与复工管理流程

① 工程管理科通过监理单位签发《工程停工单》（见表4-14）前,应向主管工程副处长汇报,待同意后再签发,对可能出现重大质量、安全事故苗头,需立即制止的,现场工程师可先行通过监理单位下达《工程停工单》,随后向工程管理科科长报告。

表 4-14 《工程停工单》模板

编号：_____

工程名称		承包商	
建设单位		监理单位	

致：

由于_____

_____

原因，现通知你方必须于___年_月_日_时起，对本工程的_____部位（工序）实施暂停施工，并按下述要求做好各项工作：

监理单位（章）：_____

总/专业监理工程师：_____

日期：_____

建设单位：

工程代表：_____   项目负责人：_____   日期：___年_月_日

② 施工单位接到《工程停工单》后应立即停工。在具备恢复施工条件时，施工单位应向工程管理科报送整改工作报告等有关资料，经工程管理科科长审查同意并上报主管工程副处长批准，通过监理单位签发《复工通知单》后，方可继续施工。

③ 工程停工与复工的管理流程见图 4-18。

（2）建设工程停工管理

①《工程停工单》签发的前提。为了保证工程质量，出现下列情况之一者，现场工程师可以报请工程管理科科长审核，经主管工程副处长（重大情形时）批准，通过监理单位签发《工程停工单》。

a. 施工中质量安全出现异常情况，经现场工程师或监理工程师提出后施工单位仍未采取改进措施或措施不力，未能使质量情况好转，安全隐患未能消除；

b. 施工单位擅自使用未经认可的建筑材料或设备；

c. 施工单位擅自变更设计图纸进行施工；

d. 上道工序未经现场工程师或监理工程师检验或核验不合格进入下道工序施工；

e. 未经审查同意的分包单位进场施工；

f. 出现质量安全事故或严重的质量安全隐患；

g. 发生了必须暂时停止施工的紧急事件。

②《工程停工单》签发的流程见图 4-19。

一般情况下，监理单位必须得到建设单位的批复后

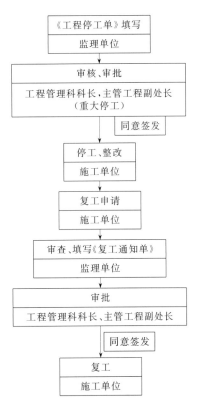

图 4-18 工程停工与复工的管理流程

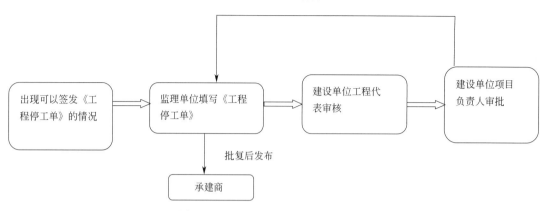

图 4-19　签发《工程停工单》的流程

才可以发布《工程停工单》，但对可能出现重大质量苗头，需立刻制止的，监理单位可先下达停工通知，然后向建设单位报告。

（3）建设工程复工管理

总监理工程师在以下事项获得工程管理科批准后，可根据不同情况签发《复工通知单》（见表 4-15）。

表 4-15　《复工通知单》模板

建设单位		施工单位	
工程名称		合同编号	

复工通知：
　　（施工单位）
　　（工程内容）
　　已具备复工条件，请贵司及时组织设备、材料、人员进场施工，复工日期以＿＿＿年＿月＿日为准。
备注：
　　按合同要求、国家规范和质量验评标准组织施工，进行验收。

　　　　　　　　　　　　　　　　　　　　　　　　　　签发单位：＿＿＿＿＿＿
　　　　　　　　　　　　　　　　　　　　　　　　　　日期：＿＿＿年＿月＿日

负责人：		经办人：	

注：本复工通知单自签发之日起生效。本复工通知单一式两份，甲方、乙方各存一份。

① 由于建设单位原因，或其他非承包人原因导致工程暂停时，项目监理机构应如实记录所发生的实际情况。总监理工程师应在施工暂停原因消失，具备复工条件时，在征得建设单位同意后及时签署工程复工报审表，指令承包人继续施工。

② 由于承包人原因导致工程暂停，在具备恢复施工条件时，项目监理机构应审查承包人报送的复工申请及有关材料，在征得建设单位同意后由总监理工程师签署工程复工报审表，指令承包人继续施工。

③ 总监理工程师在签发工程暂停令到签发工程复工报审表之间的时间内，宜会同有关各方按照施工合同的约定，处理因工程暂停引起的与工期、费用等有关的问题。

4.6.7 零星与特急项目工程管理

(1) 零星项目工程管理

① 目的:规范施工管理,提高工作时效,配合主体工程完成零星应急项目,使总体达到设计要求。

② 范围:主体工程外 10 万元以下(包括 10 万元)的零星土建、安装(塑钢窗检查,外、内墙修补,屋面修补,卫生间渗水,室内水电维修,入住整改等)、环境改造及物业公司无法承担的维修,水、电、通信、燃气四大公司配合的工作(清高土、打碎混凝土、转移建筑材料、搭临时施工栅、地下管线移位等)、绿化翻挖、临时围墙、临电临水、公司搬场清理、设计上的盲地、宣传架子、广告安装、文明标化工地管理等。

③ 职责

a. 规划管理科负责零星工程设计。

b. 工程管理科负责施工管理。

④ 程序

a. 根据总体规划意图,由规划管理科出图或由基建处处长、主管工程副处长授权示意的内容(经预决算科初审)。

b. 工程管理科选择合适的施工单位,本着平等互利原则挑选施工队伍(要与本建设单位有合作关系、资质全、信誉好)。

c. 零星工程先发放零星工程委托书,确定施工单位。

d. 施工方必须严格按甲方要求施工,施工和验收标准按国家现行施工验收规范执行。

e. 隐蔽工程必须经甲方代表查验通过签字后才可以隐蔽,否则甲方代表有权要求复查,复查费用由乙方支付。

f. 乙方必须对已完工程负责保护,否则造成损坏、污染由乙方赔偿。

g. 保护期内发生重复质量问题,其费用由乙方承担。

h. 安全、文明施工,做好场地的清洁卫生工作、落手要轻,否则甲方有权强制管理。

i. 按图施工中,图纸无法反映工程量须经甲方代表现场签证方可认可。

j. 竣工验收,除验收工程实物外,竣工图纸资料应与工程实现同步验收。

k. 竣工结算经甲方代表现场签证,有关图纸经预决算科审核通过后可予结算。

l. 做好质量、进度、投资三控制。

m. 其他按现行承包合同条例执行。

n. 项目结算资料由预算归档。

⑤ 零星工程施工协议书见本书电子文件。

(2) 特急项目工程管理

① 目的:提高组织的应变能力。

② 范围。当主项目确立之后,必然随之而发生的小项目可列入特急项目范围,可列入特急项目管理的范围如下。

a. 水、电、燃气、通信等市政配套工程,提前介入土建施工遇到的工地障碍和堆场清理;配套工程由于技术要求改变管位和加快施工进度需要配合的人工;四大管线爆裂和损坏(物业公司无法检修)的应急项目;配套工程进场施工需要的临时简易砖瓦用房的搭建。

b. 因工地施工临时拆除围墙影响物业公司的草皮翻挖和临时人行道增设,围墙和绿化翻土及请物业公司恢复草皮的费用。

c. 由于各施工队和多个公司共同交叉施工，而工地要求达不到公司销售标准增加的清扫人工。

d. 两个工程项目之间的小空白点，设计上的盲地处理，和因项目改变而引起的临时水、电杆移位等。

e. 建设单位办公室、工程管理科搬场和清理需要的人工。

f. 需要对周围环境做部分调整的零星项目增加工程量。

g. 处长口头授意的小项目。

③ 程序。工程管理科科长或工程师级领导层或兄弟部门书面要求后，经判断可列入此特急程序的，应及时向主管工程副处长请示（可以是口头形式）并着手准备工作，经主管工程副处长同意后即可组织施工，并同时拟书面报告及委托协议报主管工程副处长及预决算科，协议由当事人上级领导与施工方负责人签字即生效，内容应包括：暂估造价、结算办法、完成时间等。报告需含下述内容：项目缘由及主办人、暂估造价、分供商选择方法并说明原因、工作计划、其他需说明事项。

④ 结算：凭委托协议及竣工图或签证即可申报结算。

⑤ 本程序文件应发放到下列人员：工程管理科、预决算科全体人员。

4.7 建设工程永久设施的报批

在工程施工阶段，建设单位为了保障工程施工，在取得《建设工程规划许可证》以及永久用水、用电、出入口、排水、用气等的方案之后，需要到水务局、供电局、市政局、煤气公司等部门申请建设工程永久设施的审批。审批通过的，可以取得各部门发放的许可证或批复文件，依据这些文件，可以组织各设施的施工。

4.7.1 建设工程永久设施报批的办理手续

(1) 广州市建设工程永久用水报批的办理手续

① 介入条件：取得《建设工程规划许可证》。

② 准备资料：申请报告及申请表格；供用水合同两份；报装登记表（每类水表一张登记表）、用户申请用水登记审查表；《小区修建性详细规划的批复》及附图、《建设工程规划许可证》及附件；用水所在地地形图（一式两份、打上建筑物轮廓和水表位置）、室内给水设计图两套。

③ 工作程序
- 报入市自来水公司大户组小区永久供水方案。
- 约请大户组经办人勘察施工现场，并初步确定供水管的接入点。
- 取得市自来水公司供水管理部供水方案审查意见。
- 取得市自来水公司领导供水方案审查意见。
- 取得市自来水公司小区永久供水《供水协议》及经办人管线基本走向图。
- 与市自来水公司设计所设计人员勘察现场，确定供水管的具体接入点。
- 市自来水公司设计所设计完成施工图设计。
- 市自来水公司设计所报入市规划局综合处施工图设计审查案。
- 约请市规划局市政处人员勘察施工现场。

- 取得市政处施工图审查意见。
- 取得市规划局市政处主管领导的审核意见。
- 市自来水公司取得市规划局核发的该管线工程《报建审核书》和《市政管线工程验收勘测费预收款缴费通知》。
- 到市规划院缴交验收勘测费预收款后,市自来水公司设计室取得该管线工程《建设工程规划许可证》。
- 缴交设计费后,管道施工单位取得施工图并提供道路开挖方案(最好在合同中约定由施工单位办理)。
- 取得给水工程《道路开挖许可证》。
- 管道施工单位完成管道安装后,向市政园林局供水管理处申请进行楼宇室内给水设施、管材及二次供水的验收。
- 取得市政园林局管理处二次供水检验合格证明后,区供水管理所对管道工程进行竣工验收。
- 竣工验收合格后,区供水管理所安装小区永久供水表。
- 市自来水公司供水管理部大户组在装表后,出具小区安装永久供水表证明。

④ 流程见图4-20。

⑤ 成果交接

a.《供水协议》(原件)存入建设单位档案室。

b.《供水协议》(复印件)转交预决算科进行施工招标。

c.《道路开挖许可证》(原件)转交管道施工单位进行施工。

d. 小区安装永久供水表证明(原件)存入建设单位档案室。

图4-20 广州市建设工程永久用水报批的流程

(2) 广州市建设工程永久用电报批的办理手续

① 介入条件:取得《建设工程规划许可证》。

② 准备资料:申请报告;申请表格(客户用电报装表一份、负荷分布明细表);《建设用地规划许可证》及附图;《小区修建性详细规划的批复》及附图;《建设工程规划许可证》及附件。

③ 工作程序

a. 报入区供电局永久用电方案。

b. 约请区供电局营业部与生产技术部人员勘察施工现场,并取得供电出线点初步方案。

c. 取得生产技术部出线点方案。

d. 取得营业部供电方式、负荷初步方案。

e. 取得生产技术部初步方案审核意见。

f. 取得区供电局领导初步方案审核意见。

g. 区供电局把初步方案转到市供电局用电处。

h. 约请市供电局用电处人员勘察施工现场。

i. 取得用电处供电方案审查意见。

j. 取得市供电局永久用电《供用电方案协议》(空白件)。

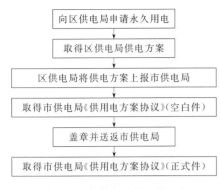

图 4-21 广州市建设工程永久用电报批流程

k. 签署《供用电方案协议》并将其连同建设单位《法人代表证明书》一起送返市供电局。

l. 市供电局用电处处长签署《供用电方案协议》。

m. 取得市供电局《供用电方案协议》（正式件）。

④ 报批流程见图 4-21。

⑤ 成果交接

a.《供用电方案协议》（原件）存入建设单位档案室。

b.《供用电方案协议》（复印件）转交预决算科进行施工招标。

(3) 广州市建设工程永久用气报批的办理手续

① 介入条件：预决算科确定煤气工程设计、施工单位。

② 准备资料：《小区修建性详细规划的批复》及附图；小区管线平衡批复及附图；《建设用地规划许可证》及附图；《建设工程规划许可证》及附件。

③ 工作程序

a. 备齐资料并送交设计单位。

b. 煤气设计室完成室外管道施工图设计。

c. 设计室报入市规划局综合处施工图设计审查案。

d. 约请市规划局市政处人员勘察施工现场。

e. 取得市政处施工图审查意见。

f. 取得市规划局市政处主管领导的审核意见。

g. 市煤气公司取得市规划局核发的该管线工程《报建审核书》和《市政管线工程验收勘测费预收款缴费通知》。

h. 到市规划院缴交验收勘测费预收款后，市煤气公司设计室取得该管线工程《建设工程规划许可证》。

i. 管道施工单位取得施工图并提供道路开挖方案。

j. 取得给水工程《道路开挖许可证》。

k. 煤气公司设计室完成室内煤气管道安装施工图。

l. 煤气施工单位根据室内、外施工图设计进行施工。

m. 工程竣工验收后，市煤气公司出具安装市政煤气证明。

④ 报批流程见图 4-22。

⑤ 成果交接

a.《道路开挖许可证》（原件）转交煤气施工单位进行施工。

b. 将安装市政煤气证明（原件）存入建设单位档案室。

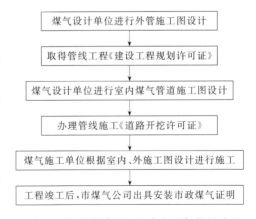

图 4-22 广州市建设工程永久用气报批流程

（4）广州市建设工程电信工程报批的办理手续

① 介入条件

a. 取得详细规划批复及综合管线平衡图。

b. 签订电信综合业务协议书（要求配合工程及提交验收证明）。

② 准备资料：申请函；管线平衡批复及附图；《建设用地规划许可证》及附图、《建设工程规划许可证》及所附各层平面图；项目总平面图（电子文件）、1∶500地形图（一式三份）。

③ 工作程序

a. 向区电信分局提交报装申请。

b. 与区电信分局经办人员、市电信设计所设计人员勘察现场。

c. 市电信设计所完成项目电信管线工程的总体规划设计。

d. 并报入市规划局市政处进行方案审查。

e. 取得市规划局市政处电信工程总体规划方案批复。

f. 市电信设计所完成单体电信工程施工方案的设计。

g. 电信施工队伍进场施工。

h. 电信工程竣工后，市电信局出具电信工程合格证明。

④ 报批流程见图4-23。

⑤ 成果交接：将电信工程合格证明（原件）存入建设单位档案室。

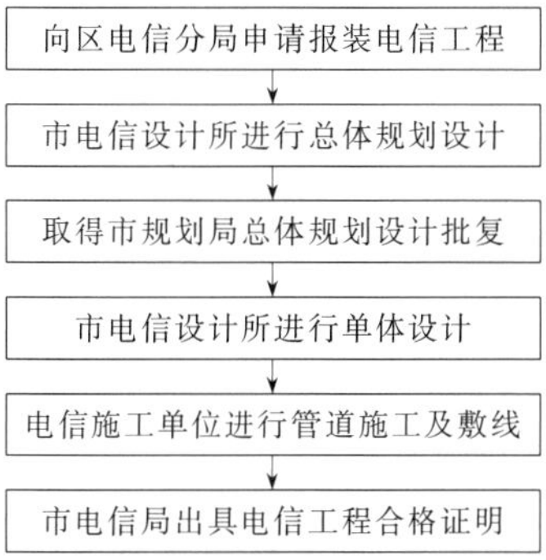

图4-23 广州市建设工程电信工程报批流程

（5）广州市建设工程管线、市政绿化带、路灯、公交车站等迁移工程报批的办理手续

① 介入条件：项目动工前，由工程管理科牵头召开由规划管理科、预决算科、规划管理科共同参加的现场协调会，并进行现场勘察；工程管理科明确红线内影响施工的管线，并进行临时施工出入口和永久出入口的现场放线；规划管理科就各项迁移工程提出设计方案；各部门根据施工进度制订迁移工程工作时间表。

② 准备资料：申请函；《建设用地规划许可证》及附图；总平面图；迁移方案示意图。

③ 工作程序

a. 各个迁移工程的主管单位勘察现场。

b. 根据迁移工程的具体情况和其主管单位的要求办理相关的手续。

c. 取得迁移工程施工预算并协调签订施工合同。

（6）广州市城市公共排水设施接驳核准的办理手续

① 介入条件

a. 城市排水设施通过验收（除接驳管外，包括水质检测井等内部排水设施已按照批准的《城市排水设施设计审批书》和附图实施完成）。

b. 按规定设置的污水处理设施通过验收。

c. 已在排放口设置专用水质检测井。

d. 城市公共设施管理单位审核同意。

② 准备资料

a. 接驳城市公共排水设施申请表（一式两份）。
b. 接驳设施设计图（指接驳城市公共排水设施的设计图，从水质检测井至接驳井，接驳井通常为市政排水管网中的检查井或沉砂井）。
c. 城市排水设施验收资料（指竣工图、隐蔽工程验收记录和验收报告等，由建设单位盖章确认，一式两份）。
d. 污水处理设施验收资料（指沉淀池、隔油池等内部处理设施的竣工图、隐蔽工程验收记录和验收报告等，由建设单位盖章确认）。
e. 施工单位的资质证明文件。
f. 城市公共设施管理单位审核意见书（指城市排水设施设计审批书及附图等）。
g. 证明资料：授权委托书；申请人身份证明。
③ 工作程序
a. 报入市政园林局。
b. 与市政园林局排水处经办人勘察现场。
c. 取得市政园林局排水处审批意见。
d. 取得《接驳市政排水管网许可证》。
④ 成果交接：《接驳市政排水管网许可证》（原件）存建设单位档案室，复印件交预决算科进行招标。

(7) 广州市建设工程永久出入口报批（含城市道路挖掘的报批）的办理手续
① 介入条件：取得《建设工程规划许可证》。
② 准备资料
a. 申请函。
b. 《开挖道路申请表》。
c. 《建设用地规划许可证》及附图。
d. 项目总平面图。
e. 《建设工程规划许可证》、《报建审核书》及附图。
f. 办理其他方面城市道路挖掘的报批还需要以下资料：
ⅰ. 新建、扩建、改建管线及其他设施的，应提供市城市规划局核发《建设工程规划许可证》及《道路、管、线审核意见书》及附图；
ⅱ. 施工单位资质证明文件；
ⅲ. 施工组织方案（施工现场总平面布置图、临时设施搭建情况说明表、施工现场文明施工围蔽设施的搭设计划、施工进度计划、施工现场使用的施工机械设备列表、施工污水排放方式）；
ⅳ. 挖掘主、次干道车行道超过100m、人行道300m以上的，还需提供交通组织方案；
ⅴ. 市政园林局对挖掘工程的相关批复文件。
③ 工作程序
a. 取得市政园林局（区建设局）道路开挖申请受理编号。
b. 区交警大队经办人勘察现场。
c. 取得区交警大队道路开挖审批意见。
d. 将开挖方案报入市交警支队。
e. 市交警支队勤务处经办人勘察现场。

f. 市政园林局道路设施管理处（区建设局市政科）经办人勘察现场。

g. 市政园林局道路设施管理处（区建设局市政科）和市交警支队勤务处对道路开挖案进行联合审批。

h. 取得市交警支队道路开挖方案审批意见。

i. 将开挖方案报入市政园林局（区建设局）。

j. 取得市政道路开挖修复费（预收款）和占道费缴费通知。

k. 缴纳修复费（预收款）和占道费后取得永久出入口《开挖道路许可证》。

l. 工程完工后，向市政园林局（区建设局）报验收，并对现场的道路开挖进行现场实测，核算道路修复费，多退少补。

④ 报批流程见图4-24。

图 4-24　广州市建设工程永久出入口报批流程

⑤ 成果交接：《道路开挖许可证》（原件）转交工程管理科组织施工。

(8) 广州市建设工程交通设施报批的办理手续

① 介入条件

a. 取得《建设工程规划许可证》；

b. 取得科技发展中心小区永久出入口交通布局方案。

② 准备资料：申请函；《建设用地规划许可证》及附图；项目总平面图；《建设工程规划许可证》、《报建审核书》及附图；项目永久出入口交通布局方案。

③ 工作程序

a. 报入区交警大队交通设施安装方案。

b. 区交警大队人员勘察现场。

c. 取得区交警大队交通设施安装方案的审批意见。

d. 报入市交警支队交通设施安装方案。

e. 市交警支队勤务处经办人员勘察现场。

f. 取得勤务处交通设施安装方案的审批意见。

g. 市交警支队科技处经办人员勘察现场。

h. 取得科技处交通设施安装方案的审批意见。

i. 取得市交警支队主管领导交通设施安装方案的审批意见。

j. 交通设施安装方案的审批意见上报市公安局。

图 4-25 广州市建设工程交通设施报批流程

k. 取得市公安局关于交通设施安装方案的批复。

l. 取得市交警支队科技处交通设施安装工程施工方案及工程预算。

④ 报批流程见图 4-25。

⑤ 成果交接

a. 将市公安局关于交通设施安装方案的批复（原件）存入建设单位档案室。

b. 将工程施工方案及预算转交预决算科进行对数。

(9) 广州市《城市排水许可证》的办理手续

① 介入条件

a. 符合城市公共排水设施接驳条件，接驳设施通过验收。

b. 向城市公共排水设施排放的污水符合国家和地方的排放标准。

② 准备资料

a. 城市排水许可证申请表（一式三份）。

b. 同意接驳的证明文件和接驳设施验收资料（验收资料指竣工图、隐蔽工程验收记录和验收报告等，由申请单位盖章确认）（一式两份）。

c. 排放污水的水质、水量、水温和水压资料。

d. 城市排水许可信息登记表（验收）（一式三份）。

e. 证明资料：授权委托书；申请人身份证明。

③ 工作程序

a. 报入市排水检测站。

b. 组织市政园林局排水处和排水站看现场（需工程管理科配合）。

c. 取得排水站盖章的城市排水许可申请表交市政园林局排水处。

d. 取得市政园林局排水处《城市排水许可证》。

④ 成果交接：《城市排水许可证》（原件）存建设单位档案室。

4.7.2 建设工程永久设施报批的注意事项

建设单位在进行建设工程永久设施的报批时，需要注意以下事项。

(1) 永久供水工程的报批

① 为控制成本，在规划管理科计算总水量之后，在申报永久性供水协议时，在满足总用水量的前提下，供水方案以供水管径最小、供水线路最短为原则。

② 对远离市区、周边无市政设施的项目，永久供水方案的报批应提早策划、报批、要充分考虑供水线路的优化与实施可能存在的问题，提前做好应对措施。

(2) 永久用电工程的报批

① 为降低成本，规划管理科应该会同规划管理科与当地供电局加强沟通，事前充分了解其政策规定，如每户用电量的计算标准，电房设置的原则，变压器配备的原则，按用电标

准计算出来的总用电量是否计算同期率等，以求最终审批的供电方案最有利于建设单位降低成本。

② 要了解项目周边的供电规划，周边有无已建、在建和拟建的变电站，最近的接驳点在何处，在不同的线路方案中选择最短又可行的供电线路方案。

③ 要充分考虑永久用电方案报批及施工的复杂性，提早谋划，越早取得供电协议越好，以便为工程施工预留足够的时间。

（3） 通信工程的报批

签订电信综合业务协议书，电信机房属于有偿提供电信部门使用。

（4） 永久性供气工程的报批

在详规报批阶段就要了解项目周边有无市政煤气管道，是否要自建煤气瓶站。通过与供气公司的谈判降低成本。

第5章 建设项目竣工验收与移交保修阶段工作指南

为确保建设项目验收质量、交付时限，建设单位需要规范建设项目的竣工验收、移交与保修工作。在施工单位完成工程竣工报告之后，建设单位应组织工程竣工验收，并在工程竣工验收备案之后进行工程移交和保修管理工作。

5.1 建设工程验收与竣工决算管理

建设项目的工程验收，不是都在项目竣工时才开展的。对于一些隐蔽工程，必须在施工后及时验收通过后才可以开展下一道工序的施工。在项目竣工之后，建设单位应组织竣工验收和竣工决算，并在竣工验收通过之后报建设局备案。

5.1.1 分项工程验收管理

在需要进行中间验收的分项工程完工后，工程管理科要及时组织验收。分项工程未经验收或验收不及格的不准进入下一道工序。

(1) 分项工程验收的管理规定

① 分项工程完工后，施工单位要进行自检，自检合格后，填写工程质量报验单，并附原材料试验报告、自检资料、报工程管理科验收签证，工程管理科在合同规定的时限内进行验收。

② 不管是分项工程还是整个工程，其在验收时都要按照以下的要求进行验收。

a. 建筑工程施工质量应符合标准和相关专业验收规范的规定。

b. 建筑工程施工应符合工程勘察、设计文件的要求。

c. 参加工程施工质量验收的各方应具备规定的资格。

d. 工程质量的验收均应在施工单位自行检查评定的基础上进行。

e. 隐蔽工程在隐蔽前应由施工单位通知有关单位进行验收，并应形成验收文件。

f. 涉及结构安全的试块、试件以及有关材料，应按规定进行见证取样检测。

g. 对涉及结构安全和使用功能的重要分部工程应进行抽样检测。

h. 承担见证取样检测及有关结构安全检测的单位应具有相应资质。

i. 工程的观感质量应有验收人员通过现场检查，并应共同确认。

③ 分项工程未经验收或验收不合格，不得进行下一道工序施工。

④ 分项工程验收不合格，施工单位必须在工程管理科规定的限期内整改完成。复检两次不合格者，给予通报批评或收违约金处理。

⑤ 隐蔽工程验收应在分项工程验收的基础上按有关规定做好签证。分项工程的一些工序，如防水分项的找平层、防水层、隔离层、保护层等，必须办理分层隐蔽验收。

⑥ 一般的分项工程和隐蔽工程由工程管理科和监理单位验收签证，重要的分项和隐蔽工程，必须由主管工程副处长及设计人员参加验收并签证。这些重要的分项和隐蔽工程见表5-1。

表 5-1 重要的分项和隐蔽工程

项目	主要分项
基础工程	第一批单桩单柱的桩基成孔或主要受力桩成孔的终孔验收和钢筋笼验收
钢筋混凝土工程	地下室底板、顶板、侧墙、核心筒剪力墙，裙楼，结构转换层，第一层标准层，天面层钢筋
防水工程	地下室、屋面、水下结构的防水
设备安装	地下防雷接地工程、屋面防雷工程 地下室、裙楼、塔楼标准层第一层的水电管线预埋 超高层建筑圈梁防雷工程、避难层管线预埋 消防分项工程 人防分项工程

⑦ 隐蔽工程是指被其他工序施工所掩盖、隐蔽的分部分项工程，需在掩盖或隐蔽前对其所进行的检查验收。

a. 凡属隐蔽工程的，需要求施工单位提前12h通知项目监理成员及工程管理科相关专业工程师（重要工序应通知质监站质检人员、设计单位代表和主管工程副处长参加）组织隐蔽验收。

b. 项目监理成员及工程管理科专业工程师在收到施工单位验收通知后，无正当理由又未按时验收的情况下施工单位自行实施的工程隐蔽，其造成的后果由项目监理相关人员承担责任。

c. 经验收不合格的隐蔽工程，项目监理成员及工程管理科相关专业工程师需要求施工单位整改，完成后再组织验收，直至合格。否则，不允许其进入下一道工序施工。

d. 工程管理科相关专业工程师或监理工程师，如对已经使用的工程材料或已经隐蔽的工程质量有异议，可要求施工单位现场取样或将隐蔽的工程剥离裸露，以检测或观察、评定其质量情况。如确实存在质量问题，项目监理成员应按签发监理通知书或工程限期整改通知书的办法办理，并要求施工单位更换合格工程材料或返工，工程管理科科长同时需将有关情况报告主管工程副处长。

⑧ 一般的分部工程由施工队一级负责申报，由工程管理科组织验收。下列分部工程必须由总承包公司质量主管部门负责申报验收工作，工程管理科、规划管理科、设计单位、监理单位、施工方参加验收：地基基础（包括地下室）分部工程；主体结构分部工程；装饰分部工程；电梯分部工程；空调分部工程；给排水分部工程；供电分部工程；室外园建、绿化分部工程。

⑨ 在需要进行中间验收的分部工程完工后，工程管理科按照有关施工中间验收控制程序的规定核查质量并组织验收，中间验收应当具备下列条件：

a. 施工单位已经按设计要求和合同约定完成需验收的分部分项工程。

b. 分部分项工程质量验评资料完备：

　ⅰ．质量保证资料齐全、真实，并与工程进展同步；

　ⅱ．有关原材料、半成品试验和评定合格；

　ⅲ．施工形成的观测数据满足相关规范的要求；

　ⅳ．分项工程自评资料齐全、评定结果符合要求。

c. 监理工程师对分部工程质量验评资料签署合格。

⑩ 验收依据：按现行的国家标准、行业标准及合同要求的质量标准规定进行验收，同时应符合国家现行的有关法律、法规、技术标准和设计文件的要求。

⑪ 分项工程未经验收或验收不合格的不准进入下一道工序施工。分项、分部工程完工后施工单位要进行工班之间的移交会签，若有分包工程或两个以上的施工单位交接工程需有项目工程管理科组织交接并会签中间交接验收表（见表5-2）。

表5-2　中间交接验收表　　　　　　　　　　编号：____

单位工程名称			
分部工程名称			
总包单位		项目经理(负责人)	
分包单位		项目经理(负责人)	
施工执行标准名称			

交接内容：

交出方意见：

　　　　　　　　　　　　　　　　　　　　　　　　　签名：_____
　　　　　　　　　　　　　　　　　　　　　　　　　日期：_____

接受方意见：

　　　　　　　　　　　　　　　　　　　　　　　　　签名：_____
　　　　　　　　　　　　　　　　　　　　　　　　　日期：_____

	施工员		检验人员	
安装单位检查评定结果				
	项目专业质量检查员：　　　　年　　月　　日			
监理(建设)单位验收结论				
	监理(建设单位)工程师：　　　　年　　月　　日			

（2）分项工程验收的管理流程

① 施工单位完成分部工程后，必须先进行自检，自检合格后将分部工程质量验评资料提交监理工程师，申请进行中间验收。

② 监理工程师对分部工程质量验评资料进行审查,并参照有关验收规范和验评标准要求对分部工程现场观感质量进行量测和检查。

③ 若符合验评标准,监理工程师应及时对分部工程质量验评资料进行签署,并通知工程管理科对分部分项工程进行中间验收。若不符合要求,监理工程师应向施工单位下发整改通知单,要求其整改完成后再重新申请中间验收。

④ 一般的分项工程和隐蔽工程由工程管理科科长验收,重要的分项工程和隐蔽工程应邀规划管理科、设计单位、监理单位、承建单位进行中间验收,并应按照政府有关规定通知质量监督机构对验收进行监督。

⑤ 中间验收通过后,验收参加人员应对其分部工程的质量作出最终评定,并对中间验收资料进行签认。对中间验收中存在的问题,工程管理科科长发出整改通知要求施工单位落实,并验证封闭。

⑥ 分项工程中间验收流程如图 5-1 所示。

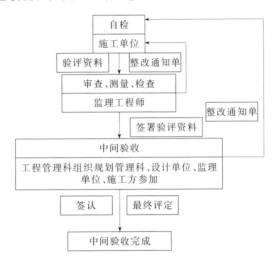

图 5-1 分项工程中间验收流程

(3) 隐蔽工程验收的具体要求

对于隐蔽工程的验收,工程管理科科长必须建立隐蔽验收台账,台账页码编号不能缺少,内容不得涂改、不得代签和弄虚作假。隐蔽工程未办理隐蔽验收手续或经抽检仍不合格的不得进入下道工序。不同的隐蔽工程的具体验收要求也不一样,下面分别对预制桩、冲孔桩、搅拌桩、基坑验槽、锚杆、防水工程、模板工程、钢筋工程、砖砌体工程、门窗塞缝、水电线管暗埋和预留、防雷接地工程等不同隐蔽工程的具体验收规定进行介绍。

① 预制桩的验收

a. 预制桩进场

ⅰ. 工程管理科科长必须在预制桩进场台账上注明桩的规格、长度、数量及编号,台账上必须有送货人、验收人及施工单位的签字。

ⅱ. 预制桩的进场验收,必须由工程管理科科长指定一名非监桩的监理工程师验收,验收工程师必须对桩的规格、数量及长度进行核对后在台账上签署意见;项目经理对桩的进场情况与台账进行核对,无误后签字认可。

ⅲ. 所有预制桩的退场按照进场程序进行办理。

b. 预制桩的施工

ⅰ．工程管理科科长必须建立监桩台账，台账需注明每根桩的编号及截桩或送桩深度。

ⅱ．桩基施工前，监理工程师必须对桩位及轴线进行复核，准确无误后在台账上签字并立即报工程管理科科长复核，工程管理科科长核查无误后在台账上签字。

ⅲ．监理工程师监桩时必须全程旁站监理，如有特殊原因离开现场，则桩基础施工必须停止。

ⅳ．工程管理科科长必须保证每个班次对监理工程师是否在岗进行三次检查，并核对施工记录和进桩台账，无误后签字认可。

ⅴ．工程管理科在桩基施工阶段每周检查一次，在台账上签字，并由监理工程师进行见证签字；如检查发现现场在施工而无人监理则视为监理工程师脱岗。

ⅵ．预决算科在工程桩结算时，必须根据地质资料对桩的长度进行复核，如发现有较大的出入，及时处理。

② 孔桩的验收

a. 冲（钻）孔桩施工前，监理工程师必须对桩位及轴线进行复核，准确无误后在台账上签字并立即报工程管理科科长复核，工程管理科科长核查无误后在台账上签字。

b. 验收内容：进入持力层标高、入岩深度、持力层岩性、终孔标高、成孔深度、桩顶标高、桩直径、垂直度、泥浆比重、充盈系数。

c. 第一根桩终孔时监理工程师应提前通知设计、勘察、施工单位共同确认终孔标准，并封存岩样交工程管理科科长保管。

d. 监理工程师必须对每根桩按照验收内容进行验收，符合要求后在台账上如实填写并立即报项目经理核查；工程管理科科长必须100%核查，符合要求后在台账上签字，核查结果立即报主管工程副处长；主管工程副处长必须对第一批终孔的冲（钻）孔桩进行验收，并对不少于总桩数的10%进行核查，并在台账上签署意见。

e. 工程管理科科长必须在验收后3天内将隐蔽验收资料交资料员存档，资料员在验收资料上签署收到时间。

f. 工程管理科对施工的桩基必须对第一批终孔的冲（钻）孔桩进行验收，并进行不少于10%的抽查。

③ 搅拌桩的验收

a. 水泥进场由监理工程师进行验收，并在台账上签字。台账上必须有验收人和施工单位的签字。

b. 搅拌桩施工前，监理工程师必须对桩位及轴线进行复核，并在验收台账上签字并立即报工程管理科科长。工程管理科科长必须对不少于30%的桩位及轴线进行核查，无误后在台账上签字认可。

c. 工程管理科科长对水泥的进场情况与台账进行核对，无误后签字认可。

d. 进场水泥设立专用仓库双方共管，水泥出库时监理工程师必须监控水泥的去向。若水泥退场，则按进场程序进行办理。

e. 验收内容：水泥标号、水灰比、水泥用量、搅拌形式、垂直度、进尺深度。

f. 监理工程师必须对每根桩根据验收内容进行验收。符合要求后，在台账上如实填写并立即报工程管理科科长；工程管理科科长必须对不少于30%的桩进行抽查，无误后在台账上签字认可，立即报主管工程副处长；主管工程副处长必须对第一批终孔的搅拌桩进行验收，并对不少于总桩数的10%进行核查，并在台账上签署意见。

g. 工程管理科在桩基施工阶段必须对第一批终孔的搅拌桩进行验收，并对不少于总桩数的 10％进行抽查。

④ 基坑的验收

a. 基坑（槽）土方开挖前，监理工程师必须对开挖边线进行 100％复核，准确无误后在台账上签字并立即报工程管理科科长；工程管理科科长必须 100％复查，无误后在台账上签字并立即报主管工程副处长；主管工程副处长进行 100％复核，无误后在台账上签字。

b. 验收内容：基坑（槽）截面尺寸、基底标高。

c. 监理工程师必须对基坑（槽）的验收内容进行验收。符合要求后，在台账上如实填写并立即报工程管理科科长；工程管理科科长必须 100％进行复查，无误后在台账上签字认可并立即报主管工程副处长；主管工程副处长必须对第一批开挖到设计标高的基坑（槽）进行验收，抽查不少于 30％，并在台账上签字。

d. 基底开挖达到设计标高后 2 天内，工程管理科必须组织主管工程副处长、监理单位及勘察、施工单位等进行验槽。

⑤ 锚杆工程的验收

a. 锚钻孔前，监理工程师必须对锚杆孔位进行复核，无误后在台账上签字并立即报工程管理科科长；工程管理科科长必须 100％核验，无误后在台账上签字。

b. 验收内容：成孔孔径、成孔角度、成孔深度、锚杆长度、水灰比。

c. 监理工程师必须对每根锚杆按照验收内容进行验收，符合要求后在台账上如实填写并立即报工程管理科科长核查；工程管理科科长必须 100％核查，符合要求后在台账上签字，核查结果立即报主管工程副处长；主管工程副处长必须对不少于总数的 30％进行核查，并在台账上签字。

d. 锚杆安放和灌浆时，监理工程师必须全程旁站监理。

e. 网格梁（或腰梁）施工前，监理工程师必须对网格梁（或腰梁）上的锚杆数量进行清点，在台账上如实填写并立即报工程管理科科长核查；工程管理科科长必须 100％核查，核查后在台账上签字并立即报主管工程副处长；主管工程副处长 100％核查，核查后在台账上签字。

f. 锚杆进行预应力锁定时，监理工程师必须全程旁站监理，并对每根锚杆预应力值在台账上如实填写。工程管理科科长进行 30％的抽查，主管工程副处长必须对第一批锁定的预应力锚杆进行验收，并进行 10％的抽查。

g. 工程管理科必须对第一批锁定的预应力锚杆进行验收，并进行 10％的抽查。

⑥ 防水工程的验收

a. 验收内容

ⅰ. 混凝土结构自防水的各种变形缝、后浇带、预埋件、穿墙管等的设置和构造。

ⅱ. 卷材防水的基层处理、卷材接口和收头、细部处理。

ⅲ. 涂膜防水的基层处理、涂膜遍数和厚度、细部处理、涂膜防水层的切片封存。

ⅳ. 蓄水试验。

b. 监理工程师根据验收内容验收合格后立即在隐蔽验收台账上签字，并立即报工程管理科科长核查；工程管理科科长必须进行 100％核查，核查合格后填写验收台账并立即报主管工程副处长；主管工程副处长必须对第一个标准层及屋面的防水工程进行验收，并抽查不少于检验批总数的 10％，并在台账上签字。

⑦ 模板工程的验收

a. 隐蔽验收内容：模板的支撑、立柱位置、垫板、预埋筋、预埋螺栓、预留洞、轴线位置、表面标高、截面尺寸、相邻两块板表面高差、表面平整度等。

b. 施工单位申请验收后，监理工程师必须立即进行验收。验收合格后在台账上签字并立即报工程管理科科长；工程管理科科长立即进行复核，合格后在台账上签字并立即报主管工程副处长；主管工程副处长必须对地下室底（侧）板及顶板、第一个标准层楼板的模板工程进行验收，并抽查检验批总数的10%和在台账上签字。

c. 工程管理科必须对地下室底（侧）板及顶板、第一个标准层楼板的模板工程进行验收，并对检验批总数的10%进行抽查。

d. 工程管理科科长必须在签署隐蔽文件3天内报资料员，资料员在隐蔽文件上注明收到时间。

⑧ 钢筋工程的验收

a. 隐蔽验收内容：钢筋的规格、形状、尺寸、数量、间距、位置、锚固长度、搭接长度、接头位置、保护层厚度等。

b. 接头采用焊接和机械连接的钢筋必须按规定见证取样送检。

c. 施工单位申请验收后，监理工程师必须立即进行验收。验收合格后在台账上签字并立即报工程管理科科长；工程管理科科长立即进行复核，合格后在台账上签字并立即报主管工程副处长；主管工程副处长必须对地下室底（侧）板及顶板、第一个标准层楼板的钢筋工程进行验收，并抽查检验批总数的10%和在台账上签字。

d. 工程管理科必须对地下室底（侧）板及顶板、第一个标准层楼板的模板工程进行验收，并对检验批总数的10%进行抽查。

e. 工程管理科科长必须在签署隐蔽验收文件3天内报资料员，资料员在隐蔽验收文件上签署收到时间。

⑨ 砌体工程的验收

a. 验收内容有：砌体放线；砌筑砂浆标号；墙柱预留拉结筋；构造柱的锚固与拉结；顶砖砌筑时间和方式。

b. 监理工程师验收合格后即时在隐蔽验收台账上签字，并立即报工程管理科科长；工程管理科科长核查不少于检验批总数的30%，核查结果填写验收台账并立即报主管工程副处长；主管工程副处长必须对第三层的砌体工程进行验收，并检查不少于检验批总数的10%，并在台账上签字。

c. 工程管理科必须对第三层的砌体工程进行验收，并对检验批总数的10%进行抽查。

⑩ 门窗塞缝工程的验收

a. 验收内容

ⅰ. 安装前的窗框封边砂浆是否填满。

ⅱ. 窗框固定点间距是否符合规范要求、固定是否牢固。

ⅲ. 窗框安装后框边的塞缝是否密实。

b. 监理工程师验收合格后即时在隐蔽验收台账上签字，并立即报工程管理科科长；工程管理科科长核查不少于检验批总数的30%，检查结果填写验收台账并立即报主管工程副处长；主管工程副处长检查不少于检验批总数的10%，并在台账上签字。

c. 工程管理科对检验批总数的10%进行抽查。

⑪ 水电管线暗埋和预留的验收

a. 验收内容

ⅰ. 预埋套管（含预留洞口）的规格、标高、位置、数量。

ⅱ. 管线的规格、连接质量、固定间距和管间间距、保护层厚度、弯曲半径、底盒的标高和高差。

ⅲ. 室内外给排水管的沟槽、管径、规格、位置、标高、接口质量、固定点的间距进行检查核对，给水管必须试压合格，排水管的灌水、通水、通球试验必须合格。

b. 监理工程师验收合格后即时在隐蔽验收台账上签字，并立即报工程管理科科长；工程管理科科长核查不少于检验批总数的30%，核查结果填写验收台账并立即报主管工程副处长；主管工程副处长必须对地下室及第一个标准层的水电管线暗埋和预留工程进行验收，并检查不少于检验批总数的10%，并在台账上签字。

c. 工程管理科必须对地下室及第一个标准层的水电管线暗埋和预留工程进行验收，并对检验批总数的10%进行抽查。

⑫ 防雷接地的验收

a. 验收内容：焊接质量、焊接长度、接地电阻测试。

b. 监理工程师必须对防雷接地焊接质量及焊接长度进行检查验收，验收合格立即填写隐蔽验收台账并立即报工程管理科科长；工程管理科科长核查应不少于检验批总数的30%，将核查结果填写到隐蔽验收台账并立即报主管工程副处长；主管工程副处长必须对基础底板及屋面的防雷接地工程进行验收，并抽查不少于检验批总数的10%，并在台账上签字。

c. 监理工程师必须全程跟踪接地电阻测试，并如实填写隐蔽验收台账，验收合格后立即报工程管理科科长。工程管理科科长对第一次所有不合格点和合格点的20%进行核查，并将核查结果立即报主管工程副处长。

d. 工程管理科必须对基础底板及天面的防雷接地工程进行验收，并对检验批总数的10%进行抽查。

（4）分项工程验收常见的质量问题与处理措施

表 5-3 提供分项工程验收时一些常见的质量问题，并提出相应的检查和解决措施，供读者参考借鉴。

表 5-3　分项工程验收时常见的质量问题与处理措施

类别	序号	出现的质量问题	应采取的措施
人工挖孔灌注桩	1	混凝土护壁厚度不符合设计要求	检查桩孔径
	2	孔径尺寸不足	检查桩孔径
	3	中心线不垂直	吊垂线
	4	桩位轴线偏差	经纬仪检查轴线
	5	桩底扩孔不符合设计要求，桩底未清理干净	桩底量测、检查
	6	桩端未挖至持力层或超挖	桩底检查
	7	钢筋笼尺寸偏差，保护层厚度不均匀	量测钢筋笼尺寸,检查保护层
	8	浇混凝土时不使用串筒,间断时间过长	旁站监理、施工缝插钢筋
	9	浇混凝土前桩底积水未抽干,不采取水下混凝土浇筑措施	旁站监理
静压桩或锤击桩	1	桩身倾斜	旁站观测
	2	断桩、碎桩	旁站观测
	3	未浇灌封底混凝土	旁站观测
	4	桩接头焊缝不饱满	检查焊缝

续表

类别	序号	出现的质量问题	应采取的措施
模板工程	1	跨度≥4m时,未起拱	检查梁、板起拱情况
	2	柱、墙模底封堵不密实	检查模板缝隙
	3	柱、墙模顶、底未留清扫口	检查底、顶清扫口
	4	穿墙螺栓间距过稀	量测间距,≤500mm
	5	爆模、胀模、塌模	检查模底、顶封模及穿墙螺栓柱间距
	6	后浇带两侧梁、板底模拆除过早	现场检查
	7	高支模未按施工方案加固支撑系统	对照施工方案要求检查
	8	模板拼缝不严,小空洞不补	补回并加强检查
	9	模板支撑不牢固,表现在拆模后梁板不平直	对于大跨度、高支模要求施工单位报施工方案;加强模板验收质量控制
	10	模板拼装不平整、紧密,缝隙>2mm	钢筋绑扎前全面检查,对不平整、紧密的模板进行调整
	11	柱与梁接头处在施工缝面位置开100mm×100mm生口模板,杂物无法清除	增设生口模板,清除模板内的杂物
钢筋工程	1	钢筋表面锈蚀严重	除锈,否则严重降低等级
	2	钢筋Ⅱ、Ⅲ级混用	检查钢筋标识
	3	钢筋绑扎、搭接、锚固长度不足	量测搭接、锚固长度
	4	电渣压力焊接口焊包不饱满、不均匀	现场检查
	5	梁、柱、墙交接处柱头、墙头箍筋漏放,或间隔不符合设计要求	现场检查
	6	沉梁时烧断柱、墙箍筋或水平筋	现场检查,补回钢筋
	7	顶层柱、墙竖向锚固筋被烧断	现场检查
	8	柱、墙竖筋偏位,S形拉筋间距过大	现场检查,浇混凝土前控制
	9	梁底一、二排钢筋未用短钢筋头隔开,梁顶一、二排钢筋间距过大	现场检查
	10	板面筋架立"板凳"间隔过大	现场检查
	11	主、次梁交接处主梁漏绑箍筋	现场检查
	12	柱、墙、梁、板保护层垫块放置不符合要求,梁筋偏中	现场检查
	13	钢筋焊接长度不足,焊缝表面焊疤未敲除	现场检查
	14	后浇带处板面筋被压塌成底筋	现场检查
	15	拉结筋不按要求放置	现场检查,量测
	16	板筋、箍筋分布不均	按设计图要求间距划线
	17	钢筋保护混凝土垫设置太疏松	按要求每平方米不少于4块混凝土垫
	18	Ⅰ级钢筋$\phi 6$、$\phi 8$作梁柱箍筋时弯钩不到135°	要求在浇混凝土前安排专业检查
	19	化粪池顶板钢筋在洞口截断时,没有洞口强加筋	在洞口截断方向分别用同等级别的钢筋加强
	20	板筋面与底在混凝土浇筑时经常贴在一起	加强过程控制,凳子筋不能漏放,跟班工人需经常校正
	21	柱头及墙水平筋经常漏扎	增加过程控制
	22	剪力墙水平钢筋在与梁相交处经常被烧断未补回	与梁同高处的剪力墙水平钢筋尽量与梁一起绑扎,不能同时绑扎,烧断要焊回
	23	漏扎柱头箍筋	应由专人专项检查
	24	柱S形拉结筋没有箍到箍筋	控制好开料长度,按规范绑扎
	25	柱主筋偏位	柱主筋保护层砂浆垫块应四周设置并扎牢固,在混凝土后及时检查纠正偏位柱筋
	26	楼板负筋下沉	按要求放置铁橙支撑面筋并避免混凝土泵管及人为压沉,并要求跟班铁工及时纠正
	27	放射筋漏扎	设计图中要明确,验收时严格把关
	28	梁柱接头钢筋绑扎柱箍没有按设计要求设置	在沉梁前后仔细检查、调整柱箍位置,把好验收关

续表

类别	序号	出现的质量问题	应采取的措施
钢筋工程	29	剪力墙上钢筋预留洞,梁中预留钢套管,周边钢筋未补强	焊接钢筋补强
	30	同一根钢筋出现两个焊接接头	钢筋绑扎时仔细检查
	31	用碎石作梁、板底受力钢筋保护层垫块	采用强度等级≥M10的预制水泥砂浆垫块
	32	板面受力钢筋未按规范要求使用钢筋支架	按设计和规范要求使用钢筋支架
	33	电渣焊点高度不符合规范要求高度	控制好柱筋开料长度
	34	因钢筋太密,箍筋回弯不满足135°的要求	点焊成封闭箍
混凝土工程	1	柱、墙施工缝处碎渣未清理干净,出现夹渣现象	浇混凝土前清理干净碎渣
	2	混凝土表面出现裂缝	要求施工单位二次打磨
	3	梁、柱、墙不同标号混凝土浇筑柱、墙头时,混凝土不密实	要求施工单位先捣实高标号柱头混凝土
	4	浇混凝土前,施工缝处未先浇同标号混凝土浆	旁站监理
	5	混凝土振捣不密实	旁站监理
	6	混凝土表面蜂窝、麻面、漏浆	旁站监理
	7	混凝土试压报告结果偏高或偏低	见证取样做试块、封存
	8	与飘窗台相连处剪力墙暗柱中间出现垂直施工缝	浇窗台前检查暗柱处模板
	9	柱、墙底、墙顶施工缝表面光滑、浮浆较多	要求施工单位在施工缝处增加混凝土石子或清除浮浆
	10	砖混凝土交接位出现裂缝	在砖梁、砖柱、管线位要做好挂网批荡
	11	混凝土柱、梁拆模后缺棱调角,蜂窝麻面,振捣不实	在浇混凝土时,振动棒到位,并应达到相应的时间,面有浮浆
	12	混凝土养护不够	加强养护
	13	柱脚浮浆没凿掉	加强监督
	14	跃式结构混凝土梁侧面易出现蜂窝麻面	待梁下板混凝土流动性减少后再浇捣梁混凝土,并用钢筋插实后再落振棒振实,还可用铁锤敲打梁侧模板
	15	混凝土楼板表面出现收缩裂缝	控制好混凝土的坍落度,用平板振动器振密实,清除表面浮浆并抹压平实,并按要求做好混凝土养护
	16	现场搅拌混凝土(砂浆)没能严格按照配合比施工	现场设置计量器;标注配合比;加强工人的质量意识教育
	17	混凝土蜂窝麻面	模板严密牢固;振捣规范;模板湿润,在不改变坍落度的前提下增加和易性
	18	混凝土浇筑自由倾落高度≥2m时,未设导料筒或导料斜槽	加设导料筒或导料斜槽
	19	混凝土在浇筑完毕后对混凝土淋水养护达不到要求	增加混凝土的淋水养护时间
	20	混凝土板预留孔洞未按设计图纸要求进行预留	混凝土浇筑前详细检查,按要求预留
	21	浇筑混凝土留置施工缝未按规范要求	按规范要求留置
	22	后浇带浇筑混凝土后,混凝土强度未达到100%设计强度和28d后就拆除模板	达到设计强度和28d后拆除模板
	23	天面细石混凝土上水泥砂浆面容易开裂	建议分格做伸缩缝,且每分格不大于6m×6m,且对异形地块需要再细分格
	24	楼面混凝土浇筑时厚度控制不均匀	浇筑前设好控制点;浇筑时通线检查控制

续表

类别	序号	出现的质量问题	应采取的措施
水电工程	1	卫生间、厨房天花上电线未安装电线套管,乱拉接,天花中间接线盒未安装盖板	天花封板前加强对该隐蔽工程的验收
	2	卫生间座厕、水箱漏水,厨房洗菜盘存水弯漏水,洗手盘存水弯漏水,角阀漏水	在交楼验收前一定要进行调试,发现漏水要立即进行维修;如果是材质问题,要进行更换
	3	卫生间沉箱漏水	防水层应按要求施工(911聚氨酯防水层厚度不小于2mm,卫生间地面上防水高度不小于200mm)
			沉箱地面需找平、找坡
			沉箱内垃圾、杂物需清理干净
			沉箱结构试水(需浸泡24h,检查是否漏水)
			应先打槽安装管线,补槽后再做防水
			沉箱内侧壁地漏位置一定要低,要保证排水畅通,无积水
			沉箱内反梁和隔墙底一定要预埋排水套管,保证各分格内地面排水畅通
			盖板前需进行隐蔽工程验收(包括排水管灌水试验,给水管试压)
	4	照明线直接预埋于板底或墙身	要求要有套管将照明线保护
	5	排水排污PVC管接口不打胶、不紧不严,漏水	要求按规范操作,加强责任心
	6	水管穿楼板处渗漏	严格按规范要求做防水套管(加装止水环),并做好防水封堵措施
	7	水管接头处漏水	试压,严格按施工工艺、技术要求施工
	8	水管堵塞不通	做好临时封堵措施,并做通球试验
	9	立管管码钉墙处漏水	先打密封胶再做管码固定
	10	镀锌钢管接头处锈蚀	刷防腐防锈漆覆盖被破坏的镀锌保护层
	11	相连预埋线盒紧贴安装	线盒间应有2~3mm间隙以便于面板安装
	12	配电箱内电线不绑扎	应用扎线带绑扎
	13	配电箱内回路不标记	各回路应明确标记清楚
	14	给水管明埋未压槽,造成后凿	按设计压槽
	15	同一房间高、低位开关高差、不平齐	同一房间高、低位开关高差≤5mm
	16	预埋线管出墙	预埋时应结合建筑固定准墙体位置
	17	临电箱未做接地极	严格检查及时要求施工单位整改
	18	临电箱相线颜色不分	为了不影响施工,用电工胶布包敷于进出开关的部位用于区分
	19	临电电缆随意绑扎,架空在钢筋上	每周安全检查,要求用电线作为绑扎线间接电缆于钢筋上
	20	防雷接地桩头焊接缺漏	
	21	接地极被封入柱模	催促施工前施工员向班组交底并严格检查
	22	预埋线盒埋得过深,出现变形现象	装模时,有人看守并及时做模板预留
	23	金属门窗接地线被剪断、损坏	绑扎固定,贴紧模板
	24	管道支架不足	注意保护
	25	大厅、房间吊灯位置不居中	按规范要求间距安装
	26	电线管、给水管埋墙暗装时无固定	预埋线管时放线居中
	27	预埋套管安装前未涂防锈漆	用管卡或铁丝固定
	28	插座、开关底盒歪斜,高低不平,并列紧靠开关、插座中间缝隙太大,底盒太深	安装前应涂防锈漆施工时找平水,用尺度量
	29	电管从门窗洞口引下	将电管准确定位
	30	热水器、洗衣机水位与电位不一致	设计图纸应综合会审
	31	厨房电位与橱柜位置冲突	设计图纸应综合会审
	32	同一建筑物内相线、零线颜色不一致	总承包材料采购时应按所需颜色购线,加强现场管理
	33	楼板预埋时并排电管紧贴,穿梁电管紧贴	分开
	34	室外地下电源线采用非加强绝缘电线	采用加强绝缘电线或电缆

续表

类别	序号	出现的质量问题	应采取的措施
水电工程	35	PVC排水横管管码采用金属	在U形码上加塑料垫
	36	金属软管没进行接地保护	在金属软管与线管、槽之间应采地跨接处理
	37	设备房内的电机与线管、槽之间没有接地保护	在进入电机的线管、软管与电机之间应进行接地跨接
	38	自动喷淋管网的丝接采用麻丝做填料	自喷管网的丝接应采用生胶带作填料
	39	在天面安装管道系统时支架安装在防水层上	天面所有管道支架应在施工防水层之前就必须安装完毕
	40	室内安装的排水横管在转弯处直接采用90°弯头	排水横管在转弯处应采用两个45°弯头连接
	41	楼层水管井内的水表处没有支架	在水表处应加装管码
	42	在室内进行照明线路敷设时不采用线管保护而用黄蜡管穿线直接埋在板内或墙内	在进行照明线路暗埋敷设时应严格按照设计和施工规范要求穿管保护
	43	金属埋地供水管没进行防腐处理	应按照设计要求对所有埋地安装的金属管道进行防腐处理
	44	通风管在防火阀门等处没有支架	在风管的防火阀等附件处应加装支架
	45	天花楼板线管位置处开裂	在管线处开裂,且居中通长施工中未做加强处理
	46	首层排水反冒	首层排水管应独立设计
	47	淋浴盆底座渗水	淋浴盆底排水管连接处阻塞或去水慢导致积水渗进厅墙面
	48	大阳台单向排水缓慢容易积水	把排水地漏设于阳中间,使雨水向中间流走,找坡保证坡度
室内装修工程	1	室内油漆墙面龟裂	基层砂浆强度要够,基层干透后才允许刮灰涂刷油漆,对于大面积墙面还应挂网和按要求设置分隔缝
	2	室内墙面砖大小缝、错缝	应先在墙面弹线分模,对瓷砖还应对比挑选,有明显偏大,偏小的不作使用,用靠尺检查平整度
	3	墙面油漆起皮、脱落	底灰要干透并打磨清扫干净后才可进行油漆刷涂,面漆不能一次涂太厚,应分两次以上刷涂完成
	4	木天花吊顶、木接口位开裂	木接口位应在背面钉一块薄木板连接,外面接口处用白粘布连接后再刮灰刷油漆
	5	木地板起拱	施工时应先铺好防潮珍珠棉,并按要求反上墙面两边100mm,木地板四周应留有伸缩缝,木脚线要做打胶处理
	6	房内水、电、煤气等综合管线定位及使用不合理	大面积施工前需做施工样板,充分考虑各专业间的矛盾
	7	空调预留洞问题	空调洞与空调插座预埋时要一致,不能相距太远,安装高度应按设计要求
			空调洞套管一般为φ75mmPVC管
			空调洞收口大小应与空调套管大小一致
			一个房间一般只留一个空调洞和一个空调插座
			如客厅大,预留一个柜式空调洞,高度小于300mm;还可按设计要求预留一个壁挂分体式空调洞
			空调洞设置须向外倾斜并作好防水措施,以免外墙污水及雨水倒流入室内,污染内墙
	8	木门套未做防腐处理,受潮后发霉变质	现场加强监督管理
	9	洗手盘镜前灯周围未打玻璃胶	补打玻璃胶
	10	外墙砖与窗框周边收口处未打胶或打胶不顺直	在拆排栅前一定要对外墙组织验收
	11	厨卫四周墙角渗水	四周墙基层批荡时先凹进去5~10mm,后做防水层(911或防水粉砂浆等),最后批保护层砂浆和贴砖
	12	砖砌体工程灰浆不饱满,未达到80%通缝	要求砌筑时,坐浆饱满,上下搭接,内外错缝

续表

类别	序号	出现的质量问题	应采取的措施
室内装修工程	13	构造柱每50cm高没有预埋拉接筋,补充的拉接筋固定不牢固	在浇注混凝土时应加强检查力度
	14	砖砌工程时,干砖上墙	在砌筑时,砖要充分湿润
	15	批荡太厚,墙面开裂	基层凿毛,批荡超过2.5cm挂网,每一遍成活要充分干透
	16	玻璃窗漏打玻璃胶或不饱满	加强责任心和检查验收
	17	墙面面层料颜色不均	每一层成活要求干透,涂料拌和均匀
	18	装饰木饰面青漆粉刷不均,流淌	在施工时,刷上的油不能太多,顺方向刷均匀
	19	铝合金窗框边玻璃胶不顺直	窗框周边留约5mm×8mm槽打胶,打胶要顺直
	20	厨、浴厕、阳台、屋面倒泛水,局部积水	按规定坡度施工(坡度应大于1%)
	21	防水涂膜空鼓厚度不够,黏结不牢	基层干燥坚实、平整不反砂、分层涂刷,防水材料搅拌均匀
	22	沉箱批荡与墙接口不顺	凿除凸出部分,批顺
	23	砌砖木垫部分没防腐	检查要求全部涂好防腐剂
	24	木门套油漆与墙面扇灰油漆互相污染对方成品	油漆前在交接边贴纸保护对方成品
	25	饰面砖勾缝不饱满或不均匀平顺	安排水平较高的工人专责勾缝。勾缝前将砖缝内的砂浆清除干净并湿润,再用勾缝专用工具认真勾缝,并做好保养
	26	栏杆生锈及表面油漆不平滑,生锈水污染地面饰面砖	严格按要求将铁件表面打磨光滑、除锈、油防锈漆及面漆
	27	饰面砖色差大	使用同批材料的同时还应严格挑选分类,并尽量避免返工
	28	砌砖砂浆灰缝不饱满、宽度和厚度过大、不均匀;顶砖不合格	加强工人班前教育,严格做好过程中的质量检查
	29	墙身阳角易掉角、崩角	严格要求按规范采用1:2水泥砂浆作护角
	30	墙体批荡开裂	要求批荡砂浆按配合比搅拌;批荡过厚的要求分层挂网批荡;砖混凝土交接处要按要求挂网再批荡
	31	墙体阴阳角不垂直,线条不平顺	要求在施工过程中通线检查,做好过程控制
	32	外墙油漆脱皮、开裂	在外墙批荡时要求采用原浆压光;注重浇水养护;外墙底灰使用专用外墙腻子
	33	油漆饰面互相污染	油漆施工要求使用分色纸;提高工人的成品保护意识
	34	墙身、地面瓷砖存在留缝不均匀,崩角	贴砖前要求开线排砖;提高切砖工艺,禁止崩角砖的使用
	35	地砖勾缝处理差,观感不合格	地砖施工完成后及时清理砖缝、勾缝,工完场清,防止污染
	36	木地板划花	做好成品保护,施工完成后及时清洁,地面不得带有沙砾等硬物
	37	外墙门窗高低差不当,反坡;泄水孔被批荡层盖住,导致泄水孔无用	严格做好标高控制,窗洞预留、窗框安装尺寸准确,窗台抹灰留好坡度;事前做好技术交底,事中加强过程控制

续表

类别	序号	出现的质量问题	应采取的措施
室内装修工程	38	天花楼板线管位置处开裂	在管线处开裂,且居中通长施工中未做加强处理
	39	墙内梁与墙交接处通长裂缝	施工快,不等砖墙沉降完毕就抹灰;挂网不合要求,砂浆未分层抹灰或不饱满
	40	首层地面下沉特别是无地下室结构下沉	回填土要分层夯实,严禁建筑垃圾靠墙外边回填,设计需要保证墙体下要有地梁,并要求楼板要加钢筋
	41	强酸清洗外墙,使外墙煤气管受腐蚀,外墙绿化遭侵蚀、枯死	外墙禁止用强酸清洗
	42	强酸清洗室内地砖,墙身遭腐蚀,墙面发黄	室内禁止用强酸清洗地砖
防水工程	1	窗框周边渗水	窗洞填塞时要分至少两次堵塞,并把木块等垫物取掉,另外窗框周边打胶要密实
	2	窗台渗水	窗台要按规定做好排水坡度,窗框曳水孔不能被堵,周边打胶要密实
	3	屋面层渗漏水	顶板混凝土的浇筑要振捣密实,防水层要连冠,并做试水验收,伸缩缝要按规范设置,屋面排水坡度要做好,不能出现积水现象
	4	阳台渗漏水	管口周边封墙要密实,排水坡度要做试水验收
	5	空调板、窗檐、阳台底等部位倒滴水	按要求做好滴水线或鹰嘴
	6	911防水层质量不好	做防水层前先把基层批荡平顺,干透后才可做防水层施工,防水层应涂刷两次以上,厚度要现场切割检查,防水层一定要连贯,保护层要及时施工
	7	后浇止水带未连通	在放止水带施工时,要注意接口的连接
	8	窗缝漏水	窗框边砂浆塞缝不合要求、窗框边外墙防水胶不合要求或窗框内止水条封闭性能不佳

续表

类别	序号	出现的质量问题	应采取的措施
市政道路工程	1	室外市政排水管道、检查井积水、排水不畅；集水井施工不规范，最后一个接市政的雨水、污水井，没做沉砂井	按设计坡度进行施工，不能出现反坡
			管道施工，回填时需按规范要求操作
			污水井管径大于600mm的雨水井要做流槽，管道与管井接口应与井壁平，管道不能伸入检查井内
			雨水、集水井深度与大小应按规范要求施工
			验收前注意检查井、排水管道内杂物是否彻底清理干净，以保证排水畅通，流槽必须批荡，检查井壁必须批水泥砂浆
	2	挡土墙砌筑时砂浆不饱满，漏装排水管，或排水管处未填碎石过滤	要加强现场管理，严格按设计规范施工
	3	道路、停车场、构筑物首层地下土沉降，地面开裂	回填土要分层压实，道路、停车场施工前要用压路机反复碾压，达到设计强度后再进行混凝土施工
	4	市政混凝土路面下沉	市政管要按规范做好基底夯实，保证材料及厚度道路回填要分层夯实

(5) 分项工程验收管理的常用表格

在对分项工程进行验收时，会采用到各种各样的表格，本书电子文件中提供一些常用表格的范本，供读者参考借鉴。

5.1.2 建设工程竣工验收管理

在工程竣工后必须进行验收，才可以将建设工程移交给物业管理部门。

(1) 建设工程竣工验收的管理规定

① 工程竣工验收的前提

a. 完成建设工程全部设计和合同约定的各项内容，达到使用要求。

b. 原则上应在单位工程按设计施工图全部施工完成后进行。

c. 已通过工程施工单位进行的自检且符合规定。

d. 有完整的技术档案和施工管理资料。

e. 有工程使用的主要建筑材料、建筑构配件和设备的进场试验报告。

f. 有勘察、设计、施工、工程监理单位分别签署的质量合格文件。

g. 有施工单位签署的工程保修书。

h. 涉及验收应准备或提供的图样、记录、证件（如证明使用材质合格的证据）交验方已备齐。

i. 竣工验收时水、电、消防、煤气、智能化及电梯等配套工程应安装完成并开通。

j. 单位工程建筑物外2.0m范围内场地应基本平整，室外道路应畅通。

k. 单位工程竣工验收资料应按规定整理完成并经质监站审核、确认。

② 工程竣工验收的依据

a. 国家有关行政主管部门批准的文件。

b. 适用的法规、国家/行业技术标准、规范和质量评定标准。

c. 有效的设计图纸、设计文件及变更通知单。

d. 相关合同。

③ 工程竣工资料的审核

a. 及时性。工程管理科须在收到主体施工单位报送的工程竣工资料后 1 个月内完成审核，并在竣工验收后 3 个月内提交。其他专业分包工程及园建配套工程竣工资料需在收到后 15 天内完成审核，并在竣工验收后 2 个月内一次性提交。

b. 规划管理科与工程管理科须对竣工资料（含竣工结算资料）的完整性、真实性、准确性负责。严禁出现以下情况：

ⅰ. 工程签证内容虚假，重复签证的，竣工图、施工记录与实际不符的；

ⅱ. 对工程现场、签证内容的解释出现前后矛盾的。

c. 预决算科实施工程结算时，应全面细致审核工程签证、施工图、施工记录，必要时应现场实勘。

④ 工程竣工验收的监督

a. 建设单位组织工程竣工验收前，应提前通知工程质量监督机构，并提交有关质量文件和质保资料，工程质量监督机构应派员对验收工作进行监督。

b. 工程质量监督机构对验收工作中的组织形式、程序、验评标准的执行情况及评定结果等进行监督。验收不通过，工程不得投入使用。竣工验收日期以最后通过验收的日期为准。

c. 建设单位在竣工验收通过后，即可进入验收备案程序。

⑤ 工程竣工验收的内容。工程竣工后，需要对各类型工程进行验收，不同类型工程的验收工作参与单位也不一样，如表 5-4 所示。

表 5-4　不同类型的工程的验收单位

工程分类	参加验收的单位
消防工程	消防局、设计院、监理单位、施工单位、工程管理科
环保工程	环保局、工程管理科、设计院、监理单位、施工单位
燃气工程	燃气公司、工程管理科、设计院、监理单位、施工单位
民防工程	民防办、工程管理科、设计院、监理单位、施工单位
电梯工程	劳动局、工程管理科、设计院、监理单位、施工单位
安全验收	安检站、工程管理科、监理单位、施工单位
供电工程	供电局、工程管理科、设计院、监理单位、施工单位
白蚁防治工程	白蚁防治办公室、工程管理科、监理单位、施工单位
自来水接驳	自来水公司、工程管理科、监理单位、施工单位
规划验收	国土局、工程管理科、设计院、规划管理科、监理单位、施工单位
档案验收	档案馆、工程管理科、设计院、监理单位、施工单位

⑥ 工程竣工初验的规定

a. 监理单位总监需督促施工单位在完成设计图纸和施工合同约定的全部工程项目并自检合格后，提前 5 天向监理单位提交工程竣工初验申请报告（报告应包括已完工程情况、技术档案和施工管理资料情况、建筑设备安装调试情况、工程质量评定情况等主要内容）。

b. 监理单位总监需在施工单位提交工程竣工初验申请报告后 2 个工作日内，根据该报告审签工程初验方案并报工程管理科科长、主管工程副处长及处长审批。

c. 按照主管工程副处长及处长于 2 个工作日内批准同意的工程初验方案，由监理单位总监组织本单位专业工程师和工程管理科并会同质监、设计、施工、物业管理等单位及建设单位相关部门的人员对申请初验的工程项目予以检查初验，同时审验施工单位提交的各类工程竣工资料。

d. 监理单位会同工程管理科组织召开工程竣工初步验收会议，汇总并整理初验中发现的各类问题，形成工程竣工初步验收整改意见后，由监理单位总监下发给参与工程初验的有关各方，同时项目监理成员督促相关施工单位按限期进行整改。

e. 施工单位按工程竣工初步验收整改意见的内容整改完成后，由监理单位总监及时向工程管理科科长、主管工程副处长报告。同时，由主管工程副处长提请规划、消防、环保、质监、城建档案、燃气、民防等有关部门对项目工程进行专项验收。

f. 项目工程专项验收中发现的问题，需由项目监理成员按专项验收部门提出的意见下发专项工程验收整改意见并督促相关施工单位进行整改。整改完成通过后取得的合格证明文件或准许使用文件，由监理单位总监督促各专项施工单位提交给监理单位，并报工程管理科。

⑦ 工程竣工核验的规定

a. 工程管理科科长须督促施工单位在工程竣工初验及专项验收问题整改完毕后 10 天内，向建设单位提交工程竣工核验申请报告（需经施工单位项目经理和技术负责人签字并加盖项目部章）。

b. 工程管理科科长须在施工单位提交工程竣工核验申请报告后 3 个工作日内，根据该报告组织项目监理成员编制工程竣工核验方案并报主管工程副处长及处长审批。

c. 按照主管工程副处长及处长批准同意的工程竣工核验方案，由工程管理科科长及时组织工程管理科并会同质监、设计、监理、施工、物业管理等单位及建设单位相关部门的人员对申请竣工核验的工程项目按政府主管部门的要求进行全面检查验收，同时核查施工单位提交的各类工程竣工资料的完整性与合法性。

d. 工程管理科科长组织召开工程竣工核验会议，形成工程竣工核验整改意见后，责成监理单位下发给相关施工方。

e. 工程管理科相关专业工程师及项目监理成员督促并跟踪相关施工单位按工程竣工核验整改意见限期整改。

f. 施工单位按工程竣工核验整改意见的内容整改完成后，工程管理科科长应及时向主管工程副处长及处长报告，由工程管理科科长及时组织项目监理成员对整改结果予以终验。终验合格后，工程管理科需督促监理单位项目总监按政府建设主管部门的有关规定，会同工程管理科科长组织项目监理成员和施工单位对验收工程项目作质量等级评定，并填报相关质量评定表格。

g. 项目工程终验合格后，工程管理科需编制项目建筑工程竣工验收报告（按政府建设主管部门标准文本执行），经建设单位、设计、施工和监理等单位分别签署验收意见并加盖各单位公章后，连同其他验收资料按有关规定向政府建设主管部门申请备案。

（2）建设工程竣工验收的管理流程

在工程竣工验收的过程中，涉及几个重要流程，图 5-2~图 5-5 分别是工程竣工验收移交的流程、工程竣工验收的业务操作流程、针对规划设计的验收流程、针对各行政单位参与验收的流程。

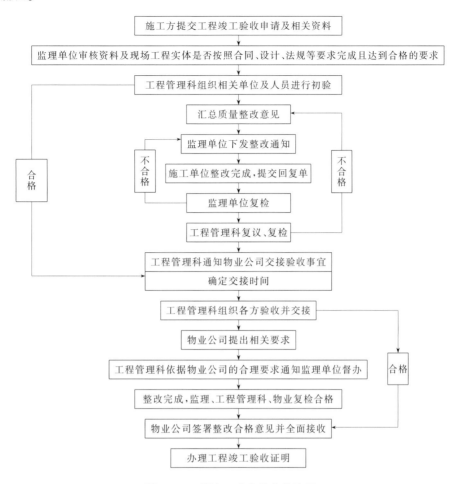

图 5-2 工程竣工验收移交的流程

(3) 建设工程竣工验收管理的常用表格

工程竣工验收时需要用到许多的表格，如工程竣工报验申请表、工程初验记录表、初验整改记录表等，本书电子文件中提供这些表格的范本，供读者参考借鉴。

5.1.3 建设工程竣工专项验收的办理手续与注意事项

建设工程竣工专项验收是指在建设工程竣工之后，建设单位到规划局、人防办、环保局、卫生局、消防局、建设局等部门申请规划、人防、环保、卫生、消防、节能等专项验收。在验收合格后，取得各部门出具的验收文件或准许使用文件，再组织工程竣工验收并编制建设工程竣工验收报告。经验收合格的建设项目，方可交付使用。图 5-6 是建设工程竣工专项验收的一般流程。

(1) 重庆市建设工程竣工节能、规划、消防、环保验收的办理手续

① 建筑节能专项验收及备案

a. 建设单位在组织建设项目竣工验收时，应当同时验收建设项目的建筑节能设施，并在工程竣工验收报告中注明建筑节能的实施内容，同时将建筑节能审查和实施结果文件按重庆市民用建筑节能竣工验收备案表格式填写，报建设行政主管部门备案。对未达到建筑节能标准的建设项目,建设单位必须改正后重新组织竣工验收。

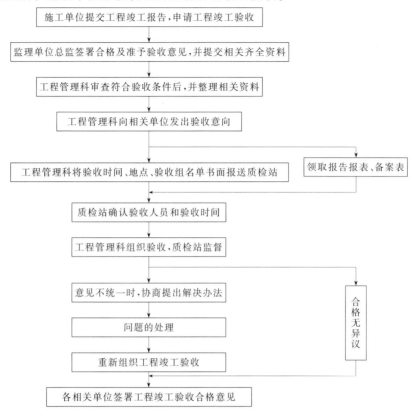

图 5-3　工程竣工验收的业务操作流程

b. 建筑能效测评。建筑工程项目竣工且建筑节能分部工程验收合格后,建设单位应当填写《重庆市建筑能效测评与标识申请表》,向建设行政主管部门申请建筑能效测评,提供以下资料,并对其真实性负责。

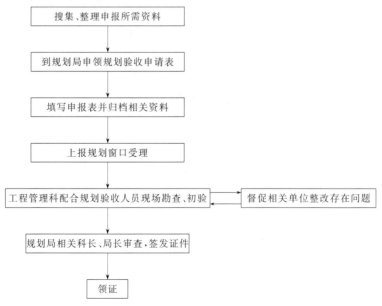

图 5-4　针对规划设计的验收流程

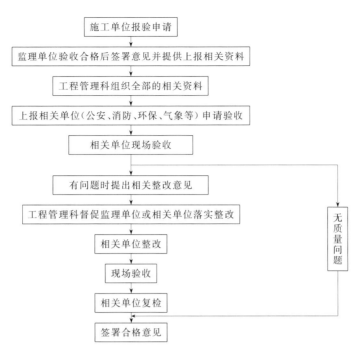

图 5-5 针对各行政单位参与验收的流程

ⅰ. 初步设计审批意见。

ⅱ. 施工图审查机构审查通过的施工图设计文件（包括建筑、暖通、电气、给排水专业设计图及节能设计模型，节能计算报告书，空调热负荷及逐项、逐时冷负荷计算书）；施工图建筑节能专项审查意见及设计单位的回复资料；施工图建筑节能工程设计变更文件（包括变更图说、建筑节能设计模型、节能计算报告书和相应的审查文件）。

ⅲ. 重庆市民用建筑节能设计审查备案登记表。

ⅳ. 涉及建筑节能分部工程的竣工图、施工变更、施工质量检查记录、验收报告等相关资料。

ⅴ. 与建筑节能相关的设备、材料、产品（部品）合格证、进场复验报告，和法定检测机构出具的节能性能检测报告。

ⅵ. 已由法定检测机构进行了工程围护结构热工性能检测的，应提供检测报告。

ⅶ. 采用建筑节能新技术、新设备、新材料的情况报告及按照有关规定应进行评审、鉴定及核准、备案和技术性能认定的有关文件。

建筑工程项目未经建筑能效测评，或者建筑能效测评不合格的，不得组织竣工验收，不得交付使用，不得办理竣工验收备案手续。

建筑能效标识等级分为Ⅰ级、Ⅱ级、Ⅲ级。节能率≥70%，标识为Ⅰ级；节能率≥65%且<70%，标识为Ⅱ级；节能率≥50%，标识为Ⅲ级。

② 规划验收

a. 重庆市建筑工程规划验收合格证申请表（原件1份）。

b. 建筑工程竣工图（原件1份，1∶100建施平、立、剖面图）。

c. 具有房产测绘资质单位编制的建筑工程竣工规划实测面积报告及建筑工程实测图（原件2份附电子文档、实测图要求反映各层平面的功能分区及尺寸、面积，比例尺为1∶300～1∶100）。

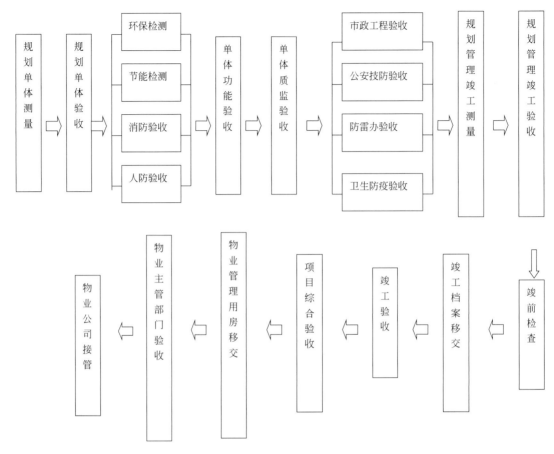

图 5-6 建设工程竣工专项验收的一般流程

d. 经重庆测绘产品质量监督站验收合格的建设工程竣工实测地形图（原件 1 份附电子文档，建筑及市政工程比例尺 1∶500）。

e. 管线工程提交经重庆市测绘产品质量监督站验收合格的管线竣工图（原件 2 套及电子文档，依实际选择相应的国家系列比例尺）。

③ 消防验收

a. 建筑工程消防验收申报表（原件 1 份）。

b. 建筑工程消防安全质量验收报告表（1 份）。

c. 建筑工程消防设计审查资料［包括相关部门批准文件、消防方案和初步设计审查意见书（复印件各 2 份）、施工图消防备案告知书、消防设计变更情况、消防设计专家论证会议纪要及有关说明等］。

d. 经审图机构审查同意的施工图（总平面图、标准层及非标准层平面图、立面图、剖面图、消火栓及喷淋系统图、火灾自动报警系统图、防排烟系统图，并盖审图机构、建设、设计、施工单位公章）及隐蔽工程监理记录数据（原件）。

e.《建筑工程施工许可证》（复印件 1 份）。

f. 消防产品选用清单并盖建设单位公章，消防产品质量合格证明文件、产品检验报告复印件（建筑内部装修材料见证取样、抽样检验及其他燃烧性能证明材料，阻燃制品的燃烧性能证明材料，卖方提供）。

g. 消防工程施工企业资质证书（复印件 1 份，加盖施工单位公章）。

④ 环保验收

a. 预验收（试生产）：重庆市建设项目环保试生产、预验收报审表；按"三同时"申报的环保工程竣工监测报告。

b. 竣工验收：重庆市建设项目环境保护验收申请表（原件 1 份）；建设单位委托有资质的环境监测站或环境环境监测机构编制的环境保护验收监测报告（一式五份并附电子版）。

（2）广州市建设工程竣工人防、环保、卫生学验收的办理手续

① 人防工程验收

a. 介入条件：主体工程竣工后，完成人防工程竣工图盖章（一式两份）。

b. 准备资料：申请函、人防总规批复、防空地下室施工图审查意见书（原件）、人防工程竣工图（一式两份），人防工程技术档案表（一式三份）。

c. 工作程序

ⅰ. 报入市人防办验收案。

ⅱ. 约请市人防办工程管理科人员进行现场初验。

ⅲ. 取得经办人初验结果。

ⅳ. 将初验结果转达工程管理科，对人防工程进行必要的整改。

ⅴ. 完成工程整改并约请市人防办工程管理科人员进行正式现场验收。

ⅵ. 办理签订警报通信房移交协议书及通信房的移交手续。

ⅶ. 取得工程建设处经办人验收意见。

ⅷ. 取得工程建设处处长验收意见。

ⅸ. 取得人防办主任验收意见。

ⅹ. 取得市人防办《防空地下室验收合格意见书》。

d. 报验流程见图 5-7。

图 5-7　广州市建设工程竣工人防工程验收的报验流程

② 环保设施验收

a. 介入条件：工程全面竣工，并取得工程管理科竣工图纸（1套），有发电机的，则要办理建设项目污染源排污口登记，委托市环境监测中心对发电机进行现场监测并取得"达标"报告。（建议纳入发电机安装单位办理还可省钱省时。）

b. 准备资料：市环保局审批的报告书（表）及有关批文、污染源排污口申报表、发电机所在楼层位置及声、气、污并标注平面图（一式四份）。

c. 工作程序

ⅰ. 办理发电机监测阶段

- 报入市环境监理所办理排污口登记审批手续。
- 约请征监科人员勘察现场。
- 订制标志牌及标志分布图并缴交工本费。
- 凭缴费发票开具登记回执。
- 取得标志牌及标志分布图。
- 取得排污口登记回执，委托市环境监测中心站办理发电机监测手续。
- 监测中心完成《验收监测方案》的编制并报市环保局进行审批。
- 取得市环保局《验收监测方案》的审批结果。
- 进行发电机现场监测。
- 完成样品分析和监测报告的编写。
- 取得监测中心站《收费基金缴款通知书》。
- 缴纳监测费用。
- 取得发电机监测报告，并填写《建设项目环境保护"三同时"竣工验收登记表》，发电机监测完毕。

ⅱ. 申报环保验收阶段

- 准备完毕环保验收资料：建筑报建图复印件、申请报告、验收申请表、环评报告书、《建设工程施工许可证》、发电机安装竣工土（一份）发电机监测报告。
- 报入市环保局申办环保设施验收案。
- 约请市环保局建管处人员进行现场验收。
- 取得建管处经办人环保设施验收审查意见。
- 取得建管处处长环保设施验收审批意见。
- 取得市环保局领导环保设施验收审批意见。
- 经办人在申报表上填写验收合格证明并办理出文手续。
- 取得《环保设施竣工验收合格证明》。

d. 报验流程，见图5-8。

③ 卫生学建筑工程评价（验收）

a. 介入条件：工程全面竣工，取得工程管理科提供的"室内环境及建筑装修材料检验"资料，并完成建设工程规划验收。

b. 准备资料：《卫生学评价申请表》（1份）、申请函、本项目卫生学的审查意见、《建设工程报建审核书》、《建设工程规划验收合格证》、竣工图资料（平立剖面图、通风空调、给排水）。

c. 工作程序

ⅰ. 报入市疾病预防控制中心单体卫生学验收审查。

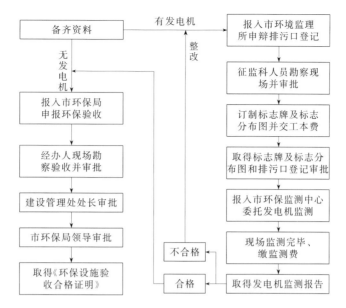

图 5-8　广州市建设工程竣工环保设施验收的报验流程

ⅱ. 约请市疾病预防控制中心工程监测科人员勘察现场。
ⅲ. 取得监测科经办人卫生学验收审查意见。
ⅳ. 取得监测科科长卫生学验收审批意见。
ⅴ. 取得市疾控中心主任卫生学验收审批意见。
ⅵ. 中心办公室打印审查意见并办理出文手续，取得卫生学验收意见。

（3）建设工程档案预验收申请报告范本

见本书电子文件。

（4）建设工程竣工专项验收办理的注意事项

建设单位在办理工程竣工各专项验收时，需要注意以下事项。

① 规划验收。为顺利完成规划验收，规划管理科需跟踪协调工程管理科按建设单位要求的工程竣工标准完成竣工验收，并了解当地的政策规定，例如政策允许竣工面积比报建面积超出比例，对可能影响规划验收的因素提前采取应对措施，使各期工程的规划验收能尽早顺利完成。

② 质量验收。各期工程的质量监督意见书一般由工程管理科负责向当地的质检站申办。规划管理科应做好沟通协调工作。

③ 人防竣工验收备案。工程竣工后，应跟踪工程管理科尽快提交竣工资料，并对初验未达要求的工程尽快完成整改。

④ 消防验收

a. 消防验收通常由消防工程施工单位负责办理并取得消防验收合格证。规划管理科应做好沟通协调工作。

b. 随着政策的越来越严格、规范，需先对所有的消防设施、设备逐一进行检测，检测不合格的要完成整改，合格后方可办理消防验收合格证。

⑤ 环保验收

a. 做好项目污染源排污口登记，对污染源进行检测并达标。

b. 对发电机电房进行现场检测并取得达标报告。

c. 环境保护设施经负荷试车检测合格，其防治污染能力适应主体工程的需要。

5.1.4 建设工程竣工验收备案管理

建设单位在竣工验收通过后,要及时办理竣工资料备案手续。

(1) 建设工程竣工验收备案的步骤

① 建设单位必须在竣工验收合格后规定时间内(根据各地区政府规定)向备案主管部门提交下列材料,办理备案手续:备案表、建筑工程竣工验收报告、规划验收合格证、消防验收意见书、环保验收合格证、质量技术监督部门的验收结果通知单(如电梯验收结果通知单等)、工程验收档案认可书、燃气工程验收证书、民防工程竣工验收证书等。

② 建设单位向主管部门领取建设工程竣工验收备案表;加盖公章和法人代表签名,提交前文所述验收证书向主管部门备案。

③ 备案主管部门在收齐验证备案材料后出具建设工程竣工验收备案证明书,正本两份,副本三份,建设单位和产权登记部门各持一份正本,工程管理科备案、主管部门和施工单位各持一份副本。

(2) 建设工程竣工验收备案的流程

见图5-9。

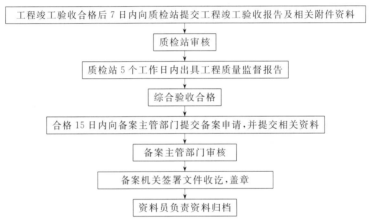

图5-9 建设工程竣工验收备案的流程

(3) 建设工程竣工备案资料的整理标准

见图5-5。

表5-5 建设工程竣工备案资料的整理标准

序号	文件名称	份数	是否为原件	其他说明	准备情况
一			《建筑工程施工许可证》		
1	《建筑工程施工许可证》(正本)	1	否	需注明原件存放处并加盖部门章	
2	《建筑工程施工许可证》(副本)	1	否	需注明原件存放处并加盖部门章	
二			工程质量监督手续		
3	市工程质量实施监督通知单	1	是	可无	
4	市工程质量监督登记表	1	是	需要建设、施工、监督单位三方盖行政章	
5	工程参建单位质量责任制一览表	1	是	需要建设、施工、设计、勘察、监理单位五方盖行政章	
6	工程质量监督计划书	1	是	需要建设、施工、监理单位三方盖行政章	
7	工程质量监督报告书	1	均可		
三			施工图纸审查意		
8	施工图纸审查批准书	1	否	需注明原件存放处并加盖部门章	
9	施工图纸审查意见	1	否	需注明原件存放处并加盖部门章	
四			质量合格文件		

续表

序号	文件名称	份数	是否为原件	其他说明	准备情况
10	勘察部门对地基及处理的验收文件	1	否	指桩基检测报告,需注明原件存放处并加盖部门章	
11	施工单位出具的竣工报告	1	是	需要施工、监理单位盖行政章	
12	建设单位出具的竣工验收方案	1	是	需要建设、施工、设计、勘察、监理单位五方盖行政章	
13	工程竣工验收意见表	1	是	需要建设、施工、设计、勘察、监理单位五方盖行政章	
14	工程竣工验收报告	1	是	需要建设单位盖行政章	
15	工程参建方工作情况报告	5	是	分别需要建设、施工、设计、勘察、监理单位盖行政章	
16	工程参建方工作情况报告文字说明	5	是	分别需要建设、施工、设计、勘察、监理单位盖行政章	
17	监理单位出具的工程质量评估报告	1	是	需要监理单位盖行政章	
18	勘察出具的质量检查报告	1	是	需要勘察单位盖行政章	
19	设计出具的质量检查报告	1	是	需要设计单位盖行政章	
20	监理单位签署的竣工移交证书	1	是	需要建设、监理单位盖行政章	
五	地基与基础、结构工程验收记录				
21	地基验槽记录	1	是	需要建设、施工、设计、勘察、监理单位五方盖行政章	
22	结构(地基与基础)工程验收报告	1	是	需要建设、施工、设计、勘察、监理单位五方盖行政章	
23	结构(主体)工程验收报告	1	是	需要建设、施工、设计、勘察、监理单位五方盖行政章	
24	屋面防水检测报告	1	最好为原件		
25	电气检测报告	1	最好为原件		
26	工程质量整改通知书及对应的整改报告		最好为原件	需要施工、监理单位盖项目章	
27	建筑工程规划许可证及附件	1	否	需注明原件存放处并加盖部门章	
28	建筑工程消防设计审核意见书	1	否	需注明原件存放处并加盖部门章	
29	建筑工程消防验收意见书	1	否	需注明原件存放处并加盖部门章	
30	环保部门的认可文件及批准使用文件	1	是	可无	
31	建筑工程保修书	1	是	需要施工单位盖行政章	
32	住宅工程质量保证书	1	是	需要建设单位盖部门章	
33	住宅工程质量说明书	1	是	需要建设单位盖部门章	
六	工程合同价款结算材料				
34	建设合同、协议书、专用条款	1	否	需注明原件存放处并加盖部门章	
35	建设工程结算书或预算书	1	否	需注明原件存放处并加盖部门章	
36	建设单位支付工程款的证明	1	是	需要建设、施工单位盖行政章	
37	建设单位支付工程款凭证		否	指工程款发票复印件需注明原件存放处并加盖部门章	

注:1. 各项目可根据当地政府备案主管部门的具体要求调减上述资料内容。

2. 将备案资料按照以上顺序装订两套,其中一套的文件尽量使用原件,报送政府备案主管部门进行备案工作;剩余一套移交物业公司存档。

(4) 建设工程竣工验收备案的办理手续

建设单位在建设工程竣工验收合格后,应当将建设工程竣工验收报告和规划、消防、环保等部门出具的认可或许可使用文件报建设局备案。建设局审核通过的,可以取得建设工程竣工验收备案证明。下面是东莞市建设工程竣工验收备案的办理手续。

① 颁发的证件及有效期

a．颁发的证件：《房屋建筑工程和市政基础设施工程竣工验收备案证》。

b．证件有效期：无。

② 设定依据

a．根据《建设工程质量管理条例》第四十九条，建设单位应当自建设工程竣工验收合格之日起 15 日内，将建设工程竣工验收报告和规划、公安消防、环保等部门出具的认可文件或者准许使用文件报建设行政主管部门或者其他有关部门备案。

建设行政主管部门或者其他有关部门发现建设单位在竣工验收过程中有违反国家有关建设工程质量管理规定行为的，责令停止使用，重新组织竣工验收。

b．根据《房屋建筑工程和市政基础设施工程竣工验收备案管理暂行办法》（建设部令第 78 号，2000 年 4 月 7 日施行）第五条，建设单位办理工程竣工验收备案应当提交下列文件。

ⅰ．工程竣工验收备案表。

ⅱ．工程竣工验收报告。竣工验收报告应当包括工程报建日期，施工许可证号，施工图设计文件审查意见，勘察、设计、施工、工程监理等单位分别签署的质量合格文件及验收人员签署的竣工验收原始文件，市政基础设施的有关质量检测和功能性试验资料以及备案机关认为需要提供的有关资料。

ⅲ．法律、行政法规规定应当由规划、公安消防、环保等部门出具的认可文件或者准许使用文件。

ⅳ．施工单位签署的工程质量保修书。

ⅴ．法规、规章规定必须提供的其他文件。

商品住宅还应当提交《住宅质量保证书》和《住宅使用说明书》。

根据第六条，备案机关收到建设单位报送的竣工验收备案文件，验证文件齐全后，应当在工程竣工验收备案表上签署文件收讫。工程竣工验收备案表一式两份，一份由建设单位保存，一份留备案机关存档。

根据第七条，工程质量监督机构应当在工程竣工验收之日起 5 日内，向备案机关提交工程质量监督报告。

c．根据《房屋建筑工程和市政基础设施工程竣工验收备案管理暂行办法》（建办建［2000］18 号），建设部制定了《房屋建筑工程和市政基础设施工程竣工验收备案表》。

③ 审批条件：建设单位在工程竣工验收合格之日起 15 日内应向市建设局办理备案。对超过 15 日未办理的，可延至 6 个月内办理备案。超过 6 个月仍未办理的，市建设局将对工程现场进行复查，经复查无改变结构及使用功能的，方可办理备案。

④ 申请资料

a．《东莞市房屋建筑工程和市政基础设施工程竣工验收备案表》（一式两份）。

b．工程竣工验收备案文件（一式一份）

ⅰ．工程竣工验收报告原件。主要内容应包括：工程概况，工程报建日期，施工许可证号，施工图设计文件审查意见，建设单位执行基本建设程序情况，对工程勘察、设计、施工、监理等方面的评价，工程竣工验收时间、程序、内容和组织形式，工程竣工验收意见等内容。

ⅱ．工程施工许可证复印件。

ⅲ．单位工程质量综合验收文件原件（市政基础设施工程为"工程竣工验收鉴定书"和"单位工程质量竣工验收记录"；房屋建筑工程为"单位（子单位）工程质量竣工验收记录"。

ⅳ．市政基础设施的有关质量检测和功能性试验资料及其它相关资料（仅限市政基础设施工程）。

ⅴ．备案机关认为需要提供的有关资料

● 工程规划许可证复印件。

● 工程合同价款拨付情况说明（建建［2000］142号第五条第七款）原件：写明建设单位是否已经按合同约定拨付工程款，并注明工程合同总价、已付款数额、已付款占合同总价百分比。要求加盖双方单位公章。

ⅵ．规划、公安消防、环保等部门出具的认可文件或者准许使用文件（建设部令第78号令第五条）：指建设工程规划验收合格通知书、建筑工程消防验收意见书（仅限建筑工程）、环保认可或准许使用文件（由建设单位按环保部门有关规定办理相关手续，提供相关文件）。

ⅶ．施工单位签署的工程质量保修书（建设部令第78号令第五条）：参照房屋建筑工程质量保修办法（建设部令第80号令发布）、建设部国家工商行政管理局关于印发《房屋建筑工程质量保修书》示范文本的通知（建建［2000］第185号）。

ⅷ．商品住宅的《住宅质量保证书》《住宅使用说明书》（建设部令第78号令第五条、建设部［1998］102号文），仅限商品住宅工程。

c. 工程竣工验收合格之日起5个工作日内，市建设工程质量监督站将工程质量监督报告报市建设局。

注：备案表及备案文件内容严禁涂改，如有变更，需加盖建设单位公章；

所提供的备案文件如为复印件，应加盖复印单位公章，并注明原件存放处，经办人签名、日期。

⑤ 审批受理机构：市建设局。

⑥ 审批程序

a. 市建设局办事大厅窗口收验材料。对资料不齐全项目，即时做出《补正材料通知书》，一次性告知申请单位需澄清、补充的有关情况或文件，或对相关内容进行调整。

b. 自收到之日起，对符合条件的在15个工作日内由市建设局签发《房屋建筑工程和市政基础设施工程竣工验收备案证》。

对不同意备案的项目，在15个工作日内出具不予备案通知书，并说明理由。

注：申请单位对项目备案的办理意见有异议的，可依法向市人民政府（或省建设厅）申请行政复议或者向人民法院提起行政诉讼。

⑦ 审批时限：自收到齐全资料之日起15个工作日内。

⑧ 审批收费：无。

(5) 建设工程竣工验收备案表范本

见本书电子文件。

5.1.5 建设工程竣工决算的审批

在建设工程竣工后，建设单位应按国家有关规定在工程竣工验收阶段编制竣工决算报告，并报发改委审批。下面是北京市审批项目工程决算审批的办理手续。

① 办理依据/设定依据

a.《国务院关于投资体制改革的决定》。

b.《北京市人民政府贯彻实施国务院关于投资体制改革决定的意见》。

② 收费标准及依据：本审批事项不收费。

③ 申请材料目录

a. 项目申报单位的报批函。
　　b. 项目竣工验收合格的证明。
　　c. 建设项目竣工决算文件。
　　d. 国家和本市规定的其他需要提交的材料。
　④ 审批条件
　　a. 建设项目已经市发改委批准并列入年度计划。
　　b. 项目已按批准的设计文件通过竣工验收并投入使用。
　⑤ 审批程序
　　a. 接收。受理窗口统一接收项目单位提交的申请材料。
　　b. 补正。申请材料不齐全或者不符合法定形式的，应当当场或者在 5 日内一次告知申请人需要补正的全部内容。
　　c. 受理。申请材料齐全、符合规定形式的，当场受理；接收申请材料后逾期未告知补正的，自收到申请材料之日起即为受理。
　　d. 审查与决定。自受理之日起 20 个工作日内依法组织审查、咨询评估、专家评议等，并做出决定。上述时间内不能做出决定的，经本机关负责人批准，可以延长 10 个工作日。项目核准机关委托咨询评估和进行专家评议，以及征求相关部门意见的，所需时间不计算在前款规定的期限内。
　　e. 送达。做出决定后 5 个工作日内送达申请人。
　⑥ 审批决定：符合审批条件和标准的，做出予以批准的书面决定；不符合审批条件和标准的，书面告知。

5.2 建设工程有关押金核退的办理

　　建设单位在工程竣工验收备案之后，就可以到当地建设局申请核退新型墙体材料专项基金、建设工程工资保障金、档案保证金等有关押金。

(1) 百色市新型墙体材料专项基金核退的办理手续

　① 设定依据：财政部、国家发改委关于印发《新型墙体材料专项基金征收使用管理办法》的通知（财综〔2007〕77 号）第六条、《广西壮族自治区新型墙体材料促进条例》第二十二条和自治区十一届人民政府第 9 次常务会议讨论通过，自 2008 年 7 月 1 日起施行的《广西壮族自治区新型墙体材料专项基金征收使用管理实施细则的通知》（桂财综〔2008〕49 号）第十条及《关于新型墙体材料专项基金核退和扶持有关问题的补充通知》（桂财综〔2011〕41 号）第二、第三、第四条。
　② 实施权限和实施主体。根据《广西壮族自治区新型墙体材料专项基金征收使用管理实施细则的通知》（桂财综〔2008〕49 号），自治区、地级市、县（区）建筑工程项目所在地负有征收新型墙体材料专项基金权限的墙体材料改革管理机构负责新型墙体材料专项基金核退审批。
　③ 行政审批条件。根据《广西壮族自治区新型墙体材料专项基金征收使用管理实施细则的通知》（桂财综〔2008〕49 号）和《关于新型墙体材料专项基金核退和扶持有关问题的补充通知》（桂财综〔2011〕41 号），申请新型墙体材料专项基金核退审批应符合以下条件。

a. 对缴纳墙改基金的工程项目,根据《广西保温隔热新型墙体材料及其复合墙体目录》,区别以下情况予以核退。

ⅰ. 使用新型墙体材料构成外墙复合保温墙体或自保温墙体,其保温隔热性能指标符合国家和自治区建筑节能设计标准的,按实际使用新型墙体材料的比例核退基金。

ⅱ. 使用新型墙体材料,其保温隔热性能指标达不到建筑节能设计标准要求的,按基金征收标准的50%和实际使用新型墙体材料的比例核退基金。

ⅲ. 设市城市规划区内框架(框剪)结构的建筑工程使用孔洞率<35%的烧结页岩、煤矸石多孔砖,其保温隔热性能指标符合国家和自治区建筑节能设计标准,根据实际使用多孔砖的比例按50%核退墙改基金;孔洞率≥35%的,根据实际使用多孔砖的比例按100%核退墙改基金;其保温隔热性能指标达不到建筑节能设计标准要求的,按上述标准减半核退。

ⅳ. 民用建筑工程项目外墙使用不在《广西保温隔热新型墙体材料及其复合墙体目录》范围内,但使用经认定新型墙体材料的,根据实际使用新型墙体材料的比例按基金征收标准的50%核退墙改基金。

ⅴ. 对砖混结构建筑使用黏土类新型墙体材料的,其保温隔热性能指标符合国家和自治区建筑节能设计标准的,按基金征收标准的50%和实际使用新型墙体材料的比例核退基金;保温隔热性能指标达不到建筑节能设计标准的,按基金征收标准的25%和实际使用新型墙体材料的比例核退基金。

ⅵ. 工业建筑工程项目使用经认定的非黏土新型墙体材料,均以实际使用新型墙体材料的比例按征收标准核退墙改基金。

b. 建设工程有下列情况之一的,该部分墙改基金不予核退:

ⅰ. 框架结构建筑的填充墙、隔断墙、围护墙使用黏土制品的;

ⅱ. 框架(框剪)结构的建筑工程项目,只要使用黏土墙体材料(含配砖)的;

ⅲ. 民用与工业建筑工程项目只要使用烧结类实心砖(包含圈梁、窗底等部位配砖)的;

ⅳ. 使用无认定证或者认定证无效的墙体材料企业产品的;

ⅴ. 逾期不向当地墙体材料改革管理机构申报而无法查验核实新型墙体材料使用情况的。

④ 实施的对象和范围。根据《广西壮族自治区新型墙体材料促进条例》和《广西壮族自治区新型墙体材料专项基金征收使用管理实施细则的通知》(桂财综[2008]49号)规定,在广西区域内申请新型墙体材料专项基金核退审批的为缴纳墙改基金的建设单位或个人。

⑤ 申请材料。《广西壮族自治区新型墙体材料专项基金征收使用管理实施细则的通知》(桂财综[2008]49号)规定,申请新型墙体材料专项基金核退审批,建设单位或个人应在主体工程完工后(内墙和自保温外墙或外墙保温系统墙体完工抹灰前)30个工作日内,及时向原征收墙改基金的墙改办公室提出验退申请,填写《广西壮族自治区新型墙体材料专项基金退缴申请表》,并附以下材料。

a. 申请书(法人代表及受委托人身份证复印件)。

b. 墙改基金收缴专用凭证。

c. 购进新型墙体材料发票及保温材料发票(自保温墙体材料除外)。

d. 经自治区质量技术监督局认证、认可、授权的检测机构出具的不超过6个月的自保温或复合保温墙体材料热工性能检验报告。

e. 《广西壮族自治区新型墙体材料认定证(副本)》复印件,并加盖企业公章。

f. 建筑工程招投标预算书或工程结算书确定的新型墙体材料用量。

⑥ 办结时限

a. 法定办结时限：10 个工作日。

b. 承诺办结时限：10 个工作日。

⑦ 收费项目、标准及依据：不收费。

⑧ 新型墙体材料专项基金核退审批流程见图 5-10。

（法定办结时限 10 个工作日、承诺办结时限 10 个工作日）。

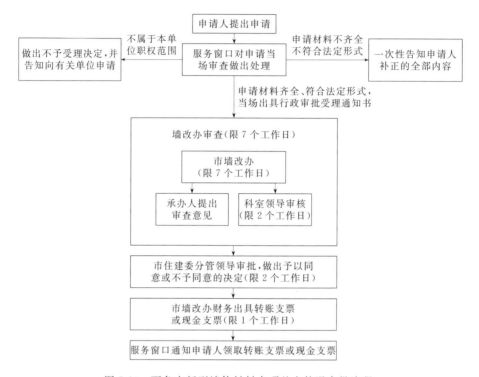

图 5-10　百色市新型墙体材料专项基金核退审批流程

（2）江门市建设工程工资保障金核退的办理手续

① 审批部门：建设局、劳动和社会保障局。

② 协办部门：施工单位、监理单位；财务科；工程项目部。

③ 办理时限：30 天。

④ 办理《申请返还建设工程工资保障金》需准备的文件：返还建设工程工资保障金申请表；建设工程验收竣工备案表；施工单位出具无拖欠工资证明；建筑企业用工备案表、花名册、工人每月工资签收表原件；建筑业劳动合同（全体员工）；施工单位必须按规定缴纳使用流动人员调配费。

5.3　建设工程移交管理

　　在建设项目竣工验收通过并做好验收备案工作后，由建设单位向使用部门、物业管理部门移交，在移交时，各种竣工资料也要一同移交。

(1) 建设工程移交的条件

① 主体工程已经质监站验收,并已经过五大责任主体签字盖章同意。
② 消防工程已经通过消防支队验收,能够正常投入使用。
③ 配套设施(水、电、暖、气)工程施工已完成,除天然气外,正式用水、用电已接通。
④ 智能化设施已调试完成,其他弱电项目(宽带、电视、电话)具备开通条件。
⑤ 景观绿化工程已完工(植栽可因季节原因特殊对待)。
⑥ 物业公司已对工程进行核查,所提出问题已安排维修完成。
⑦ 各项功能均已检测合格。
⑧ 施工人员已清离现场,各种临时建筑及设备已拆除完毕,室内外卫生清扫完成。
⑨ 项目已全部封闭,物业保安已全部到位。
⑩ 各项施工竣工资料整理齐备并检查合格。
⑪ 各种正式钥匙已全部收回并移交物业公司。
⑫ 物业用房(办公室、仓库、安管宿舍)已安排就绪。

(2) 建设工程移交的流程

① 在竣工验收完成后,工程管理科以书面形式通知物业公司准备接收已竣工的建设工程。
② 工程管理科组织由物业公司、监理单位、施工单位参加的建设工程物业验收移交,逐户逐房检查,对卫生间等部位必须100%进行盛水试验,必要时物业工程人员可提前检查有关准备移交的物业质量。
③ 工程管理科填写工程完工移交书,对检查房间的各有关部位质量问题进行统计。
④ 工程管理科通知监理单位组织承包商对验收提出的问题在规定的时间内处理完毕。
⑤ 监理单位督促施工单位整改完毕并检查后,通知物业单位对质量问题的整改结果进行复验,直至通过移交验收。
⑥ 工程管理科负责移交竣工资料给物业单位,其中有关设备的资料必须十分齐全,竣工图中的设计变更必须翔实,有关户内管线的走线必须绘制竣工图。
⑦ 入伙后,工程管理科就有关投诉的处理记录、施工单位的联系方式等必须移交物业单位。
⑧ 建设工程移交管理流程见图5-11。

(3) 建设工程移交的内容

① 向物业公司交付的实物与资料(同步移交)
a. 钥匙类:入户门、单元对讲门、楼内防火门、管道井、电表箱、水表箱(柜)、弱电箱、电梯、电梯机房、各类控制器、控制室、室外照明控制箱等。
b. 数据类:水表读数、电表读数、气表读数(需经物业公司、施工单位共同抄读)。
c. 文件类:各类设备使用说明书、合格证、验收报告、检测报告等(按物业公司要求整理);防水部位使用说明;主体竣工验收表、消防验收报告、电梯准用书;试压、试水、通球验收报告;住房质量检查档案。
d. 各类竣工图纸、资料(与物业公司协商交付时间)。
② 物业实体的交接
a. 各配合单位联系方式、工程项目部责任人等基本信息,双方签字盖章后生效。
b. 公共设施设备的验收由物业管理处接收,物业管理处接收后,应立即建立设备台账,并纳入设备日常维护工作范围。

图 5-11　建设工程移交管理流程

c. 在交付的同时,应填写各种钥匙交接清单,包括进户门、配电箱、弱电箱、各种管道井的钥匙,要求标识清楚,逐个试开无误之后双方签字盖章。

③ 竣工资料的移交

a. 各种工程均应有相应资料;资料的移交时间为工程备案完成之后 1 周内,不需备案的在工程正式完成并移交之后的 1 周内进行资料移交。

b. 工程施工过程中,工程行政文员须按相关的文档管理要求妥善保管由建设单位下发或由施工总包、分包单位提交的各类工程资料。

c. 工程竣工验收后,根据政府建设档案部门有关工程竣工验收资料的存档规定,工程行政文员需将相关工程资料提供给施工总包单位编制工程竣工验收资料,并附上列明所提供工程资料的清单。

d. 工程管理科督促施工总包单位按规定时间向建设单位提交的工程竣工验收资料需一式四套,每套附有列明工程竣工验收资料的清单。其中,一套送政府建设档案部门,一套送政府规划国土产权部门,一套存建设单位档案室,一套移交给物业管理公司。

e. 工程管理科移交给建设单位档案室和物业管理公司的工程竣工验收资料,除施工总包单位和各专项分包单位以及监理单位提交的以外,还应包括由工程行政文员保存的政府建设档案部门存档规定以外的其他工程竣工验收资料(特别是各专项验收取得的合格证明文件或准许使用文件的原件)。移交时,工程管理科需按项目一次性地完整移交并附上列明工程竣工验收资料的清单。其中,建设单位档案室留存原件,物业管理公司留存复印件。

f. 工程竣工资料需包括工程竣工图纸、工程竣工图光盘、主体工程竣工验收合格证书及其他各专项工程竣工验收合格证书(或许可证、使用证)等。

g. 工程资料应符合相关规定,内容齐全、清晰,竣工图必须符合工程实际;资料移交后由工程管理科填写资料移交清单,与物业公司共同签字盖章。

h. 工程资料须包括各项工程、设备维保期限(周期),维保单位负责人以及联系方式。

(4) 建设工程移交管理的常用表格

在工程移交的过程中会采用到各种各样的表格,如工程移交单、竣工资料移交签收表、文件资料交接清单、公共设施设备移交清单等，本书电子文件中提供常用表格的范本，供读者参考借鉴。

(5) 建设工程竣工档案移交的办理手续

建设单位在工程竣工验收备案之后，需要将竣工资料进行整理、分卷，并将其移交至当地档案馆保存备案。下面是某市竣工档案归档移交的办理手续。

竣工档案分四卷。

① 第一卷

a. 城市建设档案移交书。

b. 可行性研究报告及附件。

c. 《建设用地规划许可证》、《国有土地使用证》。

d. 有关行政主管部门批准文件（工商登记）。

e. 岩石工程地质勘察报告。

f. 招投标文件。

g. 勘察设计承包合同。

h. 施工承包合同。

i. 监理委托合同。

j. 《建设工程规划许可证》及附件。

k. 建筑工程施工许可证申请表。

l. 《建设工程施工许可证》正、副本。

m. 规划放线、验线表。

② 第二卷

a. 工程监理文件。

b. 图纸会审记录、施工组织设计（技术安全、质量交底记录）。

c. 基槽记录和地基处理记录。

d. 桩基施工记录、试桩记录、桩基检测记录。

e. 工程图纸改变记录。

f. 施工材料预制构件试验汇总表、出厂证明文件。

g. 施工材料预制构件复试试验报告。

h. 混凝土（试块）抗压强度实验报告。

i. 商品混凝土出厂合格证、复试报告。

j. 隐蔽工程检查记录。

k. 沉降记录、单位工程垂直观测记录。

l. 建设工程施工安全许可证、工程质量事故处理记录。

m. 建设工程消防审核意见书。

③ 第三卷

a. 竣工验收申请报告。

b. 建设工程消防验收意见书。

c. 防雷、环保验收报告。

d. 建设工程规划验收合格证、收费表。

e. 竣工验收备案表。

f. 工程质量保修书。

g. 竣工验收申请表。

h. 工程竣工验收报告。

i. 工程质量监督报告。

j. 工程决算文件、定案书。

k. 建筑正、侧面照片（8寸过塑）。

④ 第四卷

a. 报建审批红线图。

b. 规划连审图、平面布置图。

c. 厂区给排水管网图。

d. 建筑竣工图。

e. 结构竣工图。

f. 电气专业竣工图。

g. 给排水竣工图。

5.4 建设工程保修管理

建设工程保修管理是指建设单位监督、协调工程保修单位履行保修责任的工作。根据《建设工程质量管理条例》，建设项目均实行质量保修制度，建设单位应预留一定数额的工程决算额作为工程质量保证金。各分项工程都有一个保修期，在项目移交后，只要在保修期内工程出现质量问题，维修所产生的费用就由施工单位负责。

（1）建设工程保修的管理规定

① 工程竣工验收完毕，工程管理科须负责办理建设单位与物业管理公司共同确定的工程保修期保修承诺书（一式三份）送交各施工单位，要求其法定代表人或原工程施工合同签署人签名、单位盖章确认后返回3份，工程管理科留存1份，送监理单位和物业管理公司各1份。

② 在工程保修期内发生业主或用户对工程质量缺陷的投诉时，工程管理科和监理单位负责督导物业管理公司按施工单位确认的工程保修期保修承诺书中承诺的事项直接联系相关施工单位前来维修。

③ 如原施工单位未能按工程保修期保修承诺书执行，由物业管理公司另请专业维修队伍进行维修的，其发生的维修费用由物业管理公司向建设单位书面申请，经监理单位和工程管理科确认并报基建处处长批准后，由财务科从原施工单位工程保修金中扣除直接支付给专业维修队伍。

④ 在工程保修期内，工程管理科需定期书面向物业管理公司咨询业主或用户对工程质量的投诉及维修情况。其中，工程竣工并交付使用后的前半年每月咨询一次，半年后每季度咨询一次。

⑤ 在工程保修期满前1个月，工程管理科和监理单位需发函给物业管理公司，要求其将工程保修期内的物业维修情况、质量现状及物业管理公司意见以书面形式反馈给建设单位，以便了解情况、总结经验和结算工程尾款或工程保修金。

⑥ 保修期满，施工单位可提出保修期终结申请书，并提出保修档案资料，工程管理科

组织物业公司、施工单位共同对质量复检，确认保修责任已完成，签发保修终结书。保修终结书可按保修项目分段签发。同时发还剩余保修金。地基基础和主体结构工程的保修金可以在屋面、防水工程、卫生间、外墙面的防漏保修期终结时发还，但不办理保修终结书。对于经复检认定属于施工质量问题，但又无法全面返工整改的，作为保修期终结仍遗留的问题，如客户投诉，施工单位仍负有维修责任。

（2）建设工程保修的管理流程

见图 5-12。

图 5-12　建设工程保修的管理流程

（3）建设工程保修金退付申请表范本

在工程保修期过后，施工单位可以提出申请，要求退还剩余的保修金。本书电子文件中提供《工程保修金退付申请表》范本，供读者参考借鉴。

（4）建设工程保修验收备案的办理手续

建设单位在保修期满后，应组织进行验收，涉及结构安全的，还应当到当地建设局办理工程保修验收备案手续。下面是百色市建设工程保修验收备案的办理手续。

① 设定依据：2000 年 6 月 30 日中华人民共和国建设部令第 80 号发布，自发布之日起施行的《房屋建筑工程质量保修办法》第十一条："保修完成后，由建设单位或者房屋建筑所有人组织验收。涉及结构安全的，应当报当地建设行政主管部门备案。"

② 实施权限和实施主体：根据《房屋建筑工程质量保修办法》规定，地级市、县级住房和城乡建设行政主管部门负责本行政区域内涉及结构安全的房屋建筑工程保修验收备案。

③ 行政审批条件：无。

④ 实施对象和范围：根据《房屋建筑工程质量保修办法》规定，在地级市、县级行政区域涉及结构安全的房屋建筑工程保修验收备案的对象为进行房屋建筑工程项目的建设单位。

⑤ 申请材料：根据《房屋建筑工程质量保修办法》规定，申请涉及结构安全的房屋建筑工程保修验收备案，需提交如下材料。

a. 备案申请书（法人代表及受委托人身份证复印件）。

b. 原设计单位或者具有相应资质等级的设计单位提出的保修方案。
⑥ 办结时限
a. 法定办结时限：5个工作日。
b. 承诺办结时限：3个工作日。
⑦ 行政审批数量：无数量限制。
⑧ 收费项目、标准及其依据：不收费。
⑨ 涉及结构安全的房屋建筑工程保修验收备案审批流程见图5-13。
(法定办结时限5个工作日、承诺办结时限3个工作日)。

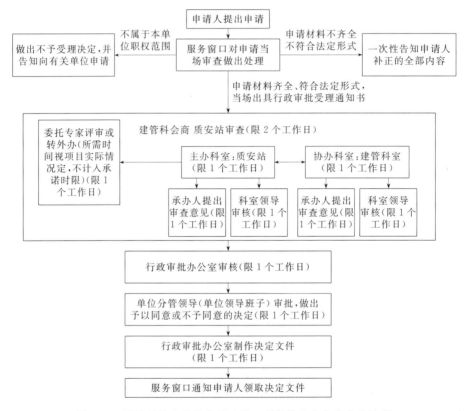

图5-13 涉及结构安全的房屋建筑工程保修验收备案审批流程